河出文庫

見ることの塩　上
イスラエル／パレスチナ紀行

四方田犬彦

河出書房新社

見ることの塩　上　イスラエル／パレスチナ紀行

目次

［見ることの塩　下　目次］

見ることの塩

上

イスラエル／パレスチナ紀行

私の見ることは　塩である
私の見ることには　癒しがない

——高橋睦郎

はじめに

この書物の第1部は、わたしが二〇〇四年三月から六月にかけて、イスラエルのテルアヴィヴ大学に客員教授として滞在したときの見聞を纏《まと》めたものである。第2部は同じく、同年十月から十二月、セルビア・モンテネグロのベオグラード大学とコソヴォのプリシュティナ大学ミトロヴィツァ分校に滞在したときの見聞から構成されている。わたしにサバチカル休暇を与えてくれた勤務校の明治学院大学と、文化交流使としてこうした地域へ派遣してくれた文化庁に感謝したい。またわたしの原稿に目を通し、助言をしてくれた早尾貴紀、三宅良美の両氏にも、同じく感謝したい。

本書は専門家による学問的な著作ではない。ヘブライ語、アラビア語、セルビア語、アルバニア語、ロマ語といった諸々の言語のなかを横断してアカデミックな探求を行なうことは一映画史研究家の任を越えたことである。これはどこまでも知的関心をもってなされた旅の記録であり、それに事後の考察を付したものにすぎない。「異国を見たいという、わが飽くことのない欲望」と、スウィフトは『ガリヴァー旅行記』のなかで書き付けている。国から国へと廻るわたしのこの書物は、ガリヴァーが矮人国、巨人国を経た後になされた、ラピュタから日本へ至る第三の航海に対応している。だがそれはどこまでも現実になされた旅なのであり、記されていることはすべて実在する人物と事件についてのものである。パレスチナは実在する。そしてコソヴォも。

第1部　イスラエル／パレスチナ

テルアヴィヴへの到着

イスラエルはすでにドゴール空港を出発するときから始まっていた。ベン・グリオン空港へと向かうエール・フランス機に乗るため、二時間前に空港に到着すると、この便に乗る乗客たちだけが隔離され、他から離れた地下のチェッキング・カウンターのところに連れていかれた。ここですべての荷物がX線で調べられた。搭乗券を受け取って控え室に向かうと、もう一度荷物の検査があった。搭乗時間となっていよいよ飛行機に乗り込むという直前に、さらに三度目の荷物検査があり、スタッフの黒人女性から荷物の内容と出自について細かな質問を受けた。すべてはセキュリティ、つまり安全のためだと説明された。この言葉はその後、イスラエルでは何かにつけ聞かされることになった。機内に危険物、爆発物が持ち込まれることに対し、イスラエル人は病的なまでに警戒心を示していた。彼女はわたしがパスポートを見せただけでは納得しなかった。そこでわたしはわざわざ鞄を開いて、招聘《しょうへい》先の大学からの書類を提示し、自分の旅の目的について説明をしなければならなかった。いよいよイスラエルに向かうのだ。成立以来、恒常的に戦争状態にある国に向かうのだという実感がしてきた。

長い間わたしは、てっきりこの検査員はフランス側が準備したスタッフだとばかり、思いこんでいた。後になって知ったのだが、彼女はどうやらイスラエル国防軍から派遣されてきた特別担当官だった。彼女はなるほど黒い肌をしていたが、それでもユダヤ人なのであった。近年になってエチオピアから大量に渡来することになった、シバの女王の裔《すえ》を自称するユダヤ人だったのである。こうしてわたしは、パリからベン・グリオン空港までの飛行に身を任せることになった。

イスラエルに行ってみたい。あの国に滞在して、そこで起きていることを目の当たりにしてみたい。わたしがこうした計画を口にしたとき、周囲の友人知人の反応はほとんどが否定的なものだった。

そんな危険な国にいって爆弾騒ぎに巻きこまれ、大怪我をしたり、爆死してしまったらどうするのだという意見が、まずあった。ユダヤ人が築きあげたシオニズム国家に滞在することは、あの国の体制を認めてしまうことではないか。帰国した後にきみは、親イスラエル派と誤解されてしまうぞ、という声もあった。映画史家としてきみは、アメリカやイタリアで映画の勉強をしてきたというのに、なんでまた学問の専攻とは何の関係もないイスラエルになど興味をもとうとするのか。そもそもあんな中近東の国に映画などあるのだろうか。そして外務省はもうかなり長い期間にわたって、日本人がこの国に渡航することを自粛するよう勧告していた。

こうした感想を聞きながら、わたしは今から二十六年前、まだ軍事独裁政権下の韓国に語学教師として赴《おもむ》こうと決意したときの、周囲の反応を思い出していた。あのときも人々は、韓国のように貧しく危険な国に行って何になるのだといった態度を、わたしに向かって隠そうとしなかった。あんな反日的な国に日本人が行って、どんな目に遇うか考えたことがあるのかと、面と向かって忠告してくれた者もいた。今となっては信じられないことだが、一度「南朝鮮」に渡ってしまうともう「北朝鮮」に渡航できなくなってしまうぞと、親切に助言してくれた者さえいた。

わたしがソウルに滞在している間に大統領が暗殺され、韓国全土にわたって非常戒厳《かいげん》令《れい》が発令された。大学は長く閉鎖され、集会も夜の外出も禁止された。だがわたしは個人的な次元で危険を感じたことは、一度もなかった。戒厳令のもとでも韓国人は冷静であり、落ち着いた日常生活を送っていた。わたしは日本人ということで親切にされることはあっても、脅威や恐怖とは無縁の生活を送っていた。皮肉なことにわたしがもっとも大きな違和感に襲われたのは、帰国後に不在時の日本の新聞を纏めて読んだときだった。そこには最大級に誇張された表現で、戒厳令下の異常事態の報道がなされていた。

こうした政治的、軍事的事件の情報ばかりを部分的に与えられてきた日本人が、韓国を危険な国だと認識してしまうのは、ある意味で仕方のないことである。まして七〇年代の日本人は、韓国でどのような映画が製作され、どのような音楽が歌われているのかも、皆目知らされていなかったのだから。帰国したわたしは映画批評家として、まず韓国映画の紹介に携わることになった。

二〇〇四年のイスラエルについても、状況はほとんど同じだった。日本のメディアにこの国が登場するとき、そこで語られるのはきまって「自爆テロ」による死傷者の数であり、イスラエル国防軍がパレスチナの西岸やガザで行なった虐殺と破壊の映像だった。イスラエル人たちが具体的にどのようなものを食べ、どのような音楽を聴き、どのような日常を送っているかを知っている者は、わたしの周囲にはいなかった。戦争はいけないことだと、誰もが口にした。だがパレスチナ人とイスラエル人の錯綜《さくそう》した物語について充分な知識をもっている者は皆無だったし、多くの者は正統的なユダヤ教とシオニズムが歴史的に対立してきたという事実さえ知らなかった。かくいうわたしも例外ではなく、自分が赴こうとしている国では、支配者であるユダヤ人と悲惨《ひさん》な犠牲者であるパレスチナ人によって、きれいな形で二項対立が構成されているものだと漠然と信じているだけで、それ以上のことは知らなかった。わたしを含めて、日本人たちはイスラエルをめぐって恐るべき無知と無関心のなかにあったのであり、それをけっして反ユダヤ主義の名のもとに一般化する気持ちはないが、そこには未知の社会に対する閉鎖的でステレオタイプな映像に満ちた認識が感じられた。この状況には、かつてわたしが韓国をめぐって周囲の日本人から受け取った言葉に、きわめて近いものが横たわっていた。

だが日本人とは別に、わたしは思いも寄らない側から、イスラエル渡航をめぐって、批判的な反応を受け取ることになった。個人的に長いつきあいのあった、ユダヤ系の友人たちからである。わたしの西欧人の友人のうち、三分の一までが何らかの意味でユダヤの血を引いている人間だった。彼らはわたしにむかって、別にそれを隠そうともしなかった。ある友人などは、「四方田さん、あなたのモノの考え方は実にユダヤ的だ。ひょっとしてご先祖にユダヤの血が混じっていることはありませんか」と冗談口を叩いて、お互いに笑い合うという仲であった。ひとたび自己否定の考え方に取り憑《つ》かれてしまったとき、人は血統や出自に関係なくユダヤ人と化してしまうものですよと説く知人もいた。だが一度わたしがイスラエルに行こうと思っていると宣言したとき、彼らの何人かは、冷ややかな感想を述べた。

イスラエル地図
・（　）内はアラビア語名
・▒はパレスチナ自治区域

あるオーストラリア人は、自分の前で二度とイスラエルという言葉を口にしないでほしい、あんな強制収容所のような国家はユダヤ人とは何の関係もないとまでいった。別のアメリカ人は、イスラエルがパレスチナ人を追放して成立したおかげで、ユダヤ人はまたしても歴史のなかで賤民《パーリア》の位置に引き戻されてしまったと語った。イスラエルに向かう途中で立ち寄ったパリでは古い友人から、イスラエルを面と向かって非難こそしなかったが、いつもそんな危険な場所にばかり行きたがる人をアンドレ・マルロー・コンプレックスというのよと、かなり距離を置いた感想を告げられた。ユダヤ系の西欧人にとってイスラエルを話題にすることは、きわめて微妙なことだった。そこには若い在日韓国人の前で北朝鮮の話をすることにいくぶん近いものがあるだろうかと、わたしは考えてみた。だが軽率な比較はできなかった。ある者には気楽な決断に思えたことが、別のある人間にとっては深刻で忌《い》まわしい記憶の再現にほかならないというイデオロギー的状況が、ここでもわれわれを捉えていたのである。そしてこの状況は、わたしのイスラエルへの関心を掻《か》き立てることになった。有体にいって、ここまで人に嫌われる国というものを、一度観ておきたいという強い気持ちに駆《か》られたのである。

躊躇《ちゅうちょ》しているわたしにむかってイスラエル行を強く勧めたのは、山口淑子だった。かつて李香蘭《りこうらん》と呼ばれたこの大女優は、一九七〇年代初頭にイスラエルとレバノンのパレスチナ難民キャンプを訪れ、TVドキュメンタリーを遺《のこ》していた。イスラエルに到着して何日も夕陽を見つめているうちに、自分が満洲国にいた頃を思い出してしまったと、彼女はわたしにいった。イスラエルを満洲に比較するという大胆な発想に、わたしは一瞬驚いたが、建国に至るまでの歴史的経緯を考えると、それはあながち荒唐無稽《こうとうむけい》なだけではないように思われた。山口淑子は幼少時より、日本人が一等国民で、中国人が二等国民であるこの虚偽の帝国の現実を見知っていたのである。アラファトさんは「今度はガザで会おう」といってくれたのですよと、彼女はわたしにいった。

さらにわたしは、自分が赴こうとする場所に出自をもつ、二人の人物を個人的に知っていて、彼らから強い印象を受けていた。一人は比較文学者のエドワード・W・サイードで、一九八七年にコロンビア大学に滞在していたわたしは彼の授業に参加していた。サイードは教室ではもっぱらアウエルバッハやニーチェといった西欧の哲学者や文学者について語るばかりで、出自であるパレスチナのことに言及することをあえてみずからに禁じている素振が窺《うかが》えた。だが彼が著わした何冊かの書物を通して、わたしはこの亡命中の碩学《せきがく》がいかなる個人的な代価を払って「オリエンタリズム」なる概念を築きあげることになったかを理解することができた。白血病を患ったサイードが半世紀ぶりに故郷エルサレムを訪れたさいに記したエッセイ集を、わたしは彼への深い敬意から日本語に翻訳していた。

わたしが知っていたもうひとりの人物は、イスラエルの映画監督のアモス・ギタイだった。

ギタイとは東京で開催された彼のフィルムの回顧上映のさいに出会っていた。ユダヤ人とアラブ人の闘いは終わりのない連続アクション劇のようなもので、善玉が翻《ひるがえ》って悪玉となり、悪玉が善玉になるという具合に、もう半世紀以上も続いている。どちらもが疲労困憊《こんぱい》しきっているのだが、解決は不可能に近いと、彼は語った。ギタイのドキュメンタリーのなかでは、パレスチナ人の漁師とルーマニア系ユダヤ人との夫婦が、貧困と孤立のなかで生き抜き、ついに挫折して離婚してしまうまでの過程が、二十年以上にわたる追跡を通して描かれていた。大島渚に深い共感を寄せるギタイのなかに、わたしはイスラエルと呼ばれる困難な問題を批判的に背負って生きていこうとする芸術家の姿を見てとったような印象をもった。サイードとギタイという、この二人の人物を導きの糸として、わたしはイスラエルの地に足を踏み入れようと決意したのである。

渡航の前にわたしに一抹の不安がなかったというならば、それは嘘になるだろう。なるほどわたしは韓国滞在のときの経験から、死者の数字しか報道しようとしない日本のメディアからははるかにかけ離れたところに、真の現実が横たわっているだろうという見当だけは、直感的につけていた。テルアヴィヴでも、エルサレムでも、人は爆弾の恐怖だけを胸中にしながら生きているわけではないに決まっている。彼らは彼らなりに生活を享受しているであろうし、危険を回避する手立てを体験的に取得しているにちがいない。またパレスチナはパレスチナで、現下の屈辱と恐怖に対し、忍耐強い戦略を抱いているはずだ。それを間近に見据えてみたいという気持ちが、わたしにはあった。しかしわたしの心配は別のところにあった。

わたしがテルアヴィヴの街角を歩いていて、運悪くハマスの仕掛けた爆弾に出くわしてしまうことはありうるだろう。一九七二年の新宿を知っているわたしは、いつも通っていた映画館街の角の交番があるとき爆破され、無残な残骸を曝《さら》している現場に居合わせたことがあった。それは不可抗力である。だがもしわたしが偶然にも被爆して重傷を負ったとしたら、日本のメディアはたちまちわたしを格好の餌食《えじき》とすることだろう。わたしは無垢な犠牲者の役を宛《あて》がわれるか、でなければ周囲の制止を振り切ってわざわざ危険な場所に向かった無謀な人間として、世間を騒がせ迷惑をかけたことを糾弾されるだろう。ＴＶマイクを突きつけられたわたしに許されるのは「テロリスト」を非難し、「平和」を訴えることであり、たとえわたしがイスラエルで見聞した実感を微妙な陰影のもとに話したとしても、それは粗雑な形で要約され、多くの誤解を招くだけだろう。

わたしのこの心配は、四月にヨルダンからイラクに向かった三人の日本人が運悪く人質となり、釈放され帰国した後も、日本のメディアから社会的なリンチを受けたと知ったときにより強くなった。彼らが四月六日の時点でアンマンの安宿に集まり、計画を練っていたとき、わたしは偶然にもそこから二百メートルほどしか離れていない、別の安宿にいた。そして人質となった最年少の日本人は、わたしの学生の友人であった。彼らが帰国後に受けた受難を想像すると、眩暈《めまい》のような感覚に襲われた。イラクとイスラエルの区別もつかない日本のＴＶ視聴者の前で、もし自分が「世間」を騒がせたことの弁明をしなければならないかと考えると、わたしは日本社会に眼に見えない形で横たわっているソフト・ファシズムに、身の毛がよだつ思いがした。

ともあれ気に病んでいても仕方がない。韓国のときもそうであったが、あまりに深刻に思いつめて現実にその土地に行く機会を逸してしまうインテリという人種を、わたしはいたるところで目にしてきた。わたしはもうこれ以上心配などしまいと決意して、飛行機の予約をとった。三月中旬、パリに立ち寄って資料を蒐集《しゅうしゅう》した後、イスラエルのベン・グリオン空港にむけて出発することにしたのである。

地中海の上を滑走していた飛行機は、四時間ほどしてテルアヴィヴの長い海岸線のところまで来ると、急速に高度を下げた。青く美しい海に白いヨットが何艘《そう》も浮んでいるのが見える。やがて下方の風景は一面の緑の土地に整然と並ぶ赤い屋根の群れと、黄色いお花畑、それに赤土のうえに白い貝殻を踏み潰したような空地へと変化していった。しばらくして機はベン・グリオン空港に到着した。

イスラエルでただひとつの国際空港であるこの場所は、かつてはヘブライ語でロッド空港、アラビア語でリッダ空港と呼ばれていた。だが日本ではテルアヴィヴ空港という名前の方が有名かもしれない。一九七二年に日本赤軍に属する三兵士がこの空港に降り立ち、バゲッジクレイムにいた乗客たちにむかって銃を乱射、イスラエル兵士との銃撃戦の結果、多くの死傷者が出たという事件のおかげである。

ベン・グリオンは国際空港とは名ばかりの、ひどく小さな空港だった。東京の羽田空港ほどもないかもしれない。イスラエルは目下新空港を建設中である。この空港が三十年以上前のあの事件以後も、いささかも改装されていないことは、すでに聞いていた。わたしはトランクの到着を待つ徒然の間、ひょっとしてどこかにあの銃撃戦の痕跡を感じさせるものは残っていないだろうかと、周囲を見回していた。もちろんそのようなものは発見できるわけもなかった。ただあの世界を震撼《しんかん》させた惨劇が、かくも狭い空間で生じたということだけは、了解することができた。後になってわたしは、生き残ったただひとりの兵士である岡本公三の名前が、ザズー・オ・タムトゥという駄洒落《だじゃれ》のもとに記憶されていることを知らされた。それは「どけどけ、でないと死ぬぞ」という意味の、ヘブライ語である。

入国審査を終えたわたしを待っていたのは、テルアヴィヴ大学のヤコブ・ラズ教授だった。彼とは十数年前にある学会ですでに知りあっていた。俵万智をヘブライ語に翻訳し、日本のヤクザについてユニークな人類学的研究の著書をもつこの日本学者は、長身でいつももの静かな雰囲気を漂わせている。彼は三十年来の篤実《とくじつ》な仏教徒であり、現在でも信者たちを集めて平和祈願のための瞑想を定期的に続けていた。

ラズ教授はわたしにむかって、今日がシャバト、すなわちユダヤ教の安息日に当たっていると告げ、スタッフがすべて休んでいるから大学の寮に入ることができないと語った。金曜日の夜から土曜日の夕方まで、イスラエルではほとんどの公共施設はもとより、商店も鉄道もバスも、あらゆるものが停止してしまう。開いているのは、もっぱら外国人を対象とした観光施設と交通機関だけのようだ。わたしは観光ホテルでまず一泊することになった。どこまでも続く砂浜に向かって林立する豪華ホテルのなかに、シェラトン・モリアはあった。「モリア」とは、いずれエルサレムに建てられるべきユダヤ教の神殿のことである。ロビーに立ってみると、閑散とまではいわないが、けっしてにぎわっているとは思えなかった。二〇〇〇年に開始された第二次インティファーダと、その後に連発している自爆攻撃のおかげで観光客が激減し、ホテルの経営は困難を来たしていることが窺えた。わたしが宿泊した部屋は一泊三百五十ドルのところが、九十二ドルにまで値引きされていた。

ホテルのバアは壁一面がガラスになっていて、そこからは地中海をまるでパノラマ画面のように眺めることができた。わたしたちはまさに水平線に沈みかけようとする夕陽を眺めながら、ビールを呑んだ。この水平線をどこまでも真直ぐに進むとジブラルタルまでいけますかと、わたしは尋ねた。地中海はいろいろと凸凹があるから、真直ぐだとリビアのどこかの海岸に突き当たってしまうでしょうねと、ラズ教授はもの静かに答えた。彼はテルアヴィヴの下町の生まれだった。かつてスペインを追われた先祖が地中海を流浪し、祖父の代になってギリシャからパレスチナに到来したのだが、その代までは日常生活ではラディーノを語っていたといった。スペイン語とヘブライ語の混合から生じた、現在では用いる者とてほとんどない言語のことである。ブルガリア生まれのユダヤ人文学者であるエリアス・カネッティが幼少時に同じ言語のなかで育てられたことが、ふいに思い出された。後の章で詳しく説明することになるが、ラズ教授はスファラディームの出自をもち、それは東欧系を中心とするアシュケナジームのユダヤ人によってほとんど支配されているアカデミズムの世界にあって、少数派に属していることを意味していた。

こうしてわたしのテルアヴィヴでの生活が開始された。

翌日は日曜日で、平日に戻った街角は賑わいを見せていた。わたしは案内されて大学を訪問した。テルアヴィヴ大学は市の北のはずれ、ラマトアヴィヴ地区にあり、周囲は六〇年代以降に建設された、どちらかといえば新しいアパート群によって囲まれている。どの通りにもアインシュタイン通りとかパステルナーク通りといった具合に、二〇世紀のユダヤ系知識人の名前が付けられていた。もっともわたしが住むことになった大学寮の前だけは例外で、インドの文学者タゴールの名前が与えられていた。わたしは一応客員教授という資格で大学に籍を置き、日本映画について講義をすることになっていた。だが学生寮に荷物を置き、ガードマンからきさくに声をかけられたりしていると、自分が若い留学生にでもなったような新鮮な気持ちに襲われた。近くにはラマトアヴィヴ・タワーという巨大なショッピングモールがあり、洒落たシーフード・レストランとスーパーマーケットがそれに付随していた。イスラエルが大衆消費社会にすでに突入しているることが、ここからもはっきりと感じられた。ショッピングモールは独自に英文で月刊誌を出していて、イスラエルの流行の先端はここから開始されるのだと説明された。

学生寮からしばらく歩くと国内線の飛行場があり、その向こうには先にわたしがホテルから眺めたのと寸分変わらない地中海が、優雅に波をうねらせながら横たわっていた。まだ三月だったが、ブラジャーの紐《ひも》を外し、うつ伏せになって砂浜に寝そべっている女性がいた。犬を走らせたり、ジョギングに耽《ふけ》っている人もいた。すでに気候は、泳ぐのに充分な暑さだった。この海岸を六十キロ南に下るとガザとなり、そこでは日夜パレスチナ人の武装勢力とイスラエル国防軍の間で熾烈《しれつ》な戦闘が繰り広げられていることを、すでにわたしは知っていた。だが眼前の風景を見ているかぎり、そこには戦争を感じさせるいかなる要素も発見できなかった。イスラエル人たちは思い思いの形で生活を愉しんでいるという、平和な印象しかもてなかった。

ハマスの精神的指導者であるヤシン師が、イスラエル空軍の放ったミサイルによって暗殺されたと知らされたのは、その翌日の朝である。幼少時より身体に障害をもち、車椅子の上からパレスチナの若者たちに向かってユダヤ人への武力攻撃を呼びかけてきたこの老人は、朝の礼拝をすませモスクから出たところで、数人の護衛とともに爆撃死を遂げた。わたしは大学の門をくぐる検問所のところで、アメリカから来た女性研究者からいきなり「こんな気狂いの国に住むのはもうこりごりだわ！」と呼びかけられた。研究室に入るとただちに日本大使館から電話がかかってきて、何が起きるかわからないので、外出は慎むようにといわれた。バスはけっして用いず、タクシーを利用すること。荷物検査のないレストランや、道に椅子を並べているカフェにはけっして立ち寄らないこと。身の安全のためには、まずこの二つを徹底して守ってほしいという要請だった。

研究室には緊張が走っていた。指導者を殺害されたハマスからは、「イスラエルはついに地獄の門を開いてしまった」という声明がしばらくして出された。彼らは「イスラエルのすべての町、すべての道、すべての家に死を送り届ける」と宣言した。無差別のテロ攻撃がなされるのではないかと、人々は強い恐怖に襲われた。もっとも一人の学生はわたしにむかって、ヤシンが殺されて気が清々したという感想を悪びれずに口にした。彼はもとからイスラエル側の危険人物リストのトップに名前を連ねていたのだから、本来なら昨年の暮れあたりに殺されていてもよかったはずだというのが、この学生の意見だった。

数日が経過し、予想されていたハマス側からの攻撃が即座には実現できないとわかったとき、人々の表情にようやく安堵が戻ってきた。テルアヴィヴに隣接する住宅地ラマトガンで、パレスチナ人が発作的に斧を振り回すという事件が報道された程度だった。西岸のナブルス付近の検問所で、十四歳の少年がわけもわからずに爆弾運びに加担し、発見されて逮捕されたとか、その少年が実は十六歳だったとか、さまざまに曖昧な報道が新聞を通してなされているうちに、ハマスは新しい指導者ランティシを選出した。しばらく時間が経過するうちに、テルアヴィヴの街角からはしだいに緊張が消えていった。

人々はまたいつも通りにバスを利用するようになり、カフェでお喋りに耽るようになった。四月に入って今度はランティシが同じくミサイル攻撃で落命した頃には、誰もがもうハマスには反撃の力もないだろうと、高を括るようになっていた。今ではイスラエル空軍は、いつどこにでも思いのままにパレスチナにミサイル攻撃を仕掛けることができるのだから、余計な心配は無用だと、誰もが懸命に信じたがっているように思えた。戦闘はガザ最南端のエジプト側国境地帯ラファで行なわれているものの、直接にイスラエル領土内に波及することはないと、判断したのである。こうしてわたしのイスラエル滞在は、本格的に開始された。

わたしがテルアヴィヴに滞在していた二〇〇四年三月から六月にかけては、さまざまな事件が生じた。

首相であり、右翼リクード党の党首でもあるアリエル・シャロンが、突然にガザからのユダヤ人入植地の撤退を宣言し、議会《クネセット》の承認を得る前に、一方的にブッシュ大統領の了承を取り付けてしまった。面子《めんつ》を潰されたリクード党は当然のことながら反発し、それを拒否した。以前より占領地からの撤退を要求してきた左翼政党と市民団体は当惑の表情を見せた。自分たちの主張が骨抜きにされ、老獪《ろうかい》な政治家の掌の上で転がされているという印象をもったからである。水も電気もイスラエルに依存しているガザ地区を、入植地からの撤退を理由に孤立させ、収容所同然の状態に圧し留めてしまっていいのかという抗議が、良識派からはなされた。パレスチナ代表部はといえば、自分たちの頭越しに事態が進行しているのに怒り、シャロン案の真意を測りかねて沈黙した。

一方、イスラエル国防軍はラファで、大規模な家屋破壊と市民の殺害を続けていた。エジプトから国境線の下を潜《くぐ》って深い抜け穴が掘られ、それを用いて大量の武器弾薬がガザに持ち込まれている。「レインボー作戦」と呼ばれたこの一連の軍事行動は、この密輸行為を阻止し、首謀者を逮捕するという理由のもとに実行されていた。ガザでは動物園が破壊され、猛獣たちが市内に飛び出して市民を恐怖させた。ラファでは、それとは別の闘いも展開していた。シャロンの撤退宣言に反対する狂信的な入植者たちが、強い抗議に出たのである。おりしも彼らを狙ってハマスが攻撃をしかけ、事態はますます混迷の度合いを強めていった。

五月にはテルアヴィヴ中央にあるラビン広場で、十五万人の市民（新聞報道による）が議会の撤退拒否に抗議し、ガザでの停戦を要求する集会を開いた。だがメディアの反応は冷ややかで、すべてがシャロンの思惑どおりではないかという批判が続いた。一九八二年にもイスラエルのレバノン侵攻をめぐって大規模な反対デモが生じたが、事態にいささかの影響も及ぼさなかったことが、想起された。集会から数日後、パレスチナのクレア首相がようやく撤退案を受け入れたことが報道された。この時点まででイスラエル国防軍は五ヶ月の間に、三百三十六人のパレスチナ人を殺害し、そのうち四十七人が子供だった。五月の前半だけでも二千百人が家屋を破壊されて、路頭に迷った。

六月になってシャロンはいくつもの妥協を重ねた末、ようやく撤退案を議会で通過させることに成功した。だが、この骨抜きの撤退案こそ、実は当初から彼が目論んでいたことではなかったかという風評が立った。撤退は夏から開始され、翌年の夏にすべてが終了すると告知された。だがこの計画が予定通りに実現されると無邪気に信じる者はわずかだった。イスラエル人の多くは、一九九三年になされたオスロ合議が、七年後にシャロンに挑発されて引き起こされた第二次インティファーダによって、かくも完璧なまでに粉砕されたことへの幻滅から立ち直ることができないでいた。彼らは国家の記念式典があるたびに、希望を意味するヘブライ語の国歌「ハティクヴァ」を歌わされた。だが、どこを見回してみても、希望など見つかりようがなかった。

わたしはこの国に滞在している四ヶ月の間に、スニーカーを二つ履き潰した。移動にはいり、いたるところを歩き回った。イスラエルではほぼ全域に足を伸ばした。文字通ささかの問題もなかった。テルアヴィヴ、エルサレム、ハイファというイスラエルの三大都市は、どれもが人口にして三十五万から五十万人あたりの規模で、バスを用いれば一時間ほどでお互いを訪れることができる。わたしの実感では、イスラエルは南部の砂漠を除けば、東京、千葉、神奈川の三つの都県が合わさったくらいの大きさに感じられた。パレスチナでは東エルサレムを基点にしながら、西岸の主だった町を訪れた。ただガザ地区とナブルスだけは外国人の入場がイスラエル軍によって許可されず、これは諦めざるをえなかった。日本大使館はともかくパレスチナにだけは足を向けないように、その場合には相談してほしいと勧告していたが、渡航自粛勧告同様に、わたしは最初から無視することに決めていた。彼らは、邦人保護という自分たちの業務が増えることだけを憂慮《ゆうりよ》していた。

五月のはじめに、エジプトから熱風《ハムシン》が押し寄せてきて、気温は一気に三十九度にまで上昇した。その後も日中に三十度を切ることはなかった。日本では信じられないほどに陽光がきつく、多くの人々がサングラスを常用していた。わたしは町歩きに飽きると、近くの海岸に泳ぎにいった。皮膚はどんどん黒くなっていた。人生には不思議な夏休みもあるものだという感慨を、わたしは抱いた。自分が最初の外国である韓国に住んだときの年齢から、ちょうど倍の年齢になっていたことを、あるときわたしは思い出した。

ユダヤ人の定義不可能性

イスラエルに行く前からわたしに気がかりなことがひとつあった。はたして自分の眼でアラブ人とユダヤ人をきちんと識別することができるだろうか、という問題である。

かつて韓国に渡航する前には、わたしも多くの日本人と同様に、韓国人と日本人の容《よう》貌《ぼう》の違いについて、ある種のステレオタイプの認識を抱いていた。しかしソウルの街角で無数の韓国人の顔を眺めているうちに、それが思い込みにすぎず、逆に韓国人が日本人の容貌をめぐって抱いてきたステレオタイプを知らされて、その荒唐無稽に仰天したことがあった。帰国して長い時間が経過したが、わたしはいまだに容貌だけから日本に居住している韓国人を日本人から識別することができない。わたしの周囲には、確信をもって識別できると豪語する人もいるが、その確信は単に、数多くの韓国人に接した体験がないという事実に起因しているように、わたしには思われる。

ではユダヤ人とアラブ人の場合は、どうだろうか。わたしはわたしなりに、両者の容貌をめぐって漠然とした映像を抱いていたが、現実にイスラエル社会で自分が出会うことになる人々は、その映像からどれほどかけ離れているのだろうかという関心が、わたしのうちにあった。

テルアヴィヴに生活し、キャンパスで学生たちと話したり、街角を歩く人々を観察したりしているうちに気がついたのは、同じユダヤ人といっても実に多種多様な人間がいるという事実だった。西欧の諷刺画《ふうし》に描かれていたような、巨大な鉤鼻《かぎばな》のユダヤ人など、実に稀にしか見かけることがなかった。ある者は金髪に緑の眼をしていたし、別のある者は漆黒の髪に太い眉をしていた。白い肌に雀斑《そばかす》だらけの背中をした女性もいたし、どう見てもアフリカの黒人ではないかという男性もいた。ユダヤ人を（かってナチスドイツが強引に定義したように）人類学的な意味での特定の人種として定義することが無意味であるのは、一目瞭然だった。ポーランドやドイツから渡来してきたユダヤ人の裔は、やはり東欧の顔をしていたし、モロッコから移住してきたユダヤ人は、わたしがよく知っているモロッコ人のような顔立ちをしていた。氏よりも育ちということだろうか。それとも長い歳月が経過するうちに、現地の人間との交配が重なり、いつしかそちらの血の比率が重くなって、容貌に影響するようになったのだろうか。

わたしが個人的に親しくなった学生の一人は、くしゃくしゃとした黒髪と太い眉、人懐っこい眼差しから、いかにもモロッコのアラブ人のように見えた。それは彼が、モロッコから移住してきた祖父から譲り受けた容貌だった。学生の話を聞いてみると、仲間のユダヤ人と連れ立って歩いていても彼だけが警官から誰何《すいか》されたり、車を運転中に呼び止められて居丈高にＩＤカードの提示を求められることがままあるらしい。まあ怒っても仕方がないことだからねと、彼は笑っていた。実際にユダヤ人とアラブ人のいずれの側でも、眼前の相手がどちら側の民族に属しているのかを咄嗟に判断できないという事態は、しばしば起こっているようである。アラビア語に堪能なアラブ系ユダヤ人がパレスチナの村に乞食として住みつき、人々の喜捨を受けながら密かに情報活動を行なったり、密告者を組織していたという事実があかるみになったことがあった。わたしが到着した直後にも、エルサレムのヘブライ大学の近くを深夜にジョギングしていたアラブ人の学生が、ハマスの放った刺客からユダヤ人と勘違いされて殺害されるという事件が起きている。学生の父親はパレスチナ側に立って人権活動に邁進してきた弁護士であっただけに、その胸中が察せられた。

いずれにせよ旧約聖書の昔から、ユダヤ人とアラブ人は兄弟に等しい存在であり、言語学的にもヘブライ語とアラビア語はきわめて相同的な構造をもっている（「創世記」の古代ヘブライ語をそのまま語順を変えずに、アラビア語に翻訳するという試みさえなされている）。だがこの近接性、類似性こそが逆にふたつの民族を、あまりに長期にわたる骨肉の闘いへと向かわせていることも事実なのである。

アラブ世界から到来したユダヤ人と本来のアラブ人との、容貌における類似については、もう少し後で、歴史的経緯に即してより詳しく語ることにしよう。ただたとえ容貌において強い親近性が認められようとも、両者は制度的に峻別されている。混乱はユダヤ人を明確な身体的特徴をもち、歴史の最初から独自に存在していた純粋民族と規定してしまったときにこそ生じるものであって、ユダヤ教を信奉する者を等しくユダヤ人と見なすという立場に立つならば、そのような表面的な差異は受け入れ可能のものとなる。モロッコの現地人が近隣のユダヤ人の感化を受け、ユダヤ教に改宗したとして、その者の裔はユダヤ人として認められるべきである。エチオピアから来たユダヤ人などは、その適例であるといえる。

だが、ここで新たなる問題が生じることになる。もしユダヤ人を信仰において定義するとすれば、一九世紀のマルクスや二〇世紀のフロイト、プルーストのように、とうに先祖の信仰を捨て、世俗化の道を歩んでいたユダヤ人は、ユダヤ人ではありえないことになってしまう。まして今日のイスラエルでは、ユダヤ教の新年のような儀式を別にすればシナゴーグに一度も足を踏み入れることのない世俗派が人口全体の七割を超えているといわれている。彼らを熱心なユダヤ教徒と同じ範疇《はんちゅう》に収めることが、はたして妥当なことといえるだろうか。

テルアヴィヴの街角。国旗がいたるところに。

イスラエルに到着して間もないわたしが捕われたユダヤ人の定義不可能性の問題は、実は建国以来、イスラエル国家にとっても未だに解決のできていない問題であるように思われた。よく知られているように、この国家が形成されるにあたって中心としたのは、ユダヤ人だけの国家を地上のどこかに築きあげなければならないというシオニズムの理念である。そのためイスラエルは、ユダヤ人国家にして民主主義国家であるという、二重の枠組みを前提として樹立された。この二重の頸木《くびき》はあるいは齟齬矛盾を来たしているのではないかという異議申し立てが、機会あるたびになされた。しかし、そのたびごとに体制側は問題の解決を回避し、ユダヤ人の定義不可能性に国民の目が向くことを嫌がってきた。信仰においても、人種においてもユダヤ人が定義できないとすれば、国民を形成する一方の枠組みが解体の危機に曝されてしまうからである。

イスラエルの人口は、二〇〇四年の時点で六百七十八万人である。イスラエル当局筋によれば、そのうちユダヤ人が八一%、アラブ人が一九%であるとされている。これは五人に一人がアラブ人であるという計算である。日本における最大のエスニック集団である在日韓国人の占める割合が、人口の一%に満たないことを考えると、これがいかに大きな数字であるかがわかる。イスラエル政府が現在もっとも危惧しているのは、多産なアラブ人が近い将来に、少子化著しいユダヤ人よりも、人口において優位を占めてしまうかもしれないという事態である。民主主義国家を建前としているイスラエルにとって、それはユダヤ人優位の終焉にほかならず、いかなる手段を用いても回避しなければいけない状況だ。したがって国家としては、あらゆる手段を講じても国外からユダヤ人を招き寄せると同時に、アラブ人をこの国から他国に追放すべきという理屈になる。

ソ連が解体して、アメリカに移住しそびれた百十万近いロシア系ユダヤ人を、イスラエルがドイツ同様に躊躇することなく受け入れたのには、それなりの理由があった。後になって彼らの四割ほどが、祖父にも祖母にもユダヤ人をもたず、ユダヤ教とも縁のない便乗移民であることが判明した後でも、そのイスラエル居住が取り消されることはなかった。イスラエルの国道を車で走っていると、「ヨルダンはパレスチナ人の国。移動《トランスポート》こそが平和と安全の一歩」という掲示がよく目に付いた。「移動」といえば聞こえがいいが、アラブ人を追放するために用いられる用語である。

だが皮肉なことに、実際にイスラエルを離れていくのはユダヤ人である。二〇〇三年三月の移民省の調査では、第二次インティファーダの後、三年の間に二十万人のユダヤ人がアメリカを中心とする国外に移住し、現在七十六万人が国外に居住している。これはユダヤ人口のおよそ一四%に相当している。わたしが滞在していた時期に読んだ新聞でも、インドのダラムサラ近郊の村には、五万人近いイスラエル人の集落ができ、村中がヘブライ語の看板で埋められ、現地住民との軋轢《あつれき》が絶えないという記事が掲載されていた。イスラエルという国家が全世界にディアスポラ（離散）を行なったユダヤ人に帰還を呼びかけて成立したことを思い出してみると、現下に生じている現象は新たに、イスラエルからのディアスポラとでも呼ぶべきものかもしれない。この国がユダヤ人国家としての求心力を急速に喪失していることを、統計は如実に示している。

ここでそもそもパレスチナの地にどうしてイスラエルという国家が成立し、どのように移民を迎え入れてきたか、その歴史的経過を簡単に説明しておきたい。おそらく読者のなかには、何をいまさらという感想をもたれる方もおられるだろうが、これを前提としておかないと話が進まない以上、我慢していただきたい。*1

パレスチナは一九世紀には、オットマン帝国（オスマン・トルコ）の巨大な領土の一部に過ぎなかった。支配者であるトルコ人の提督は、イスラム教徒からも、キリスト教徒やユダヤ教徒からも人頭税を徴収するだけで、彼らは宗教の違いとは無関係に、平和裡に生活を営んでいた。一八三一年にエジプトを支配するムハンマド・アリが、オットマンのスルタンを凌ぐ権勢のもとにパレスチナとシリアを領有したときに、パレスチナの近代化は開始された。アリの息子イブラヒム・パシャは農業改革と税制の集権化、道路と行政機構の整備を行い、ここでキリスト教徒とユダヤ教徒がはじめて政治的な代表者をもつことが許された。彼らの試みはやがてオットマン帝国の改革者に継承された。トルコ人は野心的な地方権力と台頭しつつあった西欧の帝国主義を牽制しながらも、近代化の要請に自分なりに応じようとした。クリミア戦争における敗北が帝国の凋落を決定的なものにすると、その間隙を縫《ぬ》って西欧列強がパレスチナに次々と領事館を構え、軍事的にも経済的にもこの地域を西欧的秩序のうちに取り込もうと企てた。スルタンはキリスト教徒の地位をより高めることを強いられるようになった。西欧との接触は、パレスチナにおけるナショナリズムの台頭をも意味していた。アメリカの宣教師による教育と欧米の領事館、銀行の到来は、近代そのものの導入であり、これらに喚起されたクリスチャンとムスリムのエリートの子弟から、未来のナショナリズムを担う者たちが輩出することになった。

一八八二年に最初のシオニストがパレスチナに到着したことは、この西欧からの近代化の一連の動向のひとつとして考えられる。旧約聖書に登場するシオンの丘に基づいて名付けられたこの運動は、オーストリアのジャーナリストであったテオドール・ヘルツルが理論的に中心となって活発化した運動であり、西欧文明を代表するエリートのユダヤ人のみからなる国家を地上のどこかに建設することを意図していた。ヘルツルが著したＳＦ小説『古くて新しい国』を読むと、彼が抱いていた理念がユダヤ主義の伝統というよりも、むしろプラトン以来綿々と続いている西欧のユートピア思想の延長上にあることが、ただちに理解できる。[*2]事実、運動の初期にあってシオニストが予定していたのは、英領ウガンダかアルゼンチン、もしくはブラジルのどこかに理想国家を樹立することであった。彼らはユダヤ教徒の退嬰《たいえい》的な映像を払拭し、従来のユダヤ人をめぐるステレオタイプから解放されるために懸命であったのである。紆余曲折の結果、シオニストはパレスチナに積極的な入植を行なうこととあいなった。もっともこの時点でヘルツルが考えていたのは、国民の一人ひとりが出自に応じて自由にヨーロッパの言語を話せるコスモポリタン的な環境であって、二千年以上にわたって日常言語として用いられていなかったヘブライ語が、ユダヤ人の文化的伝統として人工的に再創造され、唯一の国語として機能するようになるのは、後のことである。

従来シオニストは入植当初の状況について、自分たちが到来するまでのパレスチナは無人の荒地であり、彼らこそがそこに灌漑《かんがい》を施し、多大な労苦を払って豊かな国土を建設していったのだという神話的物語を準備し、国の内外に訴えてきた。またユダヤ人国家が成立した後に、難民と化したパレスチナ人の間からナショナリズムが生じてきたと説いてきた。この言説からは、一九世紀の時点ですでにパレスチナにナショナリズムの萌芽があったという事実が、故意に隠蔽されている。今日の観点からするなら、シオニズムもパレスチナ・ナショナリズムも、ともに西欧の近代化の過程から派生した運動であり、両者を同時期に並行する現象として理解する視点が求められている。

さて話をシオニズムに限定すると、オットマン帝国が第一次大戦の敗北によって解体したとき、パレスチナはイギリスの信託統治に委ねられた。イギリスのバルフォア卿はその直前に、近い将来においてユダヤ人国家の樹立を許すという宣言をし、入植者たちを喜ばせていた。だが一方でイギリスはアラブ人側にも独立を臭わせ、二枚舌を巧みに駆使しながら統治地の支配を続けた。一九三三年にナチスドイツが成立すると、西欧のユダヤ人の入植は一気に加速化した。二つの民族の間の闘争はしだいに熾烈さを帯び、第二次大戦が終了した時点で、イギリスはユダヤ人の移住に制限を加えなければならなかった。秘密組織による一連のテロ行為の後、シオニストは一九四八年についに念願のイスラエル国家の独立を宣言した。彼らはエルサレム近郊の村ヤシム・ナディームをはじめとする村々でアラブ人を虐殺し、追放した。噂が噂を呼び、パニックに陥ったアラブ人たちはわれ先に逃げ出そうとし、そこに組織的な追放計画が加わった。イスラエル領内に留まった者はわずかに七十万人にすぎなかった。こうしてパレスチナ難民が生じることになる。新興国ヨルダンは難民たちに国籍を与えることに比較的寛大であったが、レバノンとシリアは彼らをどこまでも難民扱いし、滞在許可書しか与えなかった。

シオニストによるこの突然の独立に際して周囲のアラブ諸国はただちに反発し、ここに第一次中東戦争の幕が切って落とされた。この戦争はイスラエル側の言説によれば、非力の小国イスラエルは多勢のアラブ諸国にむかって、あたかも旧約聖書に登場する巨人ゴリアテに向かい合ったダヴィデのように果敢な闘いを挑み、勇気と策略で勝利を収めたことになっている。だが実際には、それ以前に徹底的に軍事訓練を重ねていたイスラエルが、ヨルダンとの密約を交わした上で、アラブ諸国に奇襲攻撃をかけたという事実が、最近の歴史研究で明らかにされている。

戦争に勝利し、独立を確保したものの、イスラエルには別の思いがけない試練が待ち構えていた。本来シオニストが国民として移住を期待していた西欧の「文明化」されたユダヤ人の大半が、ナチスドイツによる強制絶滅収容所によって殺害されていたのである。若干の生存者がいたにはいたが、初代首相であったベン・グリオンは、そのような

「人間の屑」は新国家には必要がないと公言した。アウシュヴィッツの生存者のいくたりかは結果的にイスラエルに移住することを許されたが、周囲の目を慮って、過去の体験を隠し通さなければならなかった。戦前にパレスチナに渡って困難な国家建設に携わった者たちにとって、どこまでもシオニズムを信頼せずヨーロッパに留まり、抵抗もせず屠畜場に引かれていく羊のような犠牲者とは、軽蔑されるべき否定的な存在でしかなかったためである。収容所の生存者がそれをポツリポツリと公言するようになったのは、一九八〇年代に入ってからのことだった。もっともイスラエル国家は一九六〇年のアイヒマン裁判の成功以来、ショアーの厄難と国家建設の間に積極的な因果関係があるという宣伝工作を行い、アラブ人を追放してユダヤ人国家を樹立することが正当な行為であるという論理を国際的に喧伝した。

　イスラエル社会が移民社会として複雑化してくるのは、この時期以降のことである。シオニストは当初の移民計画を大きく変更し、ユダヤ人国家を存続させるために二つの決定的な妥協を余儀なくされることになった。ひとつはユダヤ教徒との妥協である。それはニーチェの超人思想に親近感を感じていたヘルツルの理念を大きく裏切ることにほかならなかった。イスラエル国家は政治の中心を、ヘルツルの近未来小説の舞台となった架空都市の名を借りて建設されたテルアヴィヴから、古代からユダヤ教の聖地であったエルサレムに移すことを余儀なくされ、ユダヤ教の教義に応じて、日曜日ではなく金曜日夜から土曜日夕方までを安息日に指定することを受け入れた。こうした宗教的裁断は近代からの逆行であったが、背に腹は代えられないという危機意識ゆえのものである。ちなみに現在でも超正統派を自称する一部のユダヤ教徒のなかには、イスラエル国家が実現するのはメシアが再臨した瞬間であるはずだとの教義から、現実のイスラエル国家を否認する傾向が存在している。彼らはシオニズムこそが民族差別主義の元凶であると主張し、PLOやハマスに積極的に対話を働きかけている。日本ではともすればシオニストとユダヤ教徒が混同されて理解されている向きがあるので、ここに注記しておきたい。

イスラエルの妥協のいま一つの点は、移民方針の変更である。彼らが到来を予定していたアシュケナジーム、すなわちドイツ、ポーランド、ロシアといった地域に出自をもつ西欧化されたユダヤ人が期待できないとわかった時点で、全世界に離散したユダヤ人に門戸を開くという政策が採用されることとなった。おりしも一九四〇年代後半から五〇年代にかけては、中近東からマグレブまで、これまで英仏の植民地や保護領であった地域でイスラム教徒を中心とした国家が独立した時期でもあった。こうした地域に居住していたユダヤ系人口が、次々と新生国家イスラエルに移住してきた。地中海沿岸諸国から到来した者たちは、一五世紀のスペインからの追放に因んでスファラディームと総称された。みずからをヨーロッパ人と同一視してきたアシュケナジームは、アラブ社会からの移住者を未開の徒として差別し、「東方系」という意味で、軽蔑的にミズラヒームと呼んだ。

アシュケナジームにとってスファラディームとミズラヒームは、不可避ではあるが招かれざる客であった。両者は生活習慣から食物、言語まで、あらゆる点において異なっていた。アシュケナジームがイディッシュ語を捨てて、懸命に人工言語であるヘブライ語の再生に努力している一方で、ミズラヒームは平然と身内ではアラビア語で会話し、その出自であるアラブ文化圏の食事と音楽をイスラエルの地に持ち込んだ。遅れてきた移民である彼らの多くは貧しい宿舎を与えられ、不毛の土地の開拓に従事させられた。政治経済はもとより文化の規範にいたるまで、すべてはアシュケナジームを規範としてあらかじめ制定されており、スファラディームとミズラヒームは自らの文化的出自を否定することを強要された。六〇年代から七〇年代にかけては、モロッコから移住してきた貧しい少女がアシュケナジームの家庭でメイドとして働くうちに文明に目覚めて美少女へと変身するという絵本が、国民的規範の児童書としてロングセラーとなり、無骨だが純情なミズラヒームの若者とアシュケナジームの深窓の令嬢との純愛ミュージカル映画が大ヒットしたりした[*3]。劣悪な住居と教育環境のもとで、文化的アイデンティティの実現の当てもないまま、彼らは二級市民としての待遇に甘んじなければならなかった。驚くべきことであるが、一九八〇年代のある時期まで彼らの音楽は公式的には音楽として認められず、ラジオは一貫して西欧のクラシック音楽しか放送しようとしなかったのである。

一九五九年にはハイファのモロッコ人集落で大掛かりな暴動が生じた。一九七〇年にはスファラディームの二世の若者の間で、ブラック・パンサーが結成され、過激な政治活動に出た。時の首相であったゴルダ・メイアは秘密警察と機動隊を駆使して、彼らを徹底的に弾圧した。ブラック・パンサーという命名には云われがあった。アシュケナジームはしばしば自分たちの入植の歴史をアメリカ合衆国におけるワスプに喩え、先住民であるアラブ人を「アメリカ・インディアン」の位置において貶《おとし》めてきた。であるならば自分たちスファラディームは黒人奴隷に対応しており、その抗議運動は同時代のマルコムXたちのそれに相応すべきであるという発想である。

ブラック・パンサーから三十年以上が経過した現在、眼に見えるかたちでの差別は、表面的には窺うことができない。各が別の居住区に住んでいることがその一因である。打ち続く戦争は、それまでほとんど接する機会のなかったアシュケナジームとスファラディームの若者たちに、軍隊内での接近の機会を与えた。かつて差別語であったミズラヒームは、アメリカ社会における Black is beautiful という標語よろしく、ミズラヒームは自らによって肯定的に口にされる単語と化している。だが見えないところで差別は進行し、陰湿な形でイスラエル社会の底辺に横たわっている。政財界からアカデミズムまで、上流階級のほとんどを占めているのは相変わらずアシュケナジームであり、刑務所に入獄中のユダヤ人の八割はミズラヒームであるといわれている。とりわけ彼らのなかでも最下層だと見なされているモロッコ系が、その六割を占めている。わたしが知り合いになった映画監督ヨシ・マドモニは、自分が国際映画祭で話題を呼ぶたびに、イスラエルのメディアは自分のことを単なるユダヤ人としてではなく、「スファラディーム系ユダヤ人」と、わざわざ注付きで報道することに不満を漏らしていた。彼はところかまわずバーベキュー・パーティを開くことにしか眼のないスファラディームの庶民の幸福感を主題に、その名も『バーベキュー・ピープル』という喜劇映画を撮っていた。

一九九〇年代に入って、この対立の図式に新たなる二つのエスニック集団が加わってきた。旧ソ連からの移民とエチオピア人である。前者はもしソ連が存続していたならば、アメリカが自由主義の社会主義への優位を世界中に喧伝するために、悦んで歓迎した類のユダヤ人であった。冷戦体制の崩壊は状況を変え、アメリカは旧ソ連からの移民にいかなる利用価値をも喪《うしな》った。アメリカに拒絶された者たちが向かったのが、ユダヤ人であるならば誰でも無条件に歓迎すると公言しているイスラエルである。

ロシア系移民はイスラエルという社会に、ほとんど何も思い入れをもっていない。彼らはロシア語を捨てず、自分たちの背後にあるロシア文化がイスラエルのそれよりもはるかに高いというプライドを抱いていて、あっという間にロシア語の新聞雑誌からTV放送までを立ち上げてしまった。テルアヴィヴの下町アレンビー街を歩いていると、いたるところにロシア語書店が並び、ロシア語の看板が掲げられているのを眼にすることになった。店先からはタトゥーをはじめとして、最新流行のロシアのポップソングが流れていた。彼らは平然と肉屋で豚肉を販売し、超正統派の者を怒らせた。肉屋は行き場所のないロシア系の老人たちが屯《たむろ》して、日がなロシア語でお喋りをする集会所と化していた。そこで信仰篤き者のなかには、「豚はロシアに帰れ」というプラカードを立てて、店に投石をしたり、抗議デモをする動きが生じていた。

旧ソ連系移民のなかには、グルジアやアルメニア、さらに中央アジアのイスラム圏から渡来した者たちも少なからず含まれていた。彼らをアシュケナジームとミズラヒームのいずれに見なすかをめぐって、微妙なやりとりがあった。とりわけ人数の多いグルジア系は閉鎖的で独自の共同体を崩そうとせず、モロッコ系をはじめとするミズラヒームとの間に軋轢を起こしていた。

旧ソ連系移民のなかにはヘブライ語の習得に熱意を見せず、かつて自分が取得してきた技能や資格を認められず、希望通りの職業に就くことができない者が少なからずいた。彼らの多くはイスラエルの灼熱の夏を嫌い、休暇となると当然のごとくに故郷に戻った。イスラエルはどこまでも仮初《かりそめ》の中継地にすぎず、いずれ機会を見てアメリカ合衆国に移住することがその夢だった。わたしはたまたまモスクワから到来した二人の女子大生といくたびか会話をすることがあったが、彼女たちはすっかり現地生まれのユダヤ人を馬鹿にしきっていた。あの人たちって、割礼とか、変なことばかりしてるのよねえ、という調子である。彼女たちは、モスクワにいたときは誰からもユダヤ人といわれたことがなかったのに、ここに来てからはどこでもロシア人、ロシア人と指差されて不愉快だと語った。

ユダヤ人とアラブ人との対立だけを漠然と想像していたわたしは、この地に滞在してしばらく経つうちに、社会がけっしてそれほど単純なものではないことを、少しずつ理解するようになった。アラブ人社会については後の章に詳しく述べることにするとして、ユダヤ人社会はというと、先に述べたようにアシュケナジームとスファラディーム（あるいはミズラヒーム）の宿命の対立がまずあり、そこに新たに旧ソ連系とエチオピア系が到来して、事態を錯綜させていた。

ミズラヒームの語るヘブライ語は、出自の言語である地方アラビア語の痕跡を留めていて、「シュ」と「ス」を区別しないことで特徴づけられていた。イエメン系では「ク」と「フ」の中間にある子音が、息を強く吐き出すように強調された。もっとも彼らだけは二千年にわたってヘブライ語を保ち続けており、簡略化されない原初の母音体系をいまだに保持しているというので、独自の文化的誇りを携えていた。アシュケナジームのなかでもルーマニア系は鼻にかかった、くぐもった発音ゆえに、よくからかわれていた。ロシア系は「ユ」を、咽喉《いんこう》から込みあげるように発声した。こうした微妙な発音の差異を読み取ることで、ユダヤ人たちは目の前にいる相手が同じ出自をもっているかいないかを、瞬時に読み取るのだった。

どのエスニック集団にも、彼らを嘲《あざけ》るさいに用いられる隠語が存在していた。アシュケナジームには、弱っちょろい奴という意味で、ヴズヴズという言葉が用いられていた。モロッコ系はフランス語を喋るというので、フランク。エチオピア系は文字通り差別的な「黒ん坊」という意味で、クッシ。これとは別にアラブ人を罵倒するときには、アラビ・マスリアッハという表現が口にされた。臭いアラブ野郎、というほどの意味である。

加えてユダヤ人を弁別しているのは、その出自だけではなかった。移民した第一世代と、現地生まれの第二世代以降の間にある溝の存在を忘れるわけにはいかなかった。サボテンの一種から名を採って、サブラと呼ばれる現地生まれは、イスラエルそのものを故郷とすることで、両親の世代と大きく考え方を異にしていた。また移民してきた時期によっても、社会階層は微妙に異なっていた。要するに、ここにはユダヤ人一般など存在せず、誰もがきわめて細かな区分法によって分類されていた。彼らは職業のみならず、食事作法、音楽、微妙な言葉遣いなどによって、互いに隔てられていた。映画研究家として毎日、過去のイスラエル映画を集中的に観ていたわたしは、まもなく登場人物の設定を端的に示す記号の存在に気がついた。少女が部屋のなかでピアノを演奏していれば、それはアシュケナジームの家であり、壁に絨毯が飾られていればミズラヒームの家だという了解が、そこではなされていた。こうした事態はわたしに、かつて訪れたことのあるムンバイやデリーで見聞したカースト制度を連想させた。けっしてあからさまに公言されることはないものの、ユダヤ人の間には厳然と社会階層が横たわっていたのである。

日常生活

テルアヴィヴに暮らし始めて最初に感じたのは、中近東だとはいえ、この都市がけっして物価の安いところではないということだった。この印象は後にパレスチナ西岸やアンマンといったアラブ圏の都市を訪れた後で、ますます強くなった。市内バスの料金が五シェケル、ワイシャツの洗濯が十シェケル、レストランでスパゲッティを注文すると七十シェケルである。一シェケルを二十五円として計算してみると、世界一物価が高いといわれる東京とほとんど変わりがないことがわかる。もっともタクシーは初乗りが八・五シェケルで、こればかりは重宝した。シャバトであらゆる公共の交通機関が停止してしまったときには、頼りになるのはそれしかなかったためである。テルアヴィヴは東京でいうならば区一つ分程度の大きさしかない都市であったため、タクシーを用いるならば、どこでもあっという間についてしまうのだった。

日本にいたときにわたしが予想していたのは、イスラエルには厳格な食物禁忌が存在しているに違いないという懸念だった。すでにわたしはニューヨークのいたるところで、「コーシャ」（ヘブライ語では「コシェル」）という看板を掲げたレストランを見かけていた。

信仰深いユダヤ人は旧約聖書のレビ記が定めているように、けっして鱗《うろこ》のない魚や海老、蛸の類は口にしないという戒律のことである。だがテルアヴィヴに到着してみると、なるほどコシェルに準ずるレストランを見かけはするものの、大概は世俗的に何でも出す店であることが判明した。何軒かある日本料理店では、その風味はともかくとして、曲がりなりにも蛸や海老を握っていたし、ステーキハウスでは戒律に定められているように、わざわざ肉と血を別々にしてから調理するといった面倒な手続きは、とりたててなされていなかった。

わたしが会ったイスラム教徒のアラブ人は例外なくアルコールを口にしなかったが、ユダヤ人にしても酒に対してはきわめて消極的な者が多かった。その代わりに彼らはどこでも大量の野菜を好んで食べていた。ホテルや大学の食堂でも、一般のレストランでも、彼らがサラダを山盛りにして皿に盛っているところを、よく見かけた。スーパーマーケットではいつも野菜が山のように積み上げられていた。だが陳列してある野菜は、空気があまりに乾燥しているせいか、ほとんど香りというものを感じさせなかった。イタリアの八百屋のように、噎《む》せ香るようなトマトを茎ごと買い求めるということは、ここではありえなかった。スーパーの店員にはロシア系の新移民が多く、わたしが片言のロシア語で挨拶をすると、嬉しそうに早口で応答してきた。彼女たちはいつも仲間うちでお喋りをしているばかりで、客の注文を受けると投げるようにものを渡した。買い物をした後で渡されるビニール袋は日本と比べてはるかに品質が悪く、少しでも物を入れすぎるとよく破れた。

　多くのイスラエル人はわたしに向かって、この国には世界中の料理が揃っていると自慢げに語ってみせた。世界中の国々からやって来たユダヤ人が、それぞれに元の国の料理を持ち寄っているという意味である。なるほどここにはルーマニア料理店があり、海岸通りにはイタリア料理店があった。前者ではいかにもルーマニア出身といった感じの老人が、何人も一人きりで食事をしている姿を見るばかりであり、後者は数少ない外国からの観光客がガイドブックを片手に訪れるところにすぎなかった。それぞれのエスニックな料理店は、新奇の味への好奇心に駆られた者が訪れる場所というよりも、むしろ同じエスニシティの確認のための場所といった色彩が強かった。わたしは百年以上続いているというヤッフォのリビア料理店に行き、トマトベースの野菜の煮込みに舌鼓を打った。イエメン系集落のど真ん中にある店で、詰物をした子羊や牛の睾丸《こうがん》のフライを注文した。それらはいずれも忘れがたい味だった。もっとも日本やアメリカのような、大衆消費社会におけるグルメ産業の驚異的な発展はまだ充分には実現されていなかった。飛び切り洗練されたフランス料理店や日本料理店があるわけではない。韓国やヴェトナムといったように、ユダヤ人と歴史的に縁のない国の料理はまず存在していなかった。

　料理のコスモポリタン化、無国籍化は、日本とは比較にならないほどに進行していた。シーフード・レストランでは、最初にたくさんの前菜が登場した。モロッコ風に香辛料を効かせた野菜のディップがあるかと思うと、東欧系の魚の燻製の切り身が横に並んで

1960年のイスラエルの50シェケル紙幣。
男女の服装の簡素さに注目。

いる。それを眺めていると、イスラエル人の食生活のなかに、エスニックな出自を越えた統合性が実現されようとしていることが理解できた。若者向けの店では料理の無国籍化がどんどん進行していた。彼らは平気でスパゲッティのために二種類の、異なった色のソースを注文し、それをかき混ぜながら食べていた。イタリア料理の記憶をもたない者だからこそ可能な食べ方だった。だがその一方で、料理にナショナリズムを担わせる作業も行なわれていた。ガルバンゾー（雛豆）を挽いた粉を練り、油で揚げて作るファラフェルというコロッケは、本来がアラブ圏で一般的な食べ物であるが、これにイスラエルの国旗を突き刺し、いかにもこの国を代表する独自の食物として演出する映像を、わたしはよく見かけた。それはパレスチナ人の政治的権利を抑圧し隠蔽しながらも、その料理文化だけは搾取して民族の神話に貢献させようとする、巧妙な手口のように思われた。

テルアヴィヴでは、生活のほとんどの側面で英語が通じた。大学の研究者たちは英語で論文を発表していたし、学生たちもほぼ例外なくバイリンガルの印象を与えた。

ヘブライ語もアラビア語も体系的に学んだことがなく、片言しか話せないわたしには、それはひどく便利なことだった。だが、ここにどうしても英語にその微妙なニュアンスを翻訳できそうにない言葉がいくつか存在している。その代表的なものが、フッパ(chuzpah)である。

フッパは通常、礼儀知らずの振舞い、傍若無人で粗暴な行動といった風に理解されている。だがそれは、単に個々の身振りを超えて、イスラエルに住むユダヤ人が全体として体現している人生観や自己意識に基づいているように、わたしには感じられる。周囲の知らない人間を前に、彼らを無視しながら大声で話すこと。行列を無視して、平然と割り込みをすること。失敗をしても、けっして謝罪しないこと。行く先々でゴミをお構いなしに捨てて帰ること。具体的に指摘できるフッパとは、たとえばこのようなものである。これは何も、万事に繊細さと形式を重んじる日本人のわたしだからこそ抱いた感想だというわけではない。わたしは十歳代にイスラエルに移住して、以後この国で暮らしてきたという何人もの人物に、はじめてイスラエルに渡ってきて何に一番驚いたかと尋ねてみたことがあった。誰もが、人々がまるで喧嘩でもしているかのように、大声で話していることだと答えた。アメリカを別にすれば、それは彼らが後にしてきた、それぞれの国のユダヤ人共同体ではまずありえないことだったのである。

だがその一面、ユダヤ人たちは、あらゆる物事に関して実に率直に喋った。日本でならば婉曲表現を用いたり、隠しごとにしてしまうような民族と差別の問題についても、誰もが臆《おく》することなく、堂々と自分の意見を披露した。ある者は、アラブ人は誰もがテロリストだといい放ち、その後で「しかし一人のアラブ人は四人の中国人に匹敵する」と、わざわざ中国人労働者の眼前で、平然と語った。シャロンとその息子がいかに不法に私財を蓄えているかについて語り、モロッコから来た連中は泥棒ばかりだと語った。そう、彼らはいつまでも語り続けた。わたしはときに彼らの議論の冗長さに閉口したが、その一方では日本人に特有の腹芸や二枚舌といった偽善的な芸当から彼らが無縁であることに、ある種の爽快さを感じた。お喋りが罪悪と見なされ、何事につけても議論を避けたがる極東の社会から到来した者にとって、ここは完璧に異なった社会だった。誰もが(日本語の表現でいえば)タメ口を利いていた。すべてはあけすけに、気遣いも虚飾もなく語られていた。

日常生活における粗暴さは、あらゆる局面において感じられた。電気の点検のためにわたしの部屋を訪れた修理工は、力任せにプラグを壊してしまっても、いっこうに意に介さなかった。洗濯屋はシャツを失くしても、謝罪の言葉ひとついわなかった。車の運転は乱暴で、通行中の歩行者のなかに知り合いを見つけると、急ブレーキを踏んで話しかけることがよくあった。彼らはユダヤ教の信仰をもっているかどうかに関わらず、キリスト教やイスラム教には概して無関心であり、他人の信仰を尊重するということが絶えてなかった。わたしにアッカのアラブ人地区を案内してくれた女性は、友人と携帯電話でお喋りをしながら、礼拝中のモスクに平然と入ろうとした。ガリラヤ湖の周辺は、イエスが教えを説いたこともあって、世界中のキリスト教徒が教会を訪問し、敬虔な祈りを捧げる場所であったが、ユダヤ人たちはそのすぐ傍らの空地で平然とバーベキューに興じ、煙の行方に無頓着を決め込んでいた。学生寮の前のゴミ捨て場では、ゴミはいっさい区分されていなかった。郵便物が間違えられて別人に渡ったり、いつまでも郵便局に留め置かれたままであることは日常的だった。彼らはものごとのリハーサルを嫌がり、遠い将来の先々の計画を立てることを嫌った。そして概して貯金に無関心だった。要するに、あらゆる意味で、準備を欠かさず、行動を起こすにあたってまず周囲の眼を気にする日本人とは、対照的な人生観をもっているのだった。彼らはけっして人に意見を求めるということをしなかった。ゴミを捨てるにも、割り込みをするにも、いささかも悪びれることなく、堂々とフッパをやってのけるのだった。

あるイスラエル人は、フッパこそがあらゆるイスラエル人に共通する国民性だと、皮肉交じりにいった。それは歴史的にユダヤ人が形成してきた慎ましげな民族性とも異なり、ユダヤ人がパレスチナの地に入植し、国家を建設する途上でしだいに生まれてきたものだという。わたしもこの粗暴さが民族に固有なものではなく、どこまでも歴史的に形成されたものだという印象をもっている。その原因と想定されるものを、とりあえず三点ほど記しておきたい。

まずイスラエルという社会がまだ一世紀あまりしか歴史をもたない、若い入植地であることが考えられる。移民たちは苛酷《かこく》な状況のなかで土地を耕作し、都市を建築していかなければならなかった。彼らは旧大陸で親しんでいた生活の優雅さや繊細さを捨て、普段着のまま荒々しい作業に従事することを強いられた。生きるとはすなわち生き延びることにほかならず、他人に気を遣っているようでは競争から脱落してしまうことになった。必然的に習慣は簡素化され、粗雑なものへと変化していった。後続の入植者たちは、自分たちがそれまで属していた伝統文化と言語から無理やりに引き離され、自分たちからほど遠い先行者の文化と習慣を規範として強要された。それが血肉化されることなく剝離《はくり》してしまうと、後には疎外された生活だけが残される結果となった。移民世代と次のイスラエル生まれの世代の間の溝は深く、いずれの側にも自己同一性をめぐる傷を残すことになった。

第二の理由として、イスラエルは独立を宣言して以来、ほとんど休みない戦争状態に置かれてきた。非常時にさいして国家を守るために、他国には例を見ない重い兵役制度が施行され、女性までが軍人になることを義務付けられてきた。高校を卒業して直後の人格形成期を軍隊で過ごし、戦争の緊張のもとで生きることは、イスラエル人の行動と人生観に決定的な影を落とすことになった。日常生活のあらゆる局面が軍隊でのそれを手本としてなされるようになったとき、当然のことながら誰もが大声で怒鳴りあい、他人に対して攻撃的な身振りを当然のことと了解するようになった。

第三に考えられるのはいささか抽象的な表現ではあるが、イスラエルという社会がその構成員である人々に、イスラエル人という規範を提示することに挫折したことが考えられる。イギリス統治下にあったときシオニストが提唱したのは、宗教の陋習《ろうしゅう》と差別から解放され、今こそ新天地で労働に勤しむ、若く、力強いユダヤ人の映像であった。だが一九六〇年以降のイスラエルは、歴史の犠牲者としての悲惨なユダヤ人という映像を神話的に流布させ、国家の正当化の根拠として用いだした。近年になってアシュケナジーム中心のユダヤ人という理念に根本的な修正を加えなければならない状況が差し迫ってきているにもかかわらず、統合的で肯定的なイスラエル人の映像を社会が提示できないでいる。この事態に由来する混乱が、フッパの隠れた一因となっているように、わたしには思われる。

とはいえ、このフッパゆえにわたしが気楽に生活を送ることができたのも、ここに記しておかなければならないだろう。この国ではホテルのコンシェルジュと日本大使館員を除いて、誰も背広やネクタイを着用していなかった。銀行員も郵便局員も、平気でTシャツで働いていた。わたしもそれに倣《なら》って、カジュアルな服装で過ごした。驚くべきことだが、四ヶ月の滞在の間にわたしが購入した衣類は、二枚のTシャツと半そでのシャツにすぎなかった。服装における形式主義の廃棄とフッパを単純に同一視することはできないかもしれないが、少なくともわたしには両者は、他者と周囲の状況に対する配慮の欠落という点で共通しているように思われた。この状況はわたしが過去に滞在したことのある、もうひとつの軍隊国家、すなわち一九七〇年代の韓国とは、みごとに対照的だった。わたしはソウルでは大学の教師らしく振舞うことをつねに要求され、一年中背広にネクタイという服装を強いられていたからだ。わたしはユダヤ人の日常生活の根底にある粗雑さに、一方では呆れ返りながらも、もう一方ではその気楽さに肩の荷を降ろしたような気持ちを感じていた。なにしろここでは、ゴミを分別しないで出しっぱなしにしておいて、いっこうに構わないのである。

イスラエルでの日常生活でもうひとつ書き記しておかなければならないのは、安全をめぐる、異常なまでに神経質な対応だった。

あらゆる建物の入口にはガードマンが控えていて、中に入ろうとする者の鞄やリュックを開けさせ、中身を点検していた。特殊な棒状の反応機を用いて、身体検査をする場合もあった。レストランやカフェでも、また映画館やショッピングセンターでも、この原則はかならず守られていた。とりわけ都市どうしを結ぶバスターミナルでは、まるで国際空港並みにX線を用いて、二度にわたる厳重な検査がなされていた。

担当しているのはロシア系か、でなければエチオピア系が多かった。この仕事は専門技術を必要とせず、言葉を使わなくともできるが、万が一の場合を考えると危険がないわけではない。一般のユダヤ人が躊躇する作業を宛がわれていたのは、そうした新しい移民の若者だった。

わたしが通うことになったテルアヴィヴ大学も例外ではなかった。午前中にキャンパスに出かけると、入構しようとする学生たちが門の前で行列をなし、荷物チェックの順番を待っているのだった。それはわたしに、一九七〇年代初頭、内ゲバで死者が出るたびに大学構内に入る際に学生証を提示しなければならなかった、あの日本の冬の時代を思い出させた。エルサレムにあるヘブライ大学では、入構にはさらに複雑な手続きが必要だった。大学に外部から接近しようとする者は、かならず事前に訪問先からの招聘状を準備し、それを渡されたガードマンが電話で照合確認することが義務づけられていたのである。尋ねてみると、原因はすぐに判明した。二年ほど前にこの大学の学生食堂で時限爆弾が炸裂し、少なからぬ学生が死傷したからだった。そのなかにはキリスト教研究のために留学していた韓国人学生が混じっていて、彼は全身大火傷のため苦悶しながら息絶えたという（また一説には、かろうじて延命したとも）。

ハマスによる自爆攻撃が再開されたのは、二〇〇〇年にシャロン首相がエルサレム旧市街にあるイスラム教の聖地ハラム・アッ・シャリーフ（岩のドーム）を、異教徒であるにもかかわらず訪問するという挑発的行為に出、それに呼応する形で第二次インティファーダがパレスチナの占領地域全体で生じるようになってからだった。パレスチナ人の若者たちが軀《からだ》に爆弾を装備したり、手荷物のなかに隠し持ってイスラエル国内に潜入し、自らの生命と引き換えに多数のユダヤ人を死に至らしめた。検問所で男子が厳しく取り調べられるとなると、今度は女性が、さらにまだ幼げな子供が任務を担って爆弾を運んだ。ひとたび爆発が生じ、苦しみ呻《うめ》く犠牲者を救助するために周囲から人々が駆けつけると、そのときを見計らって第二の人物が再度爆弾攻撃を仕掛けるという戦術さえ、行なわれるようになった。

それは敗戦末期の日本で考案された神風攻撃をも連想させる、追い詰められた者にとって究極の攻撃のあり方であり、みごとに本願を成就した者はイスラムの聖戦《ジハード》における殉教者として、共同体のなかで崇拝されることになった。直接にそのモデルとなったのが一九七二年のテルアヴィヴ空港における日本赤軍の事件であった。

わたしがここで、日本のメディアが一般的に用いている「自爆テロ」という言葉を用いていないことに気を留めていただきたい。それは「テロリズム」という言葉が、それを口にする者をつねに敵・味方の二項対立のいずれかに帰属することを強いてしまうためである（ちなみにドイツ占領下に置かれた第二次大戦中のフランスでは、レジスタンスに加わった者たちはしばしば、対独協力者から「テロリスト」と呼ばれていた）。また外国のメディアが好んで口にする「カミカゼ」という語も避けておきたい。日本の少年兵たちは上官の命令によって、自由意志とは無関係に自死に追い込まれたが、パレスチナでは組織の勧誘を考慮するにしても、基本的には本人の志願の如何《いかん》にかかっているためである。もっともこのあたりは微妙な問題を含んでいる。イスラエルに味方する立場は、武装テロリストが稚《おさ》ない子供を騙して爆弾を運ばせていると非難し、自爆攻撃を是認する立場は彼らを殉教者として賛美して、西岸の街角にその肖像写真のポスターを大量に貼りつけてやまない。自爆攻撃がもっとも頻繁に行なわれていたのは、二〇〇二年から〇三年にかけてのことだった。わたしがテルアヴィヴ市内を移動するのによく使用していた五番バスは、目抜き通りであるディジェンコフ通りで爆破されていたし、中央バスターミナルでも二度ほど爆破が起きていた。海岸通に面したディスコは爆破された後、現在は廃墟として放置されていた。二〇〇四年になって、自爆攻撃のブームは一段落した感があった。ガザと西岸の検問所での誰何がいっそう厳しくなり、ハマスの青年たちが爆弾を携えてイスラエル国内に向かうことが困難になったためである。その代わり、今度は当の検問所が標的とされるようになった。

バスに乗ることは、きわめて希薄ではあるかもしれないが、万が一の危険を背負うことに通じていた。停留所でバスを待つことと、バスが通過している目抜き通りを歩くことが、それに準じていた。だが、いくらタクシーが安いからといって、日常生活のなかでバスを用いずにすますことはできなかった。現にわたしの周囲の人間は、学生も、大学のスタッフも、ほとんどが危険を充分承知のうえでバスを利用していた。もしバスに乗るならば、なるべく後部座席に坐ること。ガラスの近くには身を置かないこと。爆弾犯人は大概、バスに乗車しようとした時点で誰何され、次の瞬間に起爆装置のボタンを押すから、前方の乗車口付近に坐っていると、死亡したり怪我をする確率が高い。街歩きの初心者が教えられたのは、そうした体験に基づく原則だった。わたしも日常的にバスを用いた。幸いなことに、わたしが滞在していた四ヶ月の間、テルアヴィヴでは一度も爆弾騒ぎは生じなかった。最初は緊張しながらバスに乗っていたわたしは、いつしか危険に無頓着になっている自分を発見した。

武装闘争を呼びかけるハマスのポスター（ラッマラー）。

犠牲者を描いたポスター（ラッマラー）。

ユダヤ人たちは、一連の爆弾攻撃にすっかり疲労しきっていた。その疲労は単に肉体的なものであるばかりか、心理的な、道徳的な次元においても顕著であるように思われた。

あるシャバトの夕べ、わたしはテルアヴィヴから少し北にあるナタニアに住む、敬虔なユダヤ教徒の家で晩餐《ばんさん》に招待された。家の主人は、ユダヤ人が離散の途にあった時代にはきちんと信仰を守っていたのに、ひとたび国家が築かれてしまうと途端に信仰を喪ってしまったことが嘆かわしいと語る篤実な人物で、食事の準備が整うまで近くのシナゴーグに礼拝に行かないかと、わたしを誘ってくれた。それは彼が子供のときからかかさず通っていたシナゴーグで、ここに集う人々は一週間ぶりの再会に、室内に入ってもしばらくは世間話をやめようとしなかった。やがて和やかな時間が終わると、全員が起立し、合唱と礼拝が始まった。シナゴーグのなかではあらかじめ席が決まっている。新参のわたしは、三人分だけ空いている席のひとつを示され、そこに坐ることを命じられた。誰もが異教徒であるわたしに好意的な姿勢を見せてくれた。厳粛な時間が開始され、まだお喋りに耽っている者が白髭《しらひげ》の老人に注意されたりした。ここにはみごとに信仰を媒介とした共同体が存続しているという印象を、わたしはもった。

ただひとつ腑に落ちないことがあった。わたしの隣の空き席にいつの間にか小さな少女がやって来て、椅子に寝そべって軀をくねらせたり、落ち着かずに後方を振り返ったり、少しの間もじっとしていないのである。シナゴーグは厳密に男の空間と女の空間に分割されており、彼女は本来なら一階の男の間にいてはならない立場にある。にもかかわらず彼女はいっこうに律法の朗誦に耳を傾けるわけでもなく、好き勝手なことをしている。わたしは、先に隣人のお喋りを咎めた厳格な老人がいつ少女を注意するだろうかと、期待しながら待っていた。だが彼は後ろの席の少女を一瞥すると、何もいわずに自分の祈禱《きとう》に戻っていった。

シャバトの祈禱が終わり、シナゴーグの外に出たわたしが友人に尋ねてみたところ、この少女はその前年にナタニアで生じた爆弾攻撃のさなかに、両親のみならず家族の全員を喪った、唯一の生存者であると教えられた。シナゴーグでわたしが通された三つ並びの席とは、本来であればこの家族の男たちのために設けられた場所であり、幼くして父親の膝のうえで聖歌の合唱を聴いていた彼女は、毎週シャバトになると、以前から馴染みの深い同じ席に戻ってきて、無邪気に儀礼に参加していただけだったのである。シナゴーグに集う敬虔なユダヤ人たちは、安息日ごとに彼女の存在に気づきながら、けっして無碍《むげ》に彼女を叱ることもせず、そのまま遊ばせていた。誰もが彼女を見るたびに悲痛な感情に襲われていることは、傍らで見ているわたしの目からも理解できた。

だが一方でユダヤ人たちが悲惨からできるだけ目を逸らそうと、神経症的なまでにいらだっていることも事実だった。あるときTV局がガザ地区とイスラエルの境界にあるエレズの検問所の映像を放映したことがあった。検問所では毎日、イスラエル領内へ出稼ぎに出るアラブ人が早朝から長い列を作って待っている。IDカードを確認する場所へと通じる扉は両側がジグザグ状に歯を嚙み合わせたようになっていて、傍らの兵士がボタンを押すと、それが開閉できるようになっていた。TV画面ではまだ幼げな顔をした兵士たちがロシアン・ルーレットのように面白半分にボタンを押し、通り抜けようとするアラブ人が扉に挟まれたり、危機一髪のところで擦り抜けたりするさまを眺めて、仲間どうしで笑い合っているさまが描き出されていた。当然のことながらここを訪れるアラブ人には屈強な男たちばかりではなく、一般の女子供も含まれていた。

この映像が放映されたとき、TV局には視聴者から激しい抗議の声が寄せられた。だがそれは、アラブ人を非人道的な遊戯の対象としてからかうイスラエル兵士を非難したものではなく、もっぱらこうした映像を平然と放映してしまったTV局に向けられた非難だった。ユダヤ人の視聴者にとってガザ地区に住まうアラブ人は、エイリアン以上の存在ではなく、彼らがどのような屈辱的体験をしているかという問題は関心の外側にある。ユダヤ人が怒って抗議したのは、こうした事態が現実に行われていることを知った衝撃からではなく、それが映像として自分たちの居住空間に送り届けられたという事実に対してであった。

誰もが戦争が行われていることを、充分に知っていた。ただその映像から目を逸らすことに一生懸命なのだった。爆弾の恐怖に日夜晒《さら》されていることも、充分承知だった。ただその事態に正面から向き合うことを避け、恐怖をできるかぎり忘れていたいと願っていた。あるとき偶然から家族のひとりが重傷を負ったり、死亡したりする。だが、それでも市民の日常生活は何事もなく続いていくのだった。家族を喪わなかった者は、事件からできるかぎり目を逸らしながら生きていく。運悪く家族を喪った者は、運命の不公平に怒りながら、周囲の巨大な無関心のなかでただひとり心の傷に耐えなければならない。彼（女）は全体の状況に無関心となり、孤独のうちにアラブ人への憎悪の牙をますます研ぎ澄ませてゆくことになる。

第二次インティファーダが開始されて、四年目に入っていた。イスラエル側がそのために支払った代価には、恐ろしいものがあった。建物ごとのガードマンの人件費から、分離壁の建設費用まで、あらゆる次元での出費がまずあり、観光客の遠のきによる外貨収入の激減がそれに続いた。経済収支は大きな赤字が連続し、失業率はこれまでになく高まった。大学はもとより、公共施設は軒並み経費削減を余儀なくされ、かつて一九六〇年代に世界中の若者を魅惑した集団農場のキブツは、今ではエイズの温床となり、あるところでは刑務所の労働力再生作業に関わることで存続をはたそうとしていた。別のところでは、もっぱらタイ人を中心とした東南アジア系労働者の出稼ぎ先となっていた。

だがイスラエル社会を真に見舞っていたのは、経済的な意味での疲弊だけではなかった。人々はすでに道徳的な意味で疲弊の極致にあるように、わたしには感じられた。それは一言でいうならば、無感動である。彼らは眼と鼻の先で、みずからの同胞が虐殺と破壊を続けていることに、ほとんど無関心であるかのように振舞っていた。彼らは美食に舌鼓を打ち、海岸で肌を焼き、副収入のアルバイトでいくら収入を得られるかといった計算にふけりながら、現下に生じている事態を前に懸命になって目を瞑《つむ》ろうとしていた。たまにわたしが話を振り向けると、巧みに話題を逸らし、シャロンにも困ったものだとか、平和こそがもっとも大切なものなのにというばかりだった。それ以上のことをわたしが尋ねようとすると、外国人にはわからないことですよと韜晦《とうかい》するか、でなければひどくヒステリックな口調になって、自己弁明じみた論議を延々と続けるのだった。彼らのほとんどが、アラブ人と仲良くすべきだと主張した。だが、その実、彼らはアラブ人を恐怖しているだけで、できることなら彼らを遠ざけ、自分の視界に入らないところに置いておきたかっただけだった。

皮肉なことにアラブ的なるものは、ユダヤ人がいくら執拗に拒否しようとも眼前にあり、彼らが意識する・しないに関係なしに、見えない大気のように日常生活に漂っていた。街角の多くのレストランやファーストフードの店は、イスラエル料理と称して平然とエジプトやレバノンでアラブ人が得意としてきた料理をメニューに並べていた。ミュージシャンたちはウードやネイといったイスラム音楽の楽器を好んで用い、アラブ的な旋律の大きな影響を受けた演奏を続けていた。アラブ諸国から到来したユダヤ人の子弟たちが歌う「ミズラーヒ」という歌謡ジャンルが、ＴＶでは人気を呼んでいた。

アラブの影響はヘブライ語でなされる日常会話のなかにも影を落としていた。学生たちは日常会話のなかで、機会あるたびに「ヤッラ！」とか「ワッラ！」と親しげに口を利きあっていた。それはアラビア語で「じゃあね」とか「そうだな」を意味する言葉だった。彼らの罵倒語の語彙《ごい》には「ベン・ゾナ」（娼婦の息子）とか「レッヒ・ティズダイェニ」（消えな）といったヘブライ語とともに、「クース・エムメック」（母親の性器）や「シャルムータ」（あばずれ）といったアラビア語が混じっていた。アラビア語の語感の方が強くて、喧嘩をするときに力があるような感じがするからだろうなと、学生のひとりがいった。けれども「ヤッラ！」なんて言葉はもう当たり前すぎて、誰もそれがアラビア語だなんて考えもしないで使っているのじゃないかなと、彼は付け加えた。こうした言語的な混交が、一九五〇年代以降に大量に移民してきたミズラヒームが出自のイスラム社会から携えてきた文化的記憶に由来すると同時に、イスラエル人口のほぼ二割を占めているパレスチナ人との接触に基づくものであることは、あきらかだった。

わたしは日本に生まれ育った自分が、少年時代に「きょんちゃる」や「たんべ」といった韓国語の単語と出会った経緯を思い出してみた。わたしがこうした言葉が「警察」「煙草」を意味する韓国語であると知ったのは、後にソウルに渡り、走行中のバスの窓からハングルで記された街角の看板を必死に読み取るという生活を始めて後のことである。このときの体験はわたしに、それと言及されないままにいくらでも韓国的なるものを含みもっている日本社会のあり方を自覚させ、両者を厳密に分割することがいかに制度的な思考であるかを理解させた。

テルアヴィヴの街角を歩いていて気がついたことは、今日の日本社会が演歌の旋律から焼肉の味付け、不良少年の隠語まで、多くの要素を隣国の朝鮮文化に負っているように、いやそれ以上の度合いにおいて、イスラエルのユダヤ人はアラブ文化から富を得ているという事実だった。にもかかわらず彼らはガザでアラブ人が日夜体験している苦痛と屈辱から、懸命に目を逸らそうとしていた。彼らはイスラエルへの破壊活動を続けているだけだと頑強に信じ、残余にはけっして目を向けようとしないでいるのだった。

若者たちと軍隊

テルアヴィヴ大学は市の北側、アインシュタイン通りの終点にあった。イスラエルが建国された直後に設けられた大学で、ヘブライ大学が英国統治時代からエルサレムの丘のうえに威厳をもって聳《そび》えているのとは対照的に、いかにもアメリカン・スタイルの、開かれたキャンパスという雰囲気をもっている。ただ西海岸の大学と違うのは、正門の検問を潜ったところに考古学の遺跡がいくつも陳列されているところだろう。イスラエルでは考古学とは、ユダヤ民族が古代からこの地に根を下ろしていたことを正当化するために、あらゆるところで援用されている学問なのである。

学生たちのファッションは気軽で自由である。裾の広いジーンズを靴が隠れるまでに下ろして闊歩している学生がいるかと思えば、頭髪を完全に剃りあげ、腕に刺青をした学生もいる。スキンヘッドへの偏愛は、男子ばかりか女子の間にもかなり強い。数年前に新聞に投書があって、強制収容所を連想させるような若者のファッションはやめてほしいという声があがったが、いっこうに収まることがない。そうかと思えば、髪を伸ばせるだけ伸ばして、チェ・ゲバラやノーム・チョムスキーの顔を描いたTシャツのうえに垂らしているという、まるで一九六〇年代後半からタイムスリップしてきたような学生もいる。女子大生のなかには、ジーンズをいかに臍下《せいか》にズラして腰で履くかという課題に熱中している傾向があり、さながらベリーダンスの踊子を思い出させた。どうやらTVのCMで、「どこまできみは下ろせるか」という挑発的な文句が流れていることも、この流行に関係しているらしい。いわゆるフォーマルなアイビールックに身を固めているという学生は、まったく見かけない。

もっともこうしたカジュアルなファッションは、どこまでもキャンパスで大多数を占めているユダヤ系の学生のものである。イスラエルの大学には、全体の比率として約五%ほど、アラブ系の学生がいる。彼らはユダヤ系と比べて、どちらかといえば地味目の格好をしている。とりわけ女子大生はいつも二人か三人で連れ立って歩いていて、白いスカーフで髪を覆っていたり、足のところまでを隠す、民族衣装の長いスカートを履いている。その慎ましげで、人目を気にするかのような態度は、臍下を露出し、ノーブラでTシャツの下の巨大な乳房を振り回すかのように堂々と歩いているユダヤ系の女子大生とは対照的である。とはいうものの、こうした控え目のアラブ系女子大生たちの存在が、いきなり輝かしく威厳に満ちたものとして迫ってくる瞬間がないわけではない。それは学内で開催される反政府集会のときだ。ユダヤ系、アラブ系の区別なく、シャロン首相の政策に反対し、パレスチナの占領地からの軍の即時撤退を要求する集会が大学正門前で開催されると、その後はたいがいアインシュタイン通りへのデモ行進となる。アラブ系学生が面目躍如とも言うべき活躍を見せるのは、そのときである。「1936　スペイン。1948　南アフリカ。2004　イスラエル」とヘブライ語で記されたプラカードを掲げている者がいる。「占領を拒否せよ」というワッペンを参加者に配っている者がいる。人数は二百人くらいだろうか。ロー、ロー、ローイポール！　レ・ファシズム、ローイポール！　ヘブライ語でシュプレヒコールが唱えられる。ファシズムに陥るな、くらいの意味だ。ユダヤ系もアラブ系も、同時に声を合わせてこの文句を唱え、通りを行進するわけだが、ユダヤ系の声はともすれば揃わず、むやみに高く張り上げては割れてしまう傾向をもっている。一方のアラブ系はみごとにリズムが整っていて、一糸乱れず崩れるところがない。それどころか、きっちりと隊列を組んで行進し、独自にアラビア語でインティファーダを礼賛する文句を唱えたり、少人数ながら強い印象を与えている。それに比べてユダヤ系はより屈託がなく、どちらかといえばだらだらと車道を歩いているという雰囲気がする。

ユダヤ系の学生にとってデモに参加することは、軽い動機さえあれば可能な行為である。だが同じ行為がアラブ系にとっては、まかり間違えば彼らを取り囲む私服刑事に記憶され、後になって思いもよらぬ困難を引き寄せてしまいかねない危険を孕んでおり、参加にもそれなりの決意が必要とされる。いきおい隊列にもシュプレヒコールにも、気合が入るというものだろう。だが同時に彼らのみごとな声の揃え方は、彼らがいかに故郷の村や町を離れ、ユダヤ人主導のアカデミズムのなかで生活していようとも、伝統的な共同体のもつ声の競合の記憶からけっして離脱していないことを示していた。

テルアヴィヴ大学人文学部東アジア学科は、インドから中国、日本までの言語と文化を範囲とする学科として、十年ほど前に創設された。最初は一学年に三十人も学生が来ればいいくらいに考えていたようだが、蓋を開けてみると百人ほどがどっと押しかけた。多くは中国語と日本語の学習を期待する学生だという。彼らは語学を学び、日本仏教の手解きを受け、こわごわ村上春樹の原書に手を伸ばす。

どうして日本語と日本文化にそれほどの人気があるのか。わたしは東京の勤務校で言語文化研究所の所長を務めていたころ、試みにヘブライ語の講座を開設してみたのだが、あまりに受講者が少ないので閉鎖を余儀なくされたことがあった。現在の日本の学生たちは、旧約聖書に関心をもつごく一部の者を除いて、イスラエルの文化にほとんどいかなる興味も抱いていないのが現状である。イスラエルと日本の学生の間に横たわっているこの関心の不均衡の構造は、いったい何に起因しているのだろうか。それは、たとえば歴史的に日本人が一度もユダヤ人を差別迫害したことのない、世界的にも稀有な社会であると喧伝されてきたことと関係しているのだろうかと、わたしは推理してみた。

答えは意外なところにあった。日本語の専攻を申し出る学生たちのかなりの部分が、過去に日本に旅行したり、滞在した体験をもっていたのである。

イスラエルでは、あらゆるユダヤ人は十八歳の時点で軍隊に入隊することが義務付けられている。兵役を終えるまでは海外に自由に渡航することが許されない。一般的に男子で三年、女子で二年にわたるこの義務をはたした若者が願うのは、ともかくイスラエルを離れたい、どこか未知の外国に出かけ見聞を広めたいということである。

彼らの多くはまずインドかネパールに向かう。そこでトランクにいっぱいアクセサリーや工芸品を詰め込むと、次の目的地である日本へと向かう。東京の表参道や渋谷の街角でインドの象の小さな人形やネックレスなどを売っている若者がいれば、まずイスラエル人だと思って間違いがない。まさしくユダヤの商人である。外人ホステスが売り物のカラオケバアにしても同様で、わたしは何人もの元ホステスと話す機会があった。彼女たちは日本の酔客から出身地を尋ねられると、アメリカと答えるようにと、ちゃんとマニュアルで教え込まれていた。街角でのアマチュア露天商は、あるときまでは地元のヤクザから因縁を付けられることが続き、若者たちは軍隊時代に覚えた武術で懸命に応戦するということもあったようである。現在ではネパールから日本までちゃんとその筋の者によって道筋が決められていて、不要なトラブルが避けられていると聞いた。

多くのイスラエル人は、この日本滞在の時点で片言の日本語を覚え、欧米でもアラブでもない特異な文化のあり方に新鮮な興味を感じる。日本人とメイクラブすることは容易いという知恵を先輩から吹き込まれ、せっせとその道の探求に耽る者もいれば、イスラエル以上に物価の高いこの経済大国で節約に節約を重ね、露天商で得た収入を貯めて、さらに中国やタイ、ラオスといった他のアジア地域に足を伸ばす者もいる。このアジア旅行は一年、二年と続くことが多い。若者たちが大学への進学を考えるのは、こうした武者修行を一通り終えて帰国した後のことである。休暇は終わったと観念して、法律や経済の道を進む学生も多いが、極東で垣間見た不思議な文化に魅惑され、日本語を本格的に勉強しようと決意する学生が少なからず出現するのには、それなりの理由がある。

兵役の期間が異常に長いこともあって、イスラエルでは大学は原則的に三年分の課程しかない。だが三年で卒業できる学生は多くはない。大概の学生は二十五歳ともなると、専攻とは別に生活の資を得るための生業をもっていて、なかにはすでに結婚して家族を形成してしまった者さえいる。日本の子供じみた大学生とは違い、すでに兵役と世界旅行をはたした若者にはモラトリアムという発想は皆無である。

ここで、そもそもイスラエルの社会を日本のそれから大きく引き離している軍隊の存在について記しておくことにしよう。

カーキ色の軍服姿をした軍人は、街を歩いていても、バスや列車に乗っていても、ともかくいたるところで眼にした。彼らの半数は幼げな顔をしながら、せわしげに煙草を吹かしていた。就寝時を含めていかなる場合でも銃を肩に背負っていることが義務づけられているらしく、それは銃の重さを自分の体重の一部として感じられるようにという配慮からだと説明された。

Israel Defense Force、略してＩＤＦと呼ばれるイスラエル軍は、文字通り日本語に直すならば「イスラエル自衛隊」と訳せなくもない。だが日本の軍隊が憲法に抵触し、法的位置も曖昧なままどこまでも志願制を採っているのと対照的に、イスラエル軍は国家の中枢に置かれ、十八歳のユダヤ人の若者を例外なく召集する制度として機能している。陸軍、海軍、空軍によって若干の違いはあるが、男子はほぼ三年、女子は二年の軍役が課せられている。

世界広しといえども、女子に徴兵義務が与えられているのはイスラエルだけであろう。かつてソウルに滞在していたときから、軍隊はわたしがもっとも関心をもつ事項のひとつだった。軍事政権下の韓国では、大学構内で平然と軍事教練が行なわれていたし、わたしは軍服や迷彩服姿の学生を前に授業をしていた。彼らは礼儀正しく気さくであったが、軍隊生活については一様に口を閉ざし、部外者であるわたしには何も語ろうとしなかった。軍事政権が崩壊し、韓国が民主化された後になって、はじめて軍隊生活を赤裸々につづったエッセイ集が刊行されたとき、ソウルの書店でそれを発見したわたしは、日本の出版社に翻訳を勧めた[*4]。十八歳の青年が三年の長きにわたって一般社会から孤絶した、男だけの環境に置かれ、国家主義的なイデオロギーの内側で過ごすことは、その人物の内面形成はもとより、社会全体の基本的あり方にどのような影響を恒常的に与えることになるのか。世界のなかでも稀に見る、徴兵義務のない国に生を享《う》けたわたしには、それがひどく興味深く思われたのだった。

イスラエルにおいても、わたしが機会あるたびにユダヤ人たちに聞いてみたかったのは、みずからの軍隊生活を現在どのように考えているかということだった。わたしが語る機会を得た人々のおよそ半分は、きわめて通り一遍の回答しか口にしようとはしなかった。すなわちイスラエルがアラブ諸国に囲まれ、いつ攻撃されても不思議ではない状況にある以上、自分たちの国を守ることは当然であり、軍隊の体験を経てはじめて自分が一人前の人間になったという感想である。自分がイスラエル人として誇りをもてるようになったという言葉が、それに続いた。では具体的に軍隊でどのようなことを体験したのですかとわたしが問いを続けると、少なからぬ人々は、外国人には理解できないことだからと口を噤《つぐ》んでしまうのだった。昔のことだし、あまり思い出したくないという人もいたし、後方の事務処理だけで、ただただ退屈で時間の無駄だったという人もいた。

イスラエルの軍隊が独自であるのは、ひとたび二十一歳で除隊をした後も、四十五歳になるまで二十年以上にわたって、一年に一月は以前に所属していた連隊に復帰し、ふたたび銃を担わなければならないという点にある。この予備役の制度のため、軍隊は単に若者だけの集団であることをやめ、年齢を超えたイスラエル人の交流の場所になっている。ここで培われた人脈が、その後の生活に影響することがしばしばある。もっとも現実には、娑婆《しゃば》の世界で仕事をやり残してきた年長者たちは、兵士として勤務中も携帯電話で仕事の交渉を続けたり、極端な場合には株式相場に耽っていたりする者もいるらしい。さまざまな理由をつけて予備役を回避しようとする者も、いないわけではない。出産後の妻の容態が思わしくないので臨時に休暇を申請する三十歳代の兵士に対して、まだ人生経験のない二十一歳の軍曹が、にべもなく申し出を拒絶するといった光景も見られるという。イスラエル人が成り立っているのは唯一戦車の内部においてだけで、ひとたびそこを出てしまうと、誰もがアシュケナジームやスファラディームといった別々の社会階層に分かれてしまい、けっして出会うことがないという皮肉たっぷりの評言をエシャヤフ・レイボヴィッツという批評家がかつて語ったことを、わたしは教えられた。

テルアヴィヴ駅の女性兵士。つねに銃を離さない。

軍隊内では男子兵士と女子兵士の間で恋愛が生じることはままあるようである。バスターミナルや鉄道駅では、休暇時にそれぞれの家族のもとに戻るカップルが、軍服姿のままプラットフォームでいつまでも接吻を続けている場面を、わたしはいくたびも目撃した。ちなみに人口の二割弱を占めているアラブ系の若者は、ベドウィンとドゥルーズ教徒を除いて、兵役を免除されている。軍隊が社会の根底にあり、自動車免許をはじめとして技術獲得と就職の人脈形成に大きく関わっているこの国にあって、それはアラブ系イスラエル人が当初から社会の周縁に置き去りにされていることを示している。

軍隊での体験については、除隊後にそれをどう了解し、経験として咀嚼《そしゃく》してゆくかが、人によって異なっているらしい。とりわけ占領地に赴いて現実の戦闘に従事することになった者や、兵役中に体験した事故の後遺症を引き摺《ず》っている者の場合、さまざまな態度に分かれるという。多くの元兵士が、戦争での体験に対して完璧な沈黙を守る。できるかぎり忘れようと努める者もいれば、それが原因で精神障害を来たしてしまう者もいないわけではない。

一九六七年にイスラエルの大勝利に終わった「六日間戦争」（第三次中東戦争）までは、イスラエルの兵士の間では、戦時中にみずからが行なった行動を、蛮行も含めて公に告白することがなされていた。だが一九七三年の「ヨム・キップール戦争」（第四次中東戦争）の時以来、兵士たちは口ごもるようになっていった。一九五三年生まれのわたしは、もし自分がイスラエルにユダヤ人として生まれていたならば、間違いなくこの戦争に従軍することを余儀なくされただろうと考えてみた。現にわたしと同世代のアモス・ギタイは前線でヘリコプターに乗っているときに地上の敵軍から砲撃を受け、九死に一生を得るという体験をしている。彼はこの体験に拘泥《こうでい》し、やがて『キップール』という長編フィルムにそれを再現し、現実の戦争がいかに悲惨で孤独に満ちたものであるかを訴えかけた。

だがギタイの場合は例外的であって、この戦争から一九八二年のレバノン侵攻（第五次中東戦争）にかけて兵士たちの証言は眼に見えて減少し、ついに第二次インティファーダが生じた二〇〇〇年以降には、戦闘に加わったイスラエル兵士が積極的に発言をすることはほとんどないという。わたしが滞在していた二〇〇四年六月には、占領地ヘブロンに駐屯していた兵士たちによる写真展がテルアヴィヴで開催されかけたことがあったが、噂を聞きつけてわたしが駆けつけたときにはすでに当局によって中止された直後だった。これまで六百人あまりの若者が兵役を拒否し、軍事法廷によって有罪を宣告されているが、そうした情報は日本を含めて外国では大きく喧伝されてはいるものの、イスラエル国内ではなかば言及が禁忌である。

わたしに最初に軍隊での生活を教えてくれたのは、ペサハ（過ぎ越しの祭）のときに、招待された晩餐の席で知りあったアシュケナジーム系の歯科医の息子だった。彼は兵役を終えたばかりで、一種の興奮状態にあるようだった。軍隊では柔道、空手、胎拳道《テッコンド》といった東洋武術のすべてを取り入れ、実践用に統合したクラブ・マガーという武道を学ぶ。ひとたびそれを取得したうえで検問所に勤務するわけで、パレスチナ人が怖いと思ったことは一度もない。あいつらは武術を体系的に習ったことなど一度もないはずだから、武器をもっていないかぎりイチコロさ。彼の兄は軍隊時代の怪我が原因で、松葉杖をついていた。だが弟はそれを一向に気にしている風でもなく、検問所に勤めたことはイスラエル人としての自分の誇りだと語った。

その晩餐の席にわたしを招待してくれたのは、能や歌舞伎にも造詣の深い演劇学者だった。彼はイスラエルの軍隊とは単に軍隊であるばかりか、若者たちのために一種の文化センターとして機能しているといい、軍隊を基盤としていかにイスラエルの演劇集団が形成され、職業俳優が輩出していったかを説明してくれた。そう語る彼自身も、軍隊での芝居出演が契機となって、大学で演劇学を専攻するようになったという。わたしは一九六〇年代の終わりごろ、ヘドバとダビデというイスラエルのポップシンガーの二人組が日本で『ナオミの夢』という曲を流行させたことを憶えている。彼らはＴＶのヒットパレードに登場し、自分たちが軍人として活動していると、公然と語っていた。七〇年代に入ると、パルコは「強い女」をアピールする一連の映像戦略のなかで、イスラエル空軍に勤務する美女の挑むように攻撃的な表情をポスターの素材として採用した。それは日本の広告産業がフェミニズムをイデオロギーとして取り込む魁《さきがけ》となった。

軍隊生活がユダヤ人にとって、社会的にも心理的にも大きな通過儀礼の役割をはたしていることは、韓国と同様、いやそれ以上であるように、わたしには感じられた。

あるときわたしは、知り合いになった四十歳ほどの技術者の夫婦から、ガリラヤ湖の方へ車で遠出の誘いを受けた。イエスが布教活動を行なっていた小さな村々には以前からくしてわかったことは、彼がイエスの生涯にもキリスト教にも、ほとんど何の知識も関心ももっていないという事実だった。「ああ、あの水の上を本当に歩いたとかで有名になった男のことだろ」と彼はいうと、それ以上の言及をやめた。彼は親切にもわたしの希望にそって、山上の垂訓《すいくん》がなされた跡地の教会をはじめ、いくつかの観光地を回ってくれたが、自分自身としてはこうした異教徒の史蹟《しせき》にまったく無関心なように見えた。

どうだい、もう教会見物も飽きただろうから、ひとつ暗くならないうちにゴラン高原のほうを廻ってみないか。彼がそう口にしたとき、わたしはただちに承諾した。かつてゴダールから若松孝二と足立正生までがムーヴィカメラを回したこの激戦の地は、一九六七年のイスラエル軍による占領以降、アラブ人の村が徹底的に破壊され、ユダヤ人による入植が進行している。高原の返還を要求するシリアとイスラエルとの間には、いまだに国交が結ばれていない。たとえイスラエル側からであれ、そのゴラン高原を見ておきたいという気持ちが、わたしにはあった。

ガリラヤ湖を離れ、ヨルダン川の狭い流れを渡った車は、湿地帯のなかを東北にむかって走っていった。この道を真直ぐに行けば、そのままダマスカスさと、技術者はいった。あそこじゃまだインターネットを使っているやつが百人もいないっていうじゃないか。言葉の端々から、彼がアラブ人一般に強い蔑意をもっていることが感じられた。やがて車は火成岩の塊が転がる荒地に差しかかった。紫色をしたアザミの花が咲き誇り、ところどころに背の低いオリーヴが生えている。それを別にすれば、樹木らしきものはない。養蜂のための白い箱がいくつも並べられている。どうやら農業には向いていない土地らしく、車道から見渡すかぎり人家は一軒もない。

いや、正確にいうと、人家がないわけではなかった。眼を凝らして草原を眺めているうちに、ところどころに廃墟らしき石の塊が見受けられた。火成岩の塊にすぎないと思って見過ごしてきたもののいくつかが、実は三十年以上も前にイスラエル軍の侵攻を受けて避難したアラブ系住民たちの住居跡であることに気がついた。わたしがそれを技術者に尋ねると、彼はただちにそれを否定した。ゴラン高原はパレスチナではない。ここにはもともとアラブ人など住んでいなかったから、難民問題など存在していないと、彼は断言した。

わたしを乗せた車はやがて、現時点でのシリアとの境界線の手前で右折し、南下して帰路に就くことになった。道路のところどころに、黄色い花々に囲まれて記念碑が設けられ、イスラエル国旗が掲げられている。それはシリアとの戦闘で、包囲されたイスラエル兵士が玉砕した場所を示していた。俺は兵隊のころ、このあたりで戦ったんだと、技術者はいった。やがて道路にそって鉄条網が現れ、何台もの戦車が待機している場所に出た。現役の軍の施設だった。運転手はここまで来ると方向を変え、ガリラヤ湖を見下ろす見晴台のところまで車を走らせた。

見晴台は観光地になっているらしく、何台もの車が停車していた。そこからはガリラヤ湖の全景をみごとに見渡すことができた。そこにも最近になって建立された記念碑があった。碑文には「この風景を開発することに功績のあったダニー・ケステン観光相に捧ぐ」と記されていた。それはケステンが、二〇〇一年に暗殺されたレハバム・ゼエヴィ観光相と並んで、ゴラン高原侵攻の主唱者であるという意味だった。

そうか、この男はわたしをここに連れてきたかったのだなと、わたしは気がついた。彼はかつて自分が栄光の闘いに参加し、勝利を収めた場所を、得意げな気持ちで見せたかったのだ。見晴台に立ちながら彼はわたしに同意を求めるかのように語った。「イスラエルはサボテンに似ている。外側は棘だらけで堅固であり、柔らかく汁気に満ちた内側を守っているのだ」わたしたちは、建築されつつある分離壁のすぐ脇の、新しい国道に車を走らせながら、テルアヴィヴまで戻った。


もっともわたしの出会ったすべてのユダヤ人が、軍隊生活を懐かしみ、肯定的な思い出を語ってくれたわけではない。例外的ともいえる二人の人物のことを、ここで語っておきたい。

レア君はアシュケナジーム系の二十五歳の青年で、わたしの日本映画の講義を熱心に聴講してくれた学生だった。片言ではあるが日本語を解し、カバラと仏教哲学の比較ができないだろうかとわたしに真剣に相談してくるような、知的なところが窺えた。彼は若松孝二という日本人監督を発見して夢中であり、足立正生のフィルムがテルアヴィヴで見られないことを悔しがるという、対抗文化の徒であった。イスラエルの国家主義の犠牲者はパレスチナ人だけではない、自分たち若者もその例外ではないのだというのが彼の持論であり、その立場から軍隊生活にまつわる興味深い挿話を聞かせてくれた。レアもまたイスラエルの他の若者と同様に、十八歳から二十一歳までの三十ヶ月を兵士として過ごした。配属されたのは空軍で、レーザー光線を用いてミサイルをいかに目的物に命中させるかという実験開発に、主に関わっていたという。平均睡眠時間は四時間だった。暗闇のなかでいきなり叩き起こされると、二十秒のうちに軍服に着替えなければならない。女兵士の場合は四十秒である。最初のうちは、目の前にある自分の銃を手探りのまま数分で分解し、また同じ時間で組み立てなおすという訓練が繰り返された。もしひとつでも部品を紛失すると、厳しい制裁が待っていたという。こうして二年目が終わることになると、階級はいつしか二等兵から軍曹にまで昇進していた。

軍隊では男どうしがあっという間に、親友に近い関係になってしまう。同室になった兵士のなかに、どうしても軍隊が嫌で嫌で我慢ができないという青年がいた。彼はレアに、頼むから自分の右足を鉄パイプで思いっきり叩いて折ってくれないかと頼んだ。レアは友人の頼みを引き受け、鉄パイプを振り下ろしたが、毎日生活をともにしている間柄ゆえに、どうしても手加減をしてしまう。何回叩いても、足の骨は折れてくれなかった。そこで別室の知人を頼んで、思いっきり叩いてもらったが、やはり足は折れない。企みは依頼した本人はあまりの苦痛に呻き、騒ぎを聞きつけて上官が飛び込んできた。

発覚し、当の兵士は傷む足を引き摺りながら、営倉送りになってしまったという。レアは自分たちが守っているはずの入植者たちに殴られたことがあり、このときの体験が契機となって現下のイスラエルの軍国主義に強い疑問を抱くようになった。彼は除隊の数ヶ月前になって、大事件を引き起こしてしまった。彼は兵舎の自分の部屋の扉にナチスの鍵十字を彫りつけ、こともあろうにその下に「イスラエル」と記したのである。事件がたちまち連隊全体でスキャンダルとなり、連隊長は彼に、この悪戯《いたずら》の意図を連隊の兵士全員の前で説明しろと、強い口調で命じた。どうしてイスラエルがナチスなのか、というわけである。ただちに百人ほどの兵士が召集された。そこでこの二十一歳の青年はいささかも物怖じすることなく、ニーチェの『善悪の彼岸』から説き起こし、ハンナ・アレントにおける悪の凡庸さという概念を引用しながら、滔々と演説を始めた。一時間の演説が終わるころには、およそ三分の二の兵士が、理解できないまま席を立ってしまっていた。上官はいった。わかった、わかった。お前が軍隊に向いてないことはわかったよ。お願いだから、後もう少し、除隊までの間、大人しくしていてくれよ。先に述べたように、イスラエルではひとたび除隊になった後も、四十五歳までは毎年一月ずつ、以前に所属していた連隊に復帰して兵役を務めなければならない。だがレアは現在まで、それを免れている。彼の話では、空軍の技術開発の方針が変わって、自分の所属していた連隊そのものが消滅してしまったからだというが、あるいはこの鍵十字の武勇伝が尾を引いていたのではないかと、わたしは睨《にら》んでいる。

わたしが知り合ったもうひとりの若者であるシェリーは、レア以上に過激だった。彼女はなんと兵役そのものを拒否してしまったのである。彼女はイエメン系とアシュケナジームの混血だった。

シェリーは小学校のときから作文で、イスラエルが嫌いですと平然と書き記し、物議をかもす子供だったという。多くの小学生の女の子が、高校を卒業したらカーキ色の軍服を着て兵士になることを漠然と憧れるなかで、彼女の態度は最初から異なっていた。思うにそこには、国防軍専属の弁護士として重鎮の地位にあった父親に対する反発も働いていたのかもしれない。十八歳になって徴兵令状が到着したとき、彼女は、自分がパレスチナ人を虐待するマフソム（一八一頁以降を参照）の業務に就くことを快しとせず、それを拒否した。事態はたちまち軍法会議に関わる問題となり、面子を潰された父親は怒り狂った。だがそれでも実の娘が牢獄に向かうことを、彼は肯《がえ》んじなかった。軍事裁判の席で、彼はさまざまな手段を用いて彼女が釈放されるように働きかけたようである。自由になった彼女はただちに日本に渡り、帯広の近くで英会話教師をした。ホステスをしたこともあったようだ。帰国後、エチオピア人と結婚することになったが、ユダヤ教のラビのもとで宣誓するという儀礼が嫌だという理由から、わざわざキプロスまで行って結婚式をあげた。現在はヴォランティアの団体を組み、パレスチナとイスラエルの境界に日曜日ごとに赴いては、検問所の兵士たちがパレスチナ人に対して不法な暴行を加えないだろうかと逆に監視するという作業を続けている。アレンビー街に住む彼女のアパートを訪れてみると、日本の漫画雑誌がたくさん並べられていた。北海道にいたとき、道端に捨ててあった雑誌を拾い集めて持ち帰ったのだという。

軍隊のことでわたしが強く印象付けられたのは、あるときレアがいった言葉である。彼はいった。十八や十九で、世間のことなど何も知らない子供が、いきなり実弾の入った銃を渡され、命令に背く者は容赦なく撃ち殺していいと教えられたとき、何が起きると思う。生まれて初めて権力を与えられた子供は、子供に特有の粗雑さや無邪気な暴力への嗜好《しこう》から、それを玩具のように弄《もてあそ》んでしまう。彼は気がつかないうちに精神に荒廃を来たしてしまうだろう。イスラエルの若者が国家主義の犠牲者だというのは、そのような意味なのだ。除隊の後も、彼らがひとたび手にした権力の亡霊に捕らわれ、道徳的な頽廃《たいはい》に陥ってしまうことを、いったいこれまで誰が告発してきたというのだと。わたしがこの二十五歳の青年が抱いている冷静な分析能力に、ある種の希望を抱かなかったといえば、それは嘘になるだろう。

イスラエルに滞在している間、わたしは兵士たちがパレスチナ人に対して挑発的な暴力を振るったり、威嚇《いかく》的な仕草を見せる場面を、しばしば目撃してきた。わたしが大学で講義をするたびに熱心に耳を傾けてきた学生たちは、その数年前までは肩に背負った銃を占領地の住民に向け、射的場の標的のように子供を射殺することに躊躇しなかった兵士でもあった。彼らがいかなる記憶と屈辱に苦しみ、いかなる心の慰安を求めているのか、わたしはその一部を垣間見たような気がしたが、全体については理解のしようもなかった。ただそれがイスラエルという社会を形成している基調音ともいうべきものであることだけは、かろうじて理解することができた。

テルアヴィヴという都市

さてこのあたりで、わたしが滞在していたテルアヴィヴという都市について、説明しておきたい。この都市はエルサレムに次ぐ大都市であり、中心部の人口は五十万、周辺部を含めればその倍ほどの人口を抱えている。テルアヴィヴの歴史を語ることは、シオニズムの歴史を語ることに等しいといえる。

テルアヴィヴとはヘブライ語で「春の丘」という意味である。以前にも記したように、それは一九世紀終わりにシオニズムを唱えたウィーンのジャーナリスト、テオドール・ヘルツルが、ユートピア小説『古くて新しい国』（一九〇二）のなかで描いた架空の町の名前から採られている。エルサレムやハイファが、本来はアラブ人の居住地であり、そこにユダヤ人が新たに入植して今日の姿を築き上げた都市であるとすれば、砂浜のうえに建設された都市テルアヴィヴは、アラブ的な要素をほとんど感じさせることがないどころか、二〇世紀以前の歴史を所有していない世俗の空間であるといえる。この都市を語るためには、その少し南にあるヤーファ（アラブ名、ちなみにヘブライ名はヤッフォ）から語り起こさなければならない。ヤーファは旧約聖書で巨鯨《きょげい》の体内に呑みこまれた義人ヨナが出帆したヨッパなる港が基礎となって発展した古い町である。一九世紀にいたるまで、それはエルサレムへと向かう巡礼がかならず最初に寄港すべきアラブ人の港町として、殷賑《いんしん》をきわめていた。もっともこの狭い要塞町は、世紀の終わりごろ到来したユダヤ人入植者を受け入れるだけの空間をもちあわせていなかった。そこで彼らは海岸に沿ってわずかに北に、新たに入植地を築くことになった。それがテルアヴィヴの起源で、一九〇九年のことである。この名前が付けられたのは翌年。そのときすでに小説の著者ヘルツルは、シオニズム運動の疲労が祟って六年前に他界しており、現実の都市建設を目の当たりにすることはできなかった。

ユートピア文学に関心をもっていたわたしは、かなり以前であるが『古くて新しい国』を、英訳を通して読んだことがあった。そこでは一九二四年のパレスチナが、アジアとヨーロッパ、アフリカの三大陸の中継地である国際商業都市として、未曾有の発展をとげている姿が描かれていた。一九世紀のユートピア主義者の例に漏れず、ヘルツルは人類の未来にいささかも疑義を抱いてはいないが、この国ではヨーロッパよりも科学技術が進んでいて、自動車が洪水のように溢れている。地中海と死海が運河で繋がり、砂漠はくまなく灌漑され、水力発電で都市は潤っている。街角の景観はヨーロッパ的だが、ユダヤ人はもとより、アラブ人、ペルシャ人、中国人までが街角を愉しげに行きかっている。誰もがどんな言語を用いてもよいという徹底したコスモポリタニズムが、そこでは楽天的に描かれていた。イスラエルに到着してしばらくして、ふたたびこの小説を読み直したわたしは、現実のイスラエル社会が、かつてヘルツルの夢想したユダヤ人国家の像とはきわめてかけ離れたものとして発展していったことを知った。

一九一八年にドイツ人が撮影した航空写真を見てみると、建設に着手してまもないテ

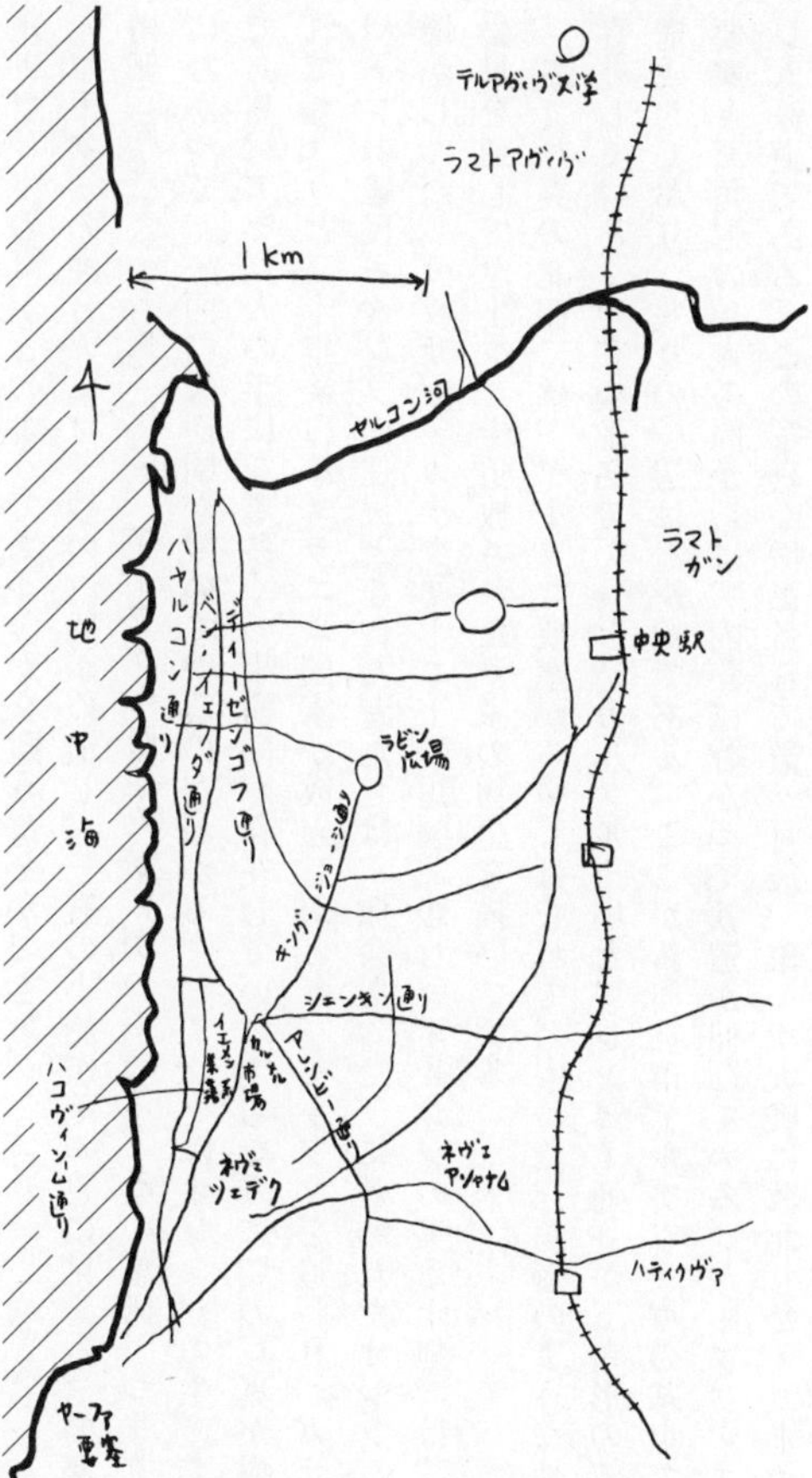

テルアヴィヴ地図

ルアヴィヴの町がどのようであったかを窺うことができる。[*5]

ヤーファの沖合いには一艘の汽船が停泊し、三艘の小船がその脇に見える。要塞から南側（写真でいう右側）には、ヤーファの町並みが広がっている。その東側、つまり内陸にむかって、一面に果樹園が続いているのがわかる。ヤーファはオレンジの生産で有名であり、アラブ人の手になる多くの果樹園が存在していた。ちなみにこの写真が撮影されてちょうど三十年後にイスラエル国家が成立したとき、ヤーファを追われ、ガザやレバノンの難民キャンプの住民となった者たちは、機会あるたびに喪われたオレンジ園を懐かしんだ。ガッサン・カナファーニーの短編『悲しいオレンジの実る土地』は、少年の目を通してヤーファを追放された一家の物語を描いている。[*6]

さて写真の北側には、ヤーファ要塞から少しはなれて、尖った三角形のような地域が存在している。現在の地名でいうと、カルメル市場とアレンビー通りが三角形の二辺を構成しており、残りの一辺は海岸線である。ここが新興都市テルアヴィヴの基点である。要塞と三角形の頂点の間からは、内陸にむかって鉄道が伸びている。ヤーファ・エルサレム鉄道である。この写真が撮影されて数ヶ月後、第一次大戦に敗北したオットマン帝国はパレスチナを手放し、この地はイギリスの信託統治に任されることになった。航空写真が撮られて九年後の一九二七年の市街地図に基づいて、一九三一年に制作された都市計画案では、すでにテルアヴィヴの街角は北部に大きく発展を予定されている。海岸から内陸にむかって、後にハヤルコン、ベン・イェフダ、ディーゼンゴフと名付けられることになる主要道路が南から北に真直ぐに伸び、市の中心部を東側から抱きかかえるように、街路樹の散歩道を中央に据えた大通り《シュデロット》が計画されている。やがてそれは、パレスチナ入植にあたって多額の財政的援助をしたユダヤ人富豪ロトシルド（ロスチャイルド）家と、イスラエルの初代首相にちなんで、ロトシルド大通り、ベン・グリオン大通りと名付けられるだろう。

三〇年代にはドイツから到来したユダヤ系の建築家たちが、この新しい地区に次々とバウハウス様式の建築を設計した。それは以前にヤーファや旧市街の建築の基調となっていた、伝統的なアラブ様式や折衷様式とはまったく異なり、ヨーロッパで最新流行であった建築様式であり、ここにテルアヴィヴは二〇世紀ヨーロッパ建築の一大実験場としての意味をもつに至った。この地区は以前に建設されていた「赤い街」と対照して、好んで「白い街」と呼ばれることになった。日本風にいうならば、それは下町と山の手の区分に、おおまかにいって対応しているかもしれない。ドイツ以東から移住してきたアシュケナジームの知識層にとって、「白い街」の建設はまさに面目躍如ともいうべき事業であり、「ヨーロッパのための、アジアに対する防壁の一部を作り、野蛮に対する文化の前哨の任務を果たすだろう」とヘルツルが『古くて新しい国』のなかで予言した、シオニズムの理念にまさに適っている作業であった。中近東的なるもの、ユダヤ教を含め、宗教的なるものは、いっさいこの地区から排除された。それは新しい統治者であるイギリスが、ありえぬオリエンタルの夢に導かれるままにエルサレムに前近代の意匠をもった建築を好んで建設したのとは対照的であった。

あるときわたしはハリウッドの映画監督であるスピルバーグが多額の寄付をすることで運営されている、スピルバーグ・ユダヤ映画資料館を訪れた。そこでは、一九三五年に製作されたプロパガンダ映画『これが国だ』（バルフ・アガダティ監督）を観ることができた。シオニズムを海外のユダヤ人に喧伝する目的で撮られたこのフィルムのなかでは、海岸からどこまでも続く砂浜のうえで人々が一団となってセメントを練り、土台を築きながらバウハウスの建築を実現してゆくまでが、順を追って描かれていた。まさにそれは、砂浜のうえに築かれた都市という名にふさわしい光景だった。

わたしが滞在していた二〇〇四年は、このテルアヴィヴの「白い街」がユネスコの世界遺産に認定されたというので、全市をあげてさまざまな記念事業が催された年に当たっていた。美術館と大学は、共同でシンポジウムと展覧会を開催した。これまで汚れたまま放置されていたバウハウスの建物に相次いで補修や塗り直しが施され、建築物の美的調和を崩すような付加物が撤去された。いくつかの通りでは垂れ幕によって特定の建築物が指示され、それらを描いた絵葉書や写真集が刊行された。これまで観光国家イスラエルのなかにあって、テルアヴィヴは商業の中心ではあっても、その歴史を欠いた世俗性から、聖地エルサレムやナザレと比べてほとんど国外の旅行者の関心を惹かない、いわば二番手の地位に甘んじてきた。ユネスコによる認定は、それがエジプトのピラミッドや広島の原爆ドームと同等の、いうなれば人類の歴史的遺産であるという保証を与えることになった。わたしはそれに至る過程の詳細を知らないが、イスラエル政府の側からの強力な働きかけがあったことは、容易に想像できた。それは今日いたるところで破綻と解体を噂されているシオニズムのイデオロギーが、今一度起死回生を果たそうとしている身振りであるように、わたしには感じられた。

現在のテルアヴィヴは、一九三〇年代に計画された都市をさらに拡大したところにある。エルサレムからの鉄道は駅の位置を変えた。新たに設けられたテルアヴィヴ駅は、ハイファやアッカといった北部の都市を結ぶ幹線鉄道の駅として、四つの場所に分散して存在している。市は東側では住宅地ラマトガンと隣接し、北側ではヤルコン河を越えたところに住宅地ラマトアヴィヴを建設するに至っている。河を越したところに発掘された考古学遺跡を中心として、巨大な博物館の複合施設が建設された。

六〇年代に開発されたラマトアヴィヴについては、すでに言及しておいたが、もうひとつ気づいたことを加えておきたい。それはわたしには、計画に基づいた集合住宅が並び、一定の緑地と商店をあらかじめ組み込んで建設されただけの、退屈な地区という印象しかなかった。この地区はさらにいくつかの小さなブロックにわかれていた。あるとき散歩をしていて気がついたのだが、どのブロックも一つか二つの、きわめて限られた出入り口しか持っておらず、外部からの到来者を規制する、きわめて閉鎖的な構造のもとに設計されている。学生寮から外に出たわたしは、海に出ようとしてブロックの出口に到達するために、ひどい回り道をしなければならなかった。わたしはかつて東京湾に浮ぶ月島という埋立地に住んでいたことがあった。庶民的な集合住宅がどこまでも並ぶその町は、近代化の階梯《かいてい》をまさに登らんとする二〇世紀初頭の日本が計画的に建設した住宅地であったが、路地から路地へと人々は自由に行き来が可能であり、本来的に開かれた空間を体現していた。ラマトアヴィヴの空間構成は、正確に月島の対立物であった。後にわたしは占領地パレスチナにユダヤ人が設けた入植地の構造を図面から眺めたとき、同じ印象を抱いた。ラマトアヴィヴに横たわっていたのは、いかにも生活に快適なように公園を適宜に点在させながらも、本質的には他者を厳密に排除する、徹底的に管理された空間であったといえる。

ラマトアヴィヴにはまだ多くの空地があり、土木工事が行なわれていた。近い将来にそこに新移民のため、さらなる集合住宅が設けられることが予想された。ここから幹線道路を海岸線に並行して北上すると、しばらくして黒いタキシード姿のヘルツルの彫像が給水塔の側に立てられているのが眼に留まる。イスラエル建設に最大の貢献をしたこの偉人に因んでヘルツェリアと名付けられた町が、そこから始まるという徴《しるし》である。彫像というにはあまりに質量感がなく、どこかボール紙を切り抜いたような印象を与えるその像を、わたしはハイファに行く用事があるたびに、長距離バスの窓から眺めたものだった。

テルアヴィヴの町では大学を別にすると、わたしがしばしば用件をもって足を向けたのは、「白い街」の中心地にあるシネマテックであり、そこから歩いてすぐのところにあるディーゼンゴフ通りやシェンキン通りだった。また好んで散策をしたのは、さらに南の、アレンビー通りからネヴェツェデックにかけての地区である。とりわけイエメン系集落の慎ましげで整然とした佇まいに、どこか月島の路地に似た雰囲気を感じたわたしは、機会があるたびにその辺りを徘徊した。喧騒に満ちた市場で食材を揃えたり、骨董屋の埃《ほこり》だらけのショウウィンドウを覗きこむことは、ラマトアヴィヴの無味乾燥なショッピングモールを散策するよりも、はるかに心躍ることだった。それぞれの通りについて、簡単に感想を記しておこう。ディーゼンゴフ通りはロトシルド大通りと並んで、

テルアヴィヴが世界遺産として認定されるにあたって大きな貢献のあった街角である。洒落たショッピングセンターから外国語書店、カフェ、アクセサリー店などが立ち並び、あるところでは店先に白いウェディングドレスを陳列する店が十数軒も庇を並べている。イスラエルで最初に流行が始まるのは、長い間この通りだとされている。一九五〇年代終わ

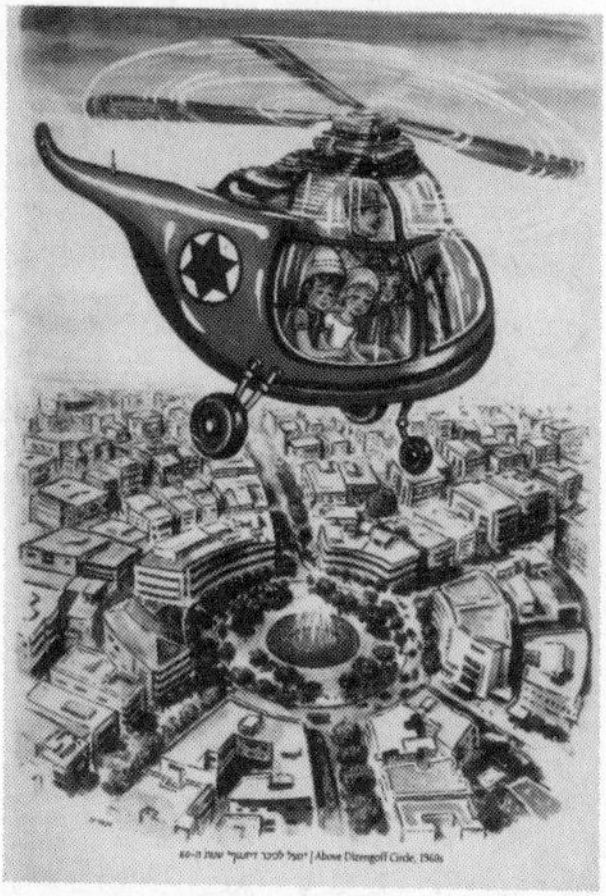
1960年代のディーゼンゴフ通りは
テルアヴィヴの中心だった。

りにはプレスリーに夢中になった若者たちが最新流行の服装とポマードチックに身を固め、街角を闊歩するのが風俗となった。七〇年代後半に世界的に大ヒットした『グローイング・アップ』というフィルムは、この伝説的な時期の青春を懐かしげに回想した作品だった。それは第二次中東戦争が終わり、国家の成立がようやく一昔前の出来ごととなったイスラエルが、シオニズムに由来する「選ばれた民族」としての特権意識と戦時下の緊張から少しずつ解放されつつあった時期の物語であり、自動車と映画、ロックンロールに代表されるアメリカの大衆文化を受け入れることで、イスラエル社会が緩やかにではあるが大衆消費社会へと移行しつつある徴候を優れて描いたフィルムであるといえる。もっともそれから短くない歳月が経過したにもかかわらず、ディーゼンゴフ通りは高層ビルをもたず、背の低い商店がマッチ箱のようにどこまでも並んでいる。そのためどこかしら六〇年代後半の渋谷や新宿の繁華街という雰囲気を、いまだに保っている。かつては通りのちょうど中心あたりにいくつもの道路の交差する円環が設けられていて、その中心に小さな噴水があった。円環の一角を白いバウハウスの映画館が取り囲んでいた。現在では交通量が増えたため円環が廃止され、その部分では交差する何本もの車道の上に、噴水を中央に頂いて、さながらヒトデのような形で広場が設けられている。映画館は洒落たホテルに改装されている。一度その内部を覗いてみたことがあったが、往古の撮影機や上映装置が展示されて、ノスタルジックな演出が施されていた。

シェンキン通りはディーゼンゴフ通りに比べてはるかに騒然としており、歩行者の年齢層が低い。いかにも今日の若者文化の中心という雰囲気をしている。東京で喩えるならば、原宿の竹下通りに近いかもしれない。レンタルヴィデオ屋があり、洒落た無国籍料理のレストランがある。パレスチナの地図を掲げた、いかにも左翼が集まりそうなカフェがあり、さまざまな銘柄のジーンズを扱った専門店がある。パレスチナやエジプトの歌手のCDのように、一般にはなかなか店頭に並びそうもない音楽も、イスラエルのアンダーグラウンドの漫画も、わたしはこの通りで手に入れることができた。

　この通りの色彩の基調をなしているのは、明るい空色とピンクである。通りのちょうど真中あたりには、その総本山ともいうべき「ノー・ネイム」というブティックがあり、店をあげてピンクファッションの服を売っている。店に集う女の子たちも、もとよりピンクの格好をして、さらなる色彩の普及活動に専心しているような印象を与える。ノー・ネイムの壁一面には浴衣とも柔道着ともつかぬ、一見日本風の白衣に水色の帯をした女性が、ピンクの花を長い髪に飾っている漫画が描かれていて、日本語で「戀《こい》の魔法」と、わざわざ旧字体を用いたレタリングがなされていた。日本のアニメと少女漫画が世界のキューティ《かわいい》ズム文化を席捲しつつあることは、海外で足を向ける先々の都市で昨今知らされることであったが、ここイスラエルもまた例外ではないことが店の外装からもわかった。その後わたしは、ラマトアヴィヴでも、エルサレムでも、この「戀の魔法」を見かけることになった。どうやら少女もののカジュアルファッションのチェーン店のようだった。

シェンキン通りの西の端からアレンビー通りに入ると、取り澄ました「白い街」の印象は薄らぎ、ぐっと庶民的な光景が展《ひろ》がってくる。ロシア語の専門書店が何軒も並び、スタンドにキリル文字で印刷された新聞が何種類も並んでいたりする。九〇年代以降に到来してきた、もっとも貧しい移民であるロシア系がよく集う街である。アレンビー通りには何軒かゲイバアまであり、わたしがシェリー（八八頁に登場）に案内されて行った店では、壁一面のスクリーンに男どうしの性行為がヴィデオで映し出されていた。アレンビー通りには、ディーゼンゴフ通りとは違う、どこか浅草のような下町に似た、いかにも人懐っこい独特の雰囲気がある。

一九六九年にこの通りを舞台に、『ブラウミフ運河』（エフライム・キション監督）という、喜劇フィルムが制作されたことがあった。精神病院を脱走した中年男がたまたま道路工事用の削岩機を手に入れ、何を思ったのかアレンビー通りのど真ん中で穴を掘り出すという話である。狂人は昼夜休むことなく穴を開け続け、市役所はてんてこ舞いの騒ぎになる。だが腐敗した役人たちは彼を止めるに充分な理屈を思いつくことができず、かくするうちに事件はメディアが大きく報道するところとなる。選挙を前に市の政治家たちはそれぞれに狂人を支持することに決め、工事はどんどん大規模に発展してゆく。最後にアレンビー通りから海岸まで穴が貫通すると、大量の海水が通りに押し寄せ、テルアヴィヴの下町全体が運河と化してしまう。ボートレースが開催され、観光客が詰めかけるようになる。これでわが市は中東のヴェネツィアと呼ばれるでしょうと、市長が記念講演をしている頃、くだんの狂人はまた別の街角に出かけて、同じように執拗に穴を掘っている。最初から最後まで、彼はまったくといってよいほど口を利かない。テルアヴィヴという都市に横たわるヨーロッパ志向をみごとに諷刺し、役人たちの形式主義と偽善を批判したこのフィルムは、ゴーゴリを思わせる黒い諧謔《かいぎゃく》に満ちている。アレンビー通りには、こうした荒唐無稽な笑劇を許してしまうようなところがある。

アレンビー通りを通り越して、カルメル市場、イエメン系集落カレム・ハティマニームへと進むと、アラブ色がどんどん強くなり、イスラエルがやはり中近東に位置していることがはっきりと判明する。*7 さらに南下して、ネヴェツェデクまで歩くと、テルアヴィヴのもっとも古い地区のひとつに足を踏み入れることになる。ネヴェツェデクには、一九二〇年代に建てられたと思しき赤い屋根と乳白色の壁の家が、ほとんどは老朽化しているものの、まだ少なからず残されている。イスラエルで最初の映画館だった「エデン・シネマ」の建物も、閉鎖こそされてはいるが、まだ壊されずに存在している。わたしはこの命名の仕方が気にいった。エデンとは旧約聖書の冒頭に登場する楽園だからだ。わたしを大学へ招聘してくれたラズ教授はテルアヴィヴの南の出身であったが、一九五〇年代の少年時代によくここでインド映画を観たと教えてくれた。当時エジプトともイラクとも国交がなく、文字通り四面楚歌の状態にあったイスラエルでは、娯楽映画を輸入する先としてはインドしかなく、スファラディームの庶民はボリウッド製のミュージカル映画を唯一の愉しみとしていたのであった。

ネヴェツェデクは入植開始直後は、青雲の志をもったアシュケナジームの居住地であり、最初のヘブライ語教師養成学校が設置されたのも、エルサレムへと通じる鉄道の駅が建設されたのも、ここであった。だが都市が拡張し、商業活動と文化の中心がしだいに「白い街」に移行してゆくと、この地区はしだいに見捨てられ、一九六〇年代にはモロッコ系に代表される貧しい新移民が犇《ひし》めくスラム街と化していた。彼らは出自たるマグレブ文化から切り離され、アシュケナジームの社会規範を無理強いされたばかりか、劣悪な住居条件と低い教育水準に甘んじていた。彼らもまた、ある意味でシオニズムの犠牲者であった。エルサレムのスラムでモロッコ系の若者たちが「ブラック・パンサー」を名乗って政治的に立ち上がったとき、いち早く連動したのがこの地区の若者であったことは想像に難くない。もっともそれから三十年の歳月が経過し、現在のネヴェツェデクには当時の貧困と悲惨を感じさせるものは、何ひとつとして見つからない。街角という街角は観光地のように秩序化され、ニューヨークのソーホー然とした骨董ポスター屋やモロッコ風のアクセサリー屋、ポストモダンの雰囲気のレストランやバアが通りには軒を連ねている。あるとき夕暮れどきにこの地区を散歩していたわたしは、ある低まった通りだけがなぜか見捨てられていることを奇妙に思った。その通りは、一部は駐車場として利用されてはいるものの、ほとんどが雑草の生い茂るままとなっている。不思議に思ったわたしは、通りを最後まで歩いてみることにした。終点はゴミ捨て場になっている。わたしは帰宅すると昔の市街図を机のうえに拡げ、場所を確かめてみた。それはもうとうに廃止されたヤーファ駅の跡だった。

　ところでこの辺りをあるいていて、どうにも気になっていたことがあった。住居が密集しているカレム・ハティマニームとネヴェツェデクの西側、海岸にすぐ側で接しているあたりが妙に寂しいのである。ハコヴィシーム通りを中心とするこの一帯は、いかにも最近になって空地に建てましたよといった感じの二軒のホテルと高層ビルを別とすれば、がらんとした公園と駐車場になっているばかりで、以前にあった建築物を取り払われて更地になっていたように思われる。気になって一九三〇年代の都市計画図などを参照してみても、なぜかこの地区だけは何も記載されず、空欄のままに置かれていた。

　わたしには思い当たるふしがあった。かつて戦前のある新派小説家が故郷のさる地方都市を舞台に執筆した小説のことを調べていたとき、舞台として言及されている地名が往時のいかなる市街図にも掲載されておらず、その場所が白紙のままに置かれているのに気づいたことがあった。念のために土地の古老に問い質してみたところ、そこが江戸時代以来の被差別部落であることが判明し、小説家の意図が理解できたような気がした。

　このことを思い出したわたしは、念のために本章の冒頭で掲げた航空写真に戻ってみた。そこには市街図とは裏腹に、密集した住居が写されていた。そこで大学の図書館を訪れ、さらに調べてみると、この地区は実はヤーファの飛び地であり、イスラエルの成立以前は多くのアラブ人が住んでいた場所であることがわかった。イギリス統治下におけるテルアヴィヴの都市計画から排除されていたのはそのためである。アラブ人が一九四八年に追放された後はただちに廃墟となり、ある時期に更地とされたのだろう。テルアヴィヴは長らく無人の砂浜にゼロから建設された、無罪性の宿る都市であるという神話をつねに誇ってきたが、実はそれは偽りであった。バウハウスの白さを誇りに思う背後で、この都市もまたイスラエルの他の多くの町と同様に、アラブ人の町を破壊し、彼らを排除することで発展していったのだった。ハコヴィシームという通りの名称にしたところで、いかにも本来のアラブ名を抹殺し、後からつけたヘブライ語であることは明らかだ。

ハコヴィシーム通り周辺の来歴を知ったわたしは、後日もう一度そこを訪れることにした。もちろんかつての住民を偲《しの》ばせる痕跡は、何ひとつ見当たらなかった。ただ海岸の側に、ハッサン・ベクというモスクだけが残されていた。モスクは管理人もなく、だらしなく門を開いたまま、わたしを待ち構えているかのようだった。内部に足を踏み入れてみると、窓ごとに素朴ではあるがステンドガラスが嵌《は》められていて、かつてはこの地区にかなりの規模のイスラム教信者の共同体が存在していたことが推測できた。モスクと海岸の間には円形の劇場のような廃墟があった。数年前にハマスの若者によって爆破されたドルフィナリウムというディスコだった。このとき怒り狂った群集がこのモスクの跡に激しい投石を繰り返したというが、奇跡的にもそれは破壊を免れて、訪れる者もなく残骸を晒しているばかりだった。

わたしはわざわざこの場所を選んで爆破がなされたことの意味を推理してみた。アラブ人の実行犯はハコヴィシーム通りに近いこのディスコを標的にすることで、イスラエル建国以後、地上から抹殺されてきたこのヤーファの飛び地の記憶を一瞬でも虚空に浮かび上がらせたいと考えていたのではないだろうか。アシュケナジームが高層ビルのホテルを建てているこの場所に、かつてはモスクを取り囲むかのようにしてアラブ人の住居があり、市場の賑わいがあったという事実を今一度、土地そのものに想起させ、テルアヴィヴという都市の建設をめぐってシオニストが築きあげてきた神話を、一挙に攪乱《かくらん》状態に陥れてみたかったのではないだろうか。ドルフィナリウムの廃墟は、その点で象徴的な意味をもっているように、わたしには思えた。

テルアヴィヴの街角を四ヶ月にわたって歩いているうちに理解されてきたのは、「白い街」という名の下に市当局が喧伝し、建築家や都市論者を動員して騒ぎ立てている作業が、実のところ言説と映像の次元においてなされている、大掛かりな再神話化に他ならないという事実だった。隠蔽はアラブ的なるものにのみ向けられているわけではない。アラブ社会から大量に移住してきたミズラヒームの居住地に対しても、巧妙なジェントリフィケーションが施され、彼らの文化をめぐる抑圧がなされていた。

中央バス・ターミナルから鉄道駅を越し、少し東に歩くと、ミズラヒームの巨大な集落と市場があった。皮肉なことに「ハ・ティクバ」、すわなち（ママ）ヘブライ語で「希望」と名づけられたこの地区では、建物はどれも不揃いで、老朽化した住居と空き地が目立った。マッチ箱のように理髪店や簡易食堂、雑貨屋がびっしりと並び、町工場の機械音が流れるなか、路地では子供たちがサッカーをして遊んでいた。一間しかない仕立屋では、ひどく貧しい身なりの老女が一台のミシンを前に繕い物をしていた。

だがハティクバのすぐ隣はネヴェツァハルと呼ばれる端整なマンション街となっていた。その間には緑地公園が設けられ、背の高い樹木が鬱蒼《うっそう》と茂っていて、二つの空間を完全に遮断していた。奇妙なことに公園は、マンション街から容易に入場できるように、広々とした芝生が設けられていた。富裕な老人を車椅子に乗せて公園を散歩させるためにフィリピン人が雇われていて、彼らは老人たちを置去りにしてベンチでお喋りに興じていた。だがこの公園はハティクバ側から接近しようとすると、昏《くら》い樹木のなかをわざわざ横切らねばならず、しかも小さな二つの出口を除いて完全に閉鎖されていた。設計の目的がミズラヒームの居住地の囲い込みにあることは明瞭だった。後にわたしはこの公園を一九五四年に計画したアヴラハム・カラヴァンなる建築家が、当初からそれを意図していたことを、書物から知らされた。*8

先に少し言及したヤッフォにしても、例外ではなかった。テルアヴィヴの南にあるこの町は本来がヤーファと呼ばれていたが、アラブ人が追放された後、一時的に廃墟同然となった。その後貧しいモロッコ系ユダヤ移民がそこに住みついた。当局は治安の悪化を憂慮し、一九七〇年代のある時点でこの地区を再開発の対象とすることに踏み切った。現在わたしが訪れることのできたヤーファは、ガイドブックによるならば芸術家のアトリエとギャラリーの並ぶお洒落な場所と紹介されている。わたしはこの町の要塞にある歴史資料の展示室を訪れてみた。そこにはヤッフォが古代ギリシャの神話にも旧約聖書にも登場する、古い歴史をもった港町ヨッパであることを告げる展示がなされ、ユダヤ民族にとっていかに重要な都市であったかが力説されていた。だがこの港町がかつてアラブ人にとって重要な商業都市であって、ユダヤ人がテルアヴィヴを建設しだした後も、ここを基点としていくたびも大掛かりなアラブ人の叛乱が生じたことをめぐる言及は、一行たりともなかった。またモロッコ系ユダヤ人がどのようにここに住み着いたかを示す記述も皆無だった。

わたしはヤーファの要塞からさらに南に向かって歩いてみた。そこは観光地の華やぎとは裏腹に、まさに荒廃しきったスラム街と化していた。崩れかけた住居の傍に洗濯物が旗めき、空地では子供たちが犬を苛《いじ》めて遊んでいた。そのうちの一人は外国人であるわたしを発見すると、「アラブ、アラブ！」といいながら、石を投げてきた。さらに歩いていると「アラブ人小学校」と標識のある学校の前に出た。周囲を高い塀によって囲まれていたので、内部を覗くことはできなかった。近くには集会所があり、男たちが大勢集まって、円卓を囲みながらトランプに興じていた。小物を売る店先で男が二人水煙管《シーシャ》を吸っていた。彼らはわたしの姿を認めると、にこやかに手招きした。わたしは知らない間にアラブ人の居住地に足を踏み入れていたのだった。後になって調べてみると、彼らは昔からここに住んでいたアラブ人ではなく、イスラエルが建国された後、あちらこちらの村や集落から追いたてを食らって、後に流れ着いた者たちであると判明した。アラブ系とユダヤ系の住民の間に敵意と憎悪が横たわっていることは、小学校の高い塀と子供の投石からも推察できた。

ヤーファのこのスラムのさらに南には、美しい浜辺で知られるバットヤムなる町があった。この町は目下のところドラッグと武器の売買で悪名を馳《は》せていた。新聞は最近になってバットヤムの海岸の砂のなかから、連続殺人の死体が次々と発見されたと書き立てていた。

これがテルアヴィヴという「白い街」の全貌だった。市当局はバウハウス建築を通してこの都市がいかに二〇世紀ヨーロッパの建築史の博物館であるかを神話的に喧伝していた。だが路地から路地へと散策を重ねていったとき浮かび上がってくる都市の現実の姿は、それとは裏腹にアラブ的なものの記憶であり、ミズラヒームをめぐる囲い込みの痕跡だった。この都市が本来的に湛《たた》えているはずの文化の複数性はいたるところで抑圧され、アシュケナジームの規範の前に隠蔽されていた。いたるところにシオニズムのイデオロギーの影響の跡が窺われた。だがそれにもかかわらず市場は相変わらず喧騒に満ち、子供たちは路地でサッカーに興じていた。

テルアヴィヴでは、売春窟やゲイバー、ストリップ劇場といったセックス産業はどこに存在しているのか。わたしは知り合いとなった学生に尋ねてみた。彼らの一人はニヤリと笑って、ネヴェアシャナムに行ってみるといいですよといった。ただし警官に不法労働者ではないかと誰何されるといけないから、パスポートは念のためにもっていった方がいいかもしれませんがと、彼は親切に忠告してくれた。

ネヴェアシャナムは街の南側に最近完成した新しいバスターミナルの近くにあった。セックス産業の中心地だと予想していたわたしは、そこが実は外国人労働者が屯する、新しいエスニック地域であることを知った。彼らを当てにして電話のプリペイドカードの安売り店や食材店が立ち並んでいる。中国語で『北京特拉維夫』と記された雑誌がスタンドで売られていた。手にとってみると、イスラエル在住の中国人労働者のための情報誌だと判明した。「特拉維夫」とは、テルアヴィヴの北京語表記だった。他にも『マニラ・テルアヴィヴ』という英語の雑誌があり、こちらはフィリピン人のためのものだった。街角にはヘブライ文字のみならず、漢字やキリル文字の看板が目立ち、外に出されたカフェではロシア人がビールを呑みながら、仲間同士で喋っていた。

なるほど売春窟らしきものもあった。通りの奥の路地に入ると、壁に大きな♡印が描かれていて、部屋の内側から音楽が聴こえていた。売春窟が外国人街にあるというのは、そこで働く女性たちのなかにルーマニア人やモルドヴァ人といった東欧系が占める割合が大きいことと無関係ではなかった。第二次インティファーダののち、パレスチナ人を極度に警戒するようになったユダヤ人は、彼らをテルアヴィヴの労働市場からいっせいに締出し、その代わりにタイ人や中国人、フィリピン人の安い労働力を輸入することにした。ネヴェアシャナムの殷賑はそうした新しい外国人人口の急速な増加が原因だった。東京の新大久保やソウルの九老洞《クロドン》で生じているのと同様の現象が、この都市の一角でも生じていた。ユダヤ人国家として厳密に構想されたイスラエルは、こうした一角からゆっくりと解体してゆくようだった。だが皮肉なことにこのネヴェアシャナムは、百年ほど前にヘルツルが『古くて新しい国』のなかで描いた、世界中の言語が語られるコスモポリタンな商業都市の姿にもっとも近いように、わたしには思われた。

イラン・パペは語る

モルデハイ・ヴァヌヌ博士が釈放されたのは、四月二十一日のことである。ネゲヴ砂漠にあるディモナの秘密基地で核開発に従事していたこの技師は、モロッコ系のミズラヒームの出身で、一九八六年にロンドンに脱出し、海外のメディアに証拠となる映像を提供した直後にイスラエルの秘密警察によって拉致された。国内に引き戻された彼はただちに国家反逆罪によって十八年の禁固刑を受け、アシュケロン監獄に服役していた。多くのイスラエル人は自国がすでに核兵器を隠しもっていると漠然と考えている。だがそれについて言及することは禁忌中の禁忌である。ディモナの核兵器施設に接近することは、事実上不可能に近い。ヴァヌヌはその約束ごとを破り、施設内部の写真を公開して告発を行なった。それは世界に大きな衝撃を与えたが、本人はそれゆえにかくも重い刑を受けなければならなかった。

釈放の当日には、彼を支持する平和団体や人権団体、新聞TVをはじめ多くのメディアが彼を待ち構えていた。司法当局はヴァヌヌが獄中で執筆した夥《おびただ》しいノオトと手紙を没収し、あまつさえ外国人との接見禁止をいい渡した。人々の前に姿を現した四十九歳のヴァヌヌは、両手を大きく掲げてピースサインを示し、もうヘブライ語など使わない、英語でしか話さないと宣言した後、自分のしたことに誇りをもっているし、幸福にも感じていると語った。彼はそもそもがキリスト教徒であり、それが原因で獄中でさまざまな差別と迫害にあったことを抗議し、最後にこう語った。「わたしことモルデハイ・ヴァヌヌはいう。ユダヤ人国家など必要がない。イスラエルには住みたいとも思わない。もうイスラエルなどいらない。イスラエルは核兵器をもつ必要がない。とりわけ現在、すべての中東国家は核兵器から解放されるべきだ……」[*9]

ヴァヌヌは釈放後、ヤーファにある高級マンションに住む予定だった。だが狂信的なユダヤ人の襲撃を恐れてそれを取りやめ、エルサレムのキリスト教会に身を寄せ、転々と居場所を変えることを強いられた。彼を支持し、その談話を海外に持ち出そうとしたイギリス人のジャーナリストが今度は当局に連行された。十八年前にヴァヌヌが持ち出した資料はとうに情報としての価値を喪っていたが、イスラエル国家はこの売国奴に徹底した憎悪の姿勢を崩さなかった。わたしの耳には、彼が口にした「もうイスラエルなどいらない」という言葉がいつまでも残響していた。わたしが帰国してしばらく経った十一月に、彼はふたたび機密漏洩の容疑で身柄を拘束された。

わたしはヴァヌヌに会おうとは思わなかった。たとえ会おうと思っても、それは厳重に禁止されていた。わたしが会いたいと思っていたのは、彼とは別の形でこの国家を告発し、シオニズム神話を批判してやまないイラン・パペという歴史学者だった。
パペについてはさまざまな毀誉褒貶《きよほうへん》の風評を聞いていた。ある者は彼を売国奴と非難してやまなかった。イスラエルの学会事情を無視し、西欧の親パレスチナ的な学者と組んでばかりいる問題の人物だというわけである。

彼の同僚であるハイファ大学の日本研究家は、あんな人物が国立大学に籍を置いていること自体が理解できない恥だと、わたしの眼前で彼を罵倒してやまなかった。またかつて「新歴史学派」としてともに脚光を浴びたこともある中東史家ベニー・モリス（ベン・グリオン大学）はパペの新著を評して、事実も真実もない「完全な作り話」であり、彼は政治的イデオロギーに歴史を服従させている傲慢なポストモダニストであると批判していた。一方で別の者は、パペこそはサイード亡き後に、その後継者としてパレスチナ問題を正当に論じることのできる稀有な人物のひとりであると評価し、彼のなかに困難な状況を生きるイスラエルの知識人の誠実さを見ていた。

イラン・パペと著者

第二次インティファーダ勃発《ぼっぱつ》の後、多くの知識人が深い失望に捕らわれた。先に述べたモリスのようにふたたびシオニズムに回帰転向していったり、社会的な係わり合いを拒否して、個人の研究のなかに閉じこもっていった。その一連の流れのなかでパペを支持する者たちは、唯一彼だけが実直に公式的な歴史の神話的造話作用を分析し、今日の危機意識のなかでそれを批判的に検討することをやめていないと、その勇気を賞賛していた。

パペは一九五四年にハイファにドイツ系移民の子弟として生まれ、オックスフォード大学で第一次中東戦争をめぐる論文を執筆、博士号を取得した。帰国後ただちにハイファ大学政治学科で教鞭《きようべん》を取るという、学者としては恵まれた順路を辿った。だがやがて彼は、シオニズムを批判し、イスラエルの建国神話を実証的に切り崩してゆくという作業が災いして、この国の歴史学会にあって完全に孤立してしまう。あるとき中東史科に籍を置く年配のユダヤ人の学生が、一九四八年にある村でなされたイスラエル軍によるアラブ人虐殺を丹念な聞き書きをもとに再現し、修士論文に纏めるということがあった。政治学科の教員であるパペがこの論文をその年の最優秀論文として推挙したとき、学内で強い反論が巻き起こった。伝聞だけで物理的証拠のない事件を歴史的事実として提示することは、実証的な学問のあり方に反しているという論議がなされ、くだんの学生は学位剝奪のうえ、退学処分を受けた。教授会は論文を評価したパペの追放をも決議した。彼がかろうじて大学に留まることができたのは、国外からの反応があまりに大きかったためである。だが彼はいまだに教授会への出席を許されず、イスラエル国家を批判しながらも国立大学の教師として国家から俸給を受けている偽善者であると、たえまない非難に晒されている。

イスラエルに滞在していてわかったことのひとつに、この国のアカデミズムでは、研究者の自由な思考や発言がたやすく政治的な物議を醸し、その人物のポストを危うくさせるという事件がしばしば生じていることがあった。たとえばハマスのヤシン師が暗殺された直後、ラフ・グリンバーグなるベン・グリオン大学の教授がベルギーの新聞に寄稿して、イスラエルは全パレスチナ人の抹殺が許されていないために、その代替案としてヤシン師を「象徴的」に抹殺したのだと書いたことがあった。彼はこれ以上イスラエルが暴走しないために、EUが直接に干渉することが望ましいと提案していた。この論考に怒った教育相はただちに大学に圧力をかけ、グリンバーグの馘首《かくしゅ》を間接的に仄めかした。折からの不景気で予算削減を余儀なくされている大学は、財政面において国外の富裕のユダヤ人の寄付に大きく依存している以上、大学イメージが損傷を受けることを極度に恐れている。その結果、表向きは学問の自由を謳《うた》いあげていても、間接的にもたらされる圧力に弱い。残念ながらわたしはこの事件がその後どのように進展したのか、結果を確かめることもなく帰国した。だがそれは、戦前の京都大学で起きた滝川事件や、一九七〇年代軍事政権下の韓国で起きた、民主化運動に関わる大学教員の追放といった忌まわしい事件を、わたしに想起させた。パペの孤立もまた例外ではなかった。わたしは自分より一歳年少のこの勇気ある歴史家にぜひとも会ってみようと思った。

一九九三年にオスロ合議がなされ、イスラエルのユダヤ人たちが楽観的な未来を思い抱くことができるようになった頃から、「シオニズム以降」という言葉が口にされるようになった。そこには二通りの意味が込められていた。ひとつは、もうシオニズムはここまで目に見える成果を生み出したのだから、そろそろ満期完了の宣言がなされてもいいではないかという議論である。もうひとつは、シオニズムによって先導されてきたイスラエルの自己認識を再検討し直し、建国の英雄神話のベイルを剝がして、歴史的事実を直視すべきではないかという、若手の歴史学者からの要請である。パペ、モリス、それに日本でも『エルヴィス・イン・エルサレム』（脇浜義明訳、つげ書房新社、二〇〇四）の邦訳のあるトム・セゲヴといった歴史家、ジャーナリストがこの立場に立って登場し、人々は彼らを「新歴史学派」と呼んだ。

新歴史学派はイスラエルの建国がこれまで一般的に信じられていたように、無人の荒野にもたらされた文明の入植などではなく、先住民であるアラブ人の犠牲を前提として成立したことを、新たに公開された資料に基づいて実証した。アラブ人はみずから出て行ったわけではなく、追放されたのである。独立直後のアラブ諸国との戦争は、けっしてダビデが巨人ゴリアテに立ち向かうような奇跡的なものではなく、あらかじめイスラエルによって周到に準備されたものであることを証明した。さらに彼らは、アウシュビッツの悲惨はいかなる意味でもイスラエル建国の当初の動機と無関係であって、後にそれを正当化するために考案された方便であると主張した。こうした考察から導き出されたのは、次のような態度だった。すなわち、現下に生じているパレスチナの紛争を、単にアラブ側からのイスラエル破壊行為と見なしているかぎり、何も解決できない。それがアラブ側からすれば、占領に抵抗する解放闘争であることを認識しないかぎり、けっして両者は理解しあうことはできない。

こうした立場は、おりしも流行していた「ポストモダニズム」という言葉に韻を踏むような形で、「ポストシオニズム」と呼ばれることになった。それはオスロ合議が契機となってイスラエルのアカデミズムのなかに誕生した、ある種のリベラリズムであるといえなくもない。新歴史学派は一方で、アラブと妥協する知識人の悪ふざけだと批判されながらも、イスラエル社会の成熟と方向転換を示す徴候であると、好意的に受け取られもした。

新歴史学派たちの蜜月は、思ったより長くは続かなかった。二〇〇〇年にバラク・アラファト会談が決裂し、第二次インティファーダが生じたとき、モリスは早々と転向声明を出し、イスラエルが独立時にアラブ人を追放したことは歴史的事実であると認めながら、ベン・グリオン首相の過ちは、最後の一人まで完璧にアラブ人を追放しなかったことであると主張するようになった。セゲヴは、テロリズムの到来によって新歴史学派は死んだと宣言し、現下に起こりつつあるのは思考の恐ろしいまでの野蛮化であると語った。彼によれば、イスラエル人はもはやシオニズムに代表される集合的イデオロギーを信じえなくなって、個人主義の枠のなかに引きこもってしまった。それはテロが個人をひたすらに傷つけはするものの、イスラエル国家の解体に無力であることと対応している。ポストシオニズムをどう唱えてみても、現実のテロの横行に解決策は見出せないというのが、セゲヴの説くところだった。

そのような挫折と転向のなかで、ただ一人パペだけは、いまだにポストシオニズムという概念の有効性を主張し、それは現下の困難な条件にあって一時的に停止しているにすぎないのだと説いていた。モリスが自著を批判して、パペはパレスチナ史をめぐって「完全な作り話」を拵《こしら》えているだけだと書評したとき、彼はただちに激烈な反論を行なった。「完全な作り話」は、アラビア語を読めないために原資料の半分にも接することができず、もっぱらイスラエル軍の資料に頼ることで記述を進めてきたモリスの側にこそあるのではないか。彼が説く歴史の客観性とは、イスラエル／パレスチナ闘争を語るさいに何人もが到達できないものであって、それが可能だと無邪気に信じているモリスは歴史家ではなく、年代記作者にすぎない。この闘いの物語には客観性などありえない。ただ願わくば自分は公正でありたいと願うばかりであるというのが、パペの言い分であった。[*10] 彼は文字通り、孤軍奮闘していた。敵という敵に周囲を囲まれながら、精力的に世界中を飛び回り、著述と講義、そしてシンポジウムに旺盛な活躍を続けていた。イスラエル国内で彼がヘブライ語で文章を発表できる可能性は、もはやほとんど皆無に等しかった。だが国外ではその著作はケンブリッジ大学出版から刊行されるや、たちどころにフランス語とスペイン語に翻訳され、パレスチナを含め大きな国際的影響力をもっているのだった。

知人の何人かを介して、パペとの連絡は簡単についた。察しの通り、自分はひどく多忙な日程にいつも追われているから、来週にでもハイファの下町にある自分の研究所を訪問してくれないかという。たまたまハイファ大学で講演をする予定のあったわたしは、ただちにこの申し出を受けることにした。

ハイファはテルアヴィヴから海岸線にそって六十キロほど北にある、美しい港町である。この地域は古代には、フェニキア人の活動の拠点であった。街は港湾に近い旧市街と、急な坂を登りきったところにあるカルメル山頂に分かれていて、その間をケーブルカーが繋いでいる。山頂から地中海を見下ろすと、これほどに眺望の美しい港町が世界にあるだろうかと、思わず息を呑みそうになる景観が拡がっている。

ハイファでは住む場所の地理的な高低が、残酷なまでに社会階層の高低に対応している。カルメル山頂にはもっぱらアシュケナジームに代表されるユダヤ人が住み、国連ビルを思わせるハイファ大学が聳え立っている。その裏側を山伝いに進むと、ドゥルーズ教徒のささやかな集落が点在している。アラブ人ではあるが正統的なイスラム教の教義から離れ、輪廻転生を信じている親イスラエル的な少数のエスニック集団のことである。また山頂から港まで下っていく傍らには、オットマン帝国時代からこの地に根を下ろしていたバハーイ教の神殿と庭園があり、この都市がエルサレムやテルアヴィヴとは異なった多文化性を潜在的に担っていることを物語っている。

旧市街の中心であったのはワディ・サリムとワディ・ニスナスという、涸れ川《ワディ》の跡に設けられた二つのアラブ人街である。もっとも前者の住人は、イスラエル建国時に難民となって四散し、その後彼らの遺した豪奢《ごうしゃ》な建築はそのまま廃墟と化した。やがてこの廃墟には、モロッコからの貧しい新移住者が住み着くことになった。一九五九年、彼らは大掛かりな暴動を起こし、時の政府を動転させた。だがそれがひとたび鎮圧されてしまうと、ここはふたたび廃墟同然に見捨てられた。一九八六年には、若いアモス・ギタイがこの廃墟を舞台にして、旧約聖書のエステル記を実験映画にしている。ハイファを訪れるきっかけができたとき、わたしが最初に訪れてみたかったのがこのワディ・サリムであった。そこに足を向ければ、かつてアラブ人の港として殷賑を極めていた時代の記憶を窺うことができ、この街の歴史的な厚みを垣間見ることができるのではないかという期待があったためである。

わたしが初夏の夕暮れ時に訪れたワディ・サリムは、いまでも廃墟のままだった。かつてはさぞかし富裕を極めていたであろうと思しき邸宅が、持主もないままにいくつも放置され、荒れ果てたままになっていた。ファサードは汚れて傷み、柱廊には亀裂が走っていた。わたしが足を踏み入れることのできた一軒は、内部がゴミの山と化していた。近くには二つのモスクの跡があったが、ひとつは尖塔《ミナレット》を遺して毀《こぼ》たれ、もうひとつは瓦礫に埋もれ、壁に英語で Satan's Army とスプレーで落書きがなされていた。憂鬱な気持ちがした。夕陽が樹木の長い影を落とすころ、廃屋の連なりのなかを歩く者は、わたし以外に誰もいなかった。

信じられないことであるが、ある建物の裏側に一頭の馬が飼われていた。かつてこの邸宅に住んでいたパレスチナ人の家族が戻ってきて、簡素な馬小屋を無断で築いていたのだった。ひとたび接収されてしまった以上、それはイスラエルの法律からすれば不法占拠にあたる。この家族は訴えられ、裁判で敗訴したが、それでもなお出て行くことをせず、先祖の地に留まっている。陽の差さない場所に飼われていた馬は、わたしが来ると声をあげた。無人のワディ・サリムから少し坂を登ると、まずキリスト教徒のアラブの集落と商店街があり、次にそこはハダールと呼ばれるユダヤの繁華街となる。雑踏のなかにキリル文字の巨大な広告やファーストフードの店が並んでいた。

パペのいるハヤ・トマ研究所は、ハイファの旧市街でも、一九世紀終わりにドイツ人が集団で入植したジャーマン・コロニー地区にあった。研究所の名称はパレスチナ人の活動家を記念して名付けられている。古びた建物の階段を登ってゆくと、そこにパペ本人が微笑しながら待っていた。研究所には他に人影がなく、わたしたちは正午から話をした。予定では、時間を見計らって食事に出ようかということだったが、結局その時間も惜しいままに対話が続いた。途中、彼はいくたびか携帯電話と部屋の電話に呼び出され、それをせわしげにすますと、ふたたびわたしとの対話に戻ってくれた。

わたしが映画史家だと自己紹介したせいか、パペは自分にはほとんど映画を観る時間はないがと苦笑しながら断り、ポピュラーカルチャーにこそもっとも端的に政治が露呈するものだといった。もし充分に時間が取れるものなら、いつかBBCと協力してドキュメンタリーを撮る計画を実行に移してみたい。その題名は、Israel State Denied、「否定されたイスラエル国家」という題名になるだろうとも。

「イスラエルとパレスチナの間で一九六八年以降になされたあらゆる協定は、ことごとく失敗している。なぜか。それは一九四八年の時点に遡って検討することを怠ったためだ。自分の意見は複雑なものではない。あらゆるパレスチナ人が本来の土地に帰還できる権利を認められなければならない、ということだ」パペは端的にこう語った。

わたしは尋ねた。「しかし現実に半世紀の時間が経過していて、難民も第二、第三世代となり、直接に父祖の地に帰属感をもたない世代が台頭しています。ヨルダンなりシリアに生活の根を下ろした彼らが、全員帰還を望むとはまず考えられないのですが」

「もちろんそれは個人の意志が決定することだろう。だが重要なことは、彼らの帰還が権利として承認されることなのだ。具体的に帰還を望むパレスチナ人がどの程度までいるかは、別に考えるべきことだろう。おそらくもしそうなったら実際に帰還するのは、レバノンの難民キャンプとガザにいる百万人あまりではないかと思う。帰還をめぐって正義が糺《ただ》されなければならない。百万人のロシア人がイスラエルに帰還できる（そのなかには非ユダヤ系も大量に混ざっているが、それはさておき）というのに、同じ数のパレスチナ人が蔑ろにされることは公正ではない」

パペはサイードと同様、二つの民族がパレスチナというひとつの国家を構成すればよいという意見の持主であった。ガリラヤ湖のある中学校では二つの民族の共存が行なわれていて、同じ学校のなかでユダヤ系の子供が独立記念日を祝えば、アラブ系が同じ日にナクバの追悼に耽る。すべてがこのように、異なる立場を肯定するように共存すればいいというのが、彼の立場である。国旗も国歌も新しく設定すればいい。もしこのときユダヤ人が人口比率において少数派に回ってしまったとしても、それはそれでいいではないか。ただイスラエル側が機会さえあれば口にしている、アラブ人の人口増加の脅威など、イデオロギー的な虚偽でしかない。統計学なるものは、それを用いる人間のイデオロギーによっていくらでも解釈が可能なものである。彼はまた統計学と並んで、イスラエル側はパレスチナを非難するさいにつねに民主主義を口実にすることに、深い怒りを隠さなかった。民主主義云々とは、イスラエルが曲がりなりにも民主主義国家であるのに対し、パレスチナには民主主義が存在していないため、彼らと対等な交渉をするわけにはいかないという、ユダヤ人がしばしば言及する論理のことである。なんという傲慢なことだろうかと、彼は言葉を続けた。

なるほど二民族一国家は美しき理想である。だがそれはあまりにも遠大な目標であり、さしあたって日常的に行なっている活動はないかと、わたしは尋ねてみた。それはイスラエルの村や集落をめぐり、そこの古老から本来のアラビア語による地名を聞きだし、土地にふたたび戻してやるということだと、パペはいった。「もちろん旧名に戻したところで、イスラエル政府がただちにそれを元のユダヤ名に直してしまうだろう。ある意味でそれは猫と鼠の間の関係に似ているかもしれない。だが長い時間をかけて、ゆっくりとだが確実に行なってゆくことが大切だ」

パペは二年ほど前から、ハイファ近郊にあるティヴォンの我が家を月曜日ごとに開放して、ホーム・ユニヴァーシティなるものを提唱してきた。誰でもが参加できて、一回の受講者は平均四十人くらい。大体が近所に住む、普通の中産階級のユダヤ人である。パペは彼らに対してパレスチナの歴史を、噛んで含めるように話してきた。多くの参加者がアラブ人虐殺の話を初めて聞いて、信じられないといった感想を述べ、抵抗したり、拒絶したりした。だが丹念に何回も話を聞いてもらっているうちに、彼らも少しずつ耳を傾けてくれるようになった。けっして先を急いではならない。今とても考えられないことは、来週またゆっくりと考え直してみようという態度で臨まないと、運動は駄目になってしまう。アイルランドから来てキブツの男性と結婚した女性が、子供がイスラエルで受ける歴史教育の偏向ぶりを憂慮して、個人的な相談を仕掛けてきたこともあった。一年ほどが経って、少し参加者に纏まりが見え出したころ、そろそろ大丈夫かなと思って、イスラエルに住むアラブ人の知人にひとり来てもらい、話をしてもらうことにした。全員が彼の言葉に耳を傾けてくれた。

わたしはパペにむかって、こうした民族共存の思想を持つにいたったのは、あるいはハイファに生を享けたことと関係しているだろうかと尋ねた。以前にギタイのドキュメンタリーフィルムを観ていて、他の都市ではありえないことだが、ハイファではアラブ人とユダヤ人との結婚がありえたと知らされていたためである。パペは大きく頷いた。

「ハイファに生まれたことが現在の自分の思想と行動に大きく影を落としていることは、やはり事実だと思う。わたしはカルメル山に、ドイツ系の移民の子として育った。小学校からアラビア語を教える私立校に行ったことがよかった。十三歳か十四歳のときだったが、中学の教室に二人のアラブ人の生徒がいた。彼らとたちまち親しくなって、いつも遊んでいた。彼らを一度自分の家に連れて来ようとして、母親に相談したら、彼女は顔色を変えて、父親に相談しなければと真顔でいった。逆にわたしが彼らの家（二人ともひどく離れた集落に住んでいた）の家を訪れたときは、信じられないほどの歓迎を受けた。一人の生徒の父親がいうには、わたしは彼の家に遊びに来てくれた最初のユダヤ人だということだった。こうして遊んでいるうちに、学校の勉強を越えてだんだんとアラビア語が喋れるようになったというわけだ。ハイファにはそもそも大勢のアラブ人が住んでいた。一九四八年に大半が難民となって出て行ったが、それでもキリスト教徒を中心に四千人が残った。アラブ人とユダヤ人との結婚だが、少しずつだが増えてきている。アラブが男で、ユダヤが女の場合が多い。その場合には大体、ユダヤ女性がキリスト教かイスラム教に改宗して結婚するという場合が多いと思う」

対話は二時間ほど続いた。わたしたちはいっしょに昼食をとる予定をすっかり忘れていた。失礼だが、これから外出しなければならないと、パペはいった。自分が目下行なっているプロジェクトはイスラエル国家にとって禁忌とされてきたことであって、つねに財政的危機に晒されている。今日の午後はアメリカの実業家と会談して資金援助を持ちかけるつもりだという。出しなに別の会議室を覗くと、壁一面にわたって十枚ほどの写真が額に飾られて掲げられていた。わたしが前日に足を向けた、ワディ・サリムの廃墟を写したものだった。黒白の映像からは、喪われて久しいパレスチナの威厳が立ち上ってくるかのようだった。わたしがしばらく写真を眺めていると、パペは次に自分が出す書物は、フセイン家というパレスチナの名家についての物語となるだろうといい、もしハイファの歴史に関心があるのなら、マフムッド・ヤズバクの『ムスリム都市ハイファ』という書物を読むといいと勧めてくれた。パペはこの二月に同志社大学でシンポジウムに出席したらしく、冬の京都にいい印象をもっていた。オックスフォードの大学院で歴史を学んでいたとき、日本の徳仁親王（現天皇）と同級であったのだが、今はもしこちらが気楽に再会したいと思ってもきっと難しいだろうなあと付け加えた。わたしたちは外へ出た。真昼のハイファの街角はいつも以上に光が強く、わたしたちはサングラスをかけながら別れを告げあった。

（註）その後、日本ではイラン・パペの『パレスチナの民族浄化』、『イスラエルに関する十の神話』の二著が法政大学出版局より翻訳刊行され、その思想と歴史観が日本で知られることになった。

イスラエル国内のアラブ人

テルアヴィヴでは街角を歩いていて、ほとんどパレスチナ人を見かけることがなかった。エルサレムやハイファのように、本来は二つの民族が長らく共存していた都市とは違い、砂浜の上に築きあげられてまだ一世紀にもならない人工都市であるという事情が、そこにはあった。第二次インティファーダが開始されるまでは、多くの労働者がガザから日帰りで出かけてきては、建築現場で作業員を務めたり、レストランで食器を運ぶといった単純労働に従事していた。だがわたしが滞在していた時分には彼らは労働の現場から徹底して締め出され、代わりにタイ人や中国人がその仕事を引き受けていた。わたしが日常に見かけるパレスチナ人はといえば、もとよりイスラエル国内に居住している、タクシーの運転手かビルの清掃人くらいのもので、彼らとユダヤ人の間には厳格な階級の違いがあった。大学の学生寮にも一人のパレスチナ人の少女が雇われていて、同じ年齢のユダヤ人の女子学生たちが声高に喋りながら廊下を闊歩しているとき、その傍で黙々とモップで床を拭いているのだった。

イスラエルという国家のなかには、約百二十万人のアラブ人が生きている。人口比にして一九%に当たる彼らはユダヤ人同様にイスラエル国籍をもち、法的にはイスラエル人として扱われている。彼らは一九四八年にこの国が成立したとき、ガザや西岸、ヨルダンやレバノンに逃げようとせず、そのまま留まったアラブ人の裔であり、ユダヤ人たちからは「イスラエル・アラブ」と一般的に呼ばれていた。だが彼らのなかにも細かな区別があった。南部ではムスリムが多いが、北部、とりわけガリラヤ湖の近くではキリスト教徒が多い。ほかに中世にイスラム教から分かれ、輪廻転生を信じる少数のドゥルーズ教徒、最後に遊牧民ベドウィンがいた。一般のイスラエル・アラブは兵役に就くことができなかったが、ドゥルーズだけは兵士になることが義務づけられていて、社会的には別の範疇と見なされていた。ベドウィンも志願すれば入隊することができた。学生寮でわたしの二つ隣の部屋には、アフマドとムハンマドという二人のイスラエル・アラブの学生がいた。彼らの部屋にはいつでも誰か他のアラブ人の学生が遊びに来ていて、さながら集会場の趣きがあった。部屋からはひっきりなしにアラブ音楽が流れていた。音楽をかけていることが、まるで自分たちのアイデンティティの不断の確認に通じているかのようだった。わたしが自室で本を読んでいても、その節回しの独特の調子と女性歌手の甘く挑発的な声が、廊下を通して聞こえてきた。

イスラエルでは国家的な記念日がいくらもあり、そのたびごとに大学や近くの公共の建物で式典が開催される。四月十九日にはホロコーストの犠牲者を追悼する集会がキャンパスで行なわれた。六日後の二十五日には夜八時にいっせいにサイレンが鳴り響き、国家の独立を祝うキャンドルサーヴィスが学生寮の敷地にある野外ホールを借りて行なわれた。誰もがそれに参加するので学生寮には誰もいなくなり、静寂が支配する。式典を見に行ったわたしが寮に戻ってみると、誰もいないはずの廊下にはいつもながらにアラブ音楽が流れていた。いつもの部屋ではイスラエル・アラブの学生たちが五人ほど集まり、扉を開けながら音楽をかけていて、室内は煙草の煙で濛々《もうもう》としていた。わたしが廊下を通ると、アフマドが親しげに手を振った。彼らは明らかに扉をあえて開けたままにしておくことで、この国家の成立が自分たちにとってはナクバ、つまり大いなる災禍にほかならないことを訴えようとしているのだった。静粛な気持ちで帰寮したユダヤ人の学生たちは、この騒音を前にけっして直接は抗議しようとせず、無視を決め込んでいた。彼らには理解できないアラビア語の音楽を廊下に鳴り響くようにかけることは、アラブ人学生にとって政治的な意思表示であるように思われた。

別のときわたしは彼らの部屋を訪れてみた。ヨルダンに旅行することになったので、テルアヴィヴではなかなか手に入らないアラブ音楽のCDをこの際アンマンで買ってこようと思ったのである。年がら年中音楽を聴いている連中なら、きっとお勧めの歌手を教えてくれるだろう。それを機掛《きっか》けに、彼らと話をしてみたいと、わたしは考えていた。わたしが扉をノックすると、二人はただちにわたしを歓迎してくれ、煙草を勧めてくれた。わたしがそれを断ると、これは家からもってきたものだといって、次々とお菓子を出してくれた。アルコールを一切受け付けない彼らにとって、蜂蜜と砂糖をねっとりと捏《こ》ね上げた揚げ菓子を前にいつまでもお喋りに耽るのが、歓待のあり方のようだった。

ムハンマドはたちどころに何人かの歴史的に偉大な歌手の名前を紙に書いてくれた。それから現在の若手の名前も何人か教えてくれた。いずれもがイラクやエジプト、シリア、レバノンといった、イスラエルを取り囲んでいるアラブ諸国の音楽だった。イスラエルの音楽にはお勧めはないのかと尋ねると、二人はいかにも馬鹿にしたような表情を見せた。ユダヤ人もわれわれの楽器を弄《いじ》くったり、アラブの旋律をこわごわ真似て曲を演奏したりするようだけれど、下手だし危なっかしくて聴いていられないよと、アフマドがいった。彼らは自分たちがイスラエル国内では少数派ではあるが、言語と音楽を通して、この国を囲繞《いにょう》しているアラブ文化圏に簡単に身を投じることができると、絶大な自信をもっていた。われわれはアラビア語もヘブライ語もできるからユダヤ人の歌も理解できるが、ユダヤ人はアラビア語ができないから、自分たちの音楽を愉しむことはできないだろうと、ムハンマドがいった。

後になってあるユダヤ人の映画批評家と対話していたときに、興味深い事実を知らされた。イスラエルではＴＶの普及が諸外国と比べて著しく遅れ、一九七〇年代中ごろまで待たなければならなかった。真先にそれを購入したのはイスラエル・アラブであった。彼らはユダヤ人と比較して低い生活水準に甘んじてはいたが、ことＴＶに関しては積極的であった。というのもユダヤ人が、一日に三時間程度しか放映されない退屈な国営放送しか見ることができないのと対照的に、彼らはアンテナさえ整備すれば、エジプトやシリアの連続メロドラマも歌謡ショウも、国境とは無関係に愉しむことができたからである。この事実はイスラエル・アラブがいかに周辺のアラブ国家と文化的に連続しているかを示しているとともに、ユダヤ人の文化的孤立をも物語っていた。TVの導入がイスラエル・アラブの民族意識に一役買っていることは、明らかだった。

イスラエル・アラブはイスラエル国家が成立して以来、生まれ落ちたときからユダヤ人中心主義の教育体系のもとで育てられてきた。小学校では母語であるアラビア語とともにヘブライ語の学習が必修であったし、記念日にはイスラエル国家の栄光を讃える国歌「ハ・ティクバ」（ヘブライ語で希望の意）を斉唱することを義務づけられてきた。だがそのおかげで、彼らは高等教育を終えた場合には、ほぼ完全なバイリンガルとなった。イスラエル社会のなかで生き延びるために、ヘブライ語は必要なことだった。もっとも一九九九年に制定された新しい教育方針にはそれ以前のものと比較して、イスラエル・アラブのパレスチナ人としての自己同一性をめぐり進歩が感じられるようである。アラビア語の学習は以前には「アラブ民族とその文化との親近関係を促す」ことを目的としていたが、それが「アラブ・パレスチナ人、アラブ民族とその文化、イスラエル国家と市民への帰属性をより深めること」を目的とすることになった。社会道徳の教科書についていえば、ユダヤ人の生徒のためのヴァージョンでは冒頭に「ユダヤ国家とは何か」という章が置かれている。アラブ人用の本ではその代わりに、「イスラエル市民。民主主義とは何か」なる章が最初にある。歴史教科書ではアラブ史、二〇世紀のユダヤ史に加えて、新たに「アラブ・パレスチナ社会」なる章が追加され、一九四八年以降の難民問題について生徒が一定の知識を得られるようになっている。とはいうものの高校ではアシュケナジームの国民詩人ビアリクの詩を読まされることはあっても、教科書にアラブ文学はない。*11 こうしたヘブライ語のヘゲモニーは、結果としてイスラエル・アラブが日常的に語るアラビア語のなかに次々とヘブライ語の語彙が侵入してくることを招いた。言語の純粋性の毀損《きそん》は、彼らと西岸・ガザのパレスチナ人との距離を拡大することに通じ、パレスチナ人としての自己同一性を危機に陥らせた。彼らはイスラエル人として生きることを選びながらも、同化されてしまうことの脅威に日ごと晒されていた。

先ほどの学生寮の二人の学生によると、イスラエル・アラブは中学高校までは彼らだけの学校に通っているが、大学ではじめてユダヤ人と同級となり、自分たちが人数的に圧倒的少数派であることを思い知らされる。ユダヤ人の学生と打ち解けあうことは、まずない。いったいアラブ系の学生はどのくらいいるのかと尋ねると、一人が、テルアヴィヴ大学だと学生数の約五％だといった。ハイファ大学に行くとその比率ははるかに高くなり、二〇％くらいまであがるらしい。

アフマドは医学部に、ムハンマドは歯学部に属していた。大学で文学や他の語学を専攻しようとする学生はまずいないなあと、アフマドがいった。わたしは日本の大学の、けっして入学が容易ではない医学部や歯学部において、在日韓国人・中国人の占める割合がけっして低くはないという現象を思い出した。それは医者や歯医者が民族を問わず、実力勝負で活躍できる分野であることを意味している。おそらくイスラエル・アラブにとっても事情は似たようなものなのだろうと、わたしは想像してみた。だが話し込んでいるうちに、彼らの将来がけっして明るくないことを知らされた。ムハンマドは同郷の出で尊敬する先輩のことを話した。その人物はテルアヴィヴ大学で理論物理学の博士号を授与されたにもかかわらず、同期のユダヤ人学生のように大学に残ることができず、中学校の理科の先生という境遇に甘んじているという。

アラブ人とユダヤ人の女の子はどこが違うかと、わたしは尋ねた。二人はニヤリと笑って、どちらが先鞭を切って話そうかと相手を窺う表情になった。アラブ人の女の子とセックスをするなんてことはまず考えられないと、ムハンマドがいった。「身持ちが恐ろしく硬いし、何かしようものなら父親とか怖い兄貴とかが駆けつけてくるしなあ。ユダヤ人の女の子は高慢で、大体俺たちを人間だと思ってないから、これも付き合いたくない。ただロシア系は別だ。あの子たちはアラブ人に偏見などもっていないし、気さくで一番いいよ」

別れしなに二人は、もっとお菓子をもっていけと、わたしにいった。それからヨルダンに行くのなら、海賊版のＶＣＤでメル・ギブソンの『パッション』を見つけたら、買ってきてくれないかといった。キリスト殺害を主題としたこのフィルムはイスラエルでは反ユダヤ主義のもとに正規の公開がなされず、彼らは禁じられたフィルムに強い関心をもっていたのである。

イスラエル・アラブは国内にあって、微妙な立場にあった。彼らはあきらかに二級市民の扱いを受けていた。国家への忠誠や帰属心を抱いていない存在であると見なされ、重い役からは免れていた。しかしその代償として、軍隊体験を機軸としてすべてが展開してゆくこのイスラエル社会の中心からは排除され、職業においても居住空間においても眼に見えない制約を厳しく課せられていた。アラブ人は山間にある彼らだけの町のなかに閉じこもるか、旧市街の貧しい一角にわずかに生存することを許されているばかりだった。ユダヤ人は以前アラブ人が住んでいた町を占拠すると、まず地名を変え、モスクを破壊し、せわしげにシナゴーグを建設した。バルカアはガンヤヴネに、カスティーナはキリヤットマラーヒに、マジュグルサディークはローシュハアインに、それぞれ名前を変えさせられた。アラブ的なものはいかなる痕跡も遺さないまでに消し去られた。先住者が眼の慰みとしてきたオリーヴの老木は切断され、代わりに針葉樹が植え込まれた。風景が作り変えられてしまうと、アラブ人はそこに近寄ろうとしなくなった。

テルアヴィヴに滞在しながら、わたしは機会を見つけて周辺にあるイスラエル・アラブの町々を訪れてみた。かつて殷賑を極めたヤーファの要塞跡は、ヘブライ風に「ヤッフォ」と名前を変えられ、いかなるアラブ的痕跡をも留めていなかった。それはただユダヤ人による観光客相手の民芸品店の連なりとなり、見晴らしのいい丘の上では、ウェディングドレスを着たユダヤ人のカップルが結婚用の写真を撮っていた。要塞から下ると、ほとんど廃墟同然となったパレスチナ風の建築がいくつか残っていたが、住民のほとんどはモロッコから来たスファラディームに入れ替わっていた。

モスクが貶められ、辱《はずかし》められているさまを、わたしはイスラエルのいたるところで見かけた。ガリラヤ湖の傍のティベリアでは、それは周囲を鉄条網で囲まれ、わきに塵埃《ごみ》清掃車が横付けにされていた。すぐ眼前のキリスト教会が観光地として人を集めているのと、それは対照的だった。ガザに入ろうとする手前の町では、それはスーパーマーケットに転用されていた。だが、まだこうした例は建築が残されているだけ、ましというべきだろう。ジフロン・ヤコブで、ビンヤミナーで、ロッド（リッダ）で、モスクはイスラエルの入植者によって跡形もなく破壊され、後にはテルアヴィヴの旧市街同様に緑地や児童公園が設けられていた。一九一七年にドイツ人が撮影した航空写真と現在のそれを比較してみると、こうした町の変容が手に取るように理解できる。それはとりもなおさず、イスラエル・アラブの宗教的共同体の破壊を意味していた。とりわけロッドはベン・グリオン空港から歩いてすぐの場所であるにもかかわらず、ベドウィンの難民によってスラム化していた。道路には塵埃と汚水が溢れていた。生きながらにして見捨てられた町の悲惨がそこにはあった。

テルアヴィヴからバスで三十分ほどのところにあるラムラは、一九四八年までは二万人以上の人口を有するパレスチナ人の町であったが、虐殺の噂が流れて大半がガザに逃げてしまい、わずかに千五百人だけが残った。その後、モロッコからルーマニアまでありとあらゆる国から貧しいユダヤ人が移住してきて、町の様相が一変した。わたしが訪れたとき、ひとつのモスクは閉鎖され、周囲は自動車整備工場になっていて、塵埃箱に捨てられた羊の首には黒々とした蠅が集《たか》っていた。もうひとつのモスクは尖塔を別にすると痕跡さえ残っていなかった。それがかってあった場所は児童公園になっていて、隣にトタン屋根の家と鶏小屋が忙しげに建てられていた。尖塔の入口には南京錠がかかっていた。隣家の持主はムスリムで、見ず知らずのわたしを招き入れてくれた。主人は母屋のわきにある物置小屋にわたしを連れてゆくと、色褪せた緑の布に包まれた厚い石板を指差し、これはアブ・ファデルという聖人の墓ですといった。彼の家族は半世紀前モスクが破壊されたとき、ここに移り住んだのだが、聖人の墓があまりに蔑ろにされているのを見て、個人的にそれを引き取って保存しているのだという。

わたしが足を向けたアラブ人の町で、曲がりなりにも都市の景観の美しさを残しているのは、アッカだけだった。ここでは聖書の時代から綿々と続く旧市街が、ユダヤ人による新市街から離れて、静かに観光地として保存されていた。だがそこに生きている住民がイスラエルのなかでももっとも所得の低いパレスチナ人であることを、後にわたしは教えられた。

ユダヤ人はしばしばイスラエル・アラブを、ガザや西岸に住まうパレスチナ人と同列に見なし、侮《あなど》りと恐怖の雑じりあった眼差しを向けた。わたしが個人的に話した多くのユダヤ人は、イスラエル・アラブはガザや西岸のアラブ人とは違って大人しく、自分たちに危害を加える存在ではないと、表向きは口にしていた。だが腹を割ってみると、やはり彼らも境界線の向こうにいる連中と同じであり、いつ寝首をかかれるかわかったものではないという気持ちを抱いていることは明白だった。だがそれと同時に、アメリカ白人が黒人に抱いているように、アラブ人に対して性的脅威を無意識的に感じていた。アモス・オズの長編小説『わたしのミハエル』では、結婚直後の女主人公は二人のアラブ人に繰り返し犯される妄想によって神経症に陥ってしまう。またダニエル・ワフスマンのフィルム『ハムシン』（一九七六）では、妹と作男のアラブ人が性交しているところを偶然に目撃してしまったユダヤ人の農場主が、茹だるような熱気のなかで寄る辺ない気持ちに襲われる。

あるとき所用ができてベン・グリオン空港まで深夜に向かうことになったわたしは、縁あって知り合ったイスラエル・アラブの青年の運転する自家用車を用いた。車は空港近くの検問所で止められると、徹底的な検査をされた。大がかりな爆弾探知機が運び出され、バンパーからトランクまでが細かく調べられてゆくさまを、外に出されたわたしは唖然として眺めていた。わたしの運転手はもはや慣れっこになっているらしく、無表情に沈黙を守っていた。十五分後、検査を終えた車は空港へむかってふたたび走り出した。青年は英語をほとんど解さず、わたしが語りかけても無表情のまま、何も答えようとしなかった。空港で謝礼を渡したとき、彼ははじめて口を利いた。Israel is America's babyというのが、彼が口にしたわずかな英語だった。彼が心の底からユダヤ人とイスラエル国家を憎悪していることが、その表現から明確に理解できた。

だが一方で、ガザと西岸に住まうパレスチナ人もまた、イスラエル・アラブに対して複雑な感情を抱いていた。彼らはイスラエル側が設定したマフソム（検問所）と分離壁によって自由な往来を禁じられており、半世紀以上にわたってまったく異なった社会体制のなかで生きることを強いられてきた。自治政府の側にあるパレスチナ人の眼には、イスラエル・アラブとは第一に逃げ遅れた意気地のない者たちであり、インティファーダの抵抗もせず、ユダヤ人に従順を誓う、いうなれば屠場に向かう羊に似た存在に映る。自分たちが相次ぐ爆撃と占領によって物理的にも心理的にも屈辱と消耗を強いられているのをよそ目で眺めながら、イスラエル国家が提供する社会福祉や教育の恩恵をぬくぬくと受けて恥じない裏切り者に思われてくる。後に二〇七頁以降で触れるラッマラーのアルカサバ劇場のスタッフは、イスラエル・アラブはもはやイスラエル人であって、パレスチナ人ではないとまで断言していた。

イスラエル・アラブを背信の徒と見なす立場は、イスラエルとは国交のないレバノンやシリアのアラブ人の間ではより強固に横たわっている。四月の終わりごろ、カイロ大学で第一回のアラブ連盟会議が開催された。このときイスラエル・アラブの政治家の代表がはじめて会議の席上に登場し、一九四八年以降の自分たちの両義的な状況についてはじめて説明を試みることになっていたのだが、それが実現するまでには大変な準備が必要であったと知らされた。イスラエル政府はもとより彼らの出国と会議への出席を歓迎していなかったし、イスラエル・アラブの同胞のなかにも、ボイコットを呼びかける動きがあった。会場では興奮した聴衆が野次を飛ばし、大騒ぎが生じた。同じ時期に、(これはイスラエル・アラブではないが)東エルサレム出身のパレスチナ人が、アメリカに拠点を置く非営利団体の一員としてイラクでの救援活動に従事していたところ、イスラエル政府発行の身分証を所持していたためイスラエル側のスパイだと見なされ、危うく処刑されそうになるという事件が生じた。この人物はその後運よく人質から解放されたが、事件を解決するためにイスラエル政府は指一本動かそうとはしなかった。こうした出来ごとを並べ挙げてゆくと、イスラエル・アラブの置かれている二重のマイノリティという状況が浮かび上がってくる。彼らはいずれの側からも帰属を拒絶され、二級の市民として貶められた場所に生きざるをえないのである。

このことはわたしに、日本国内に在住する韓国人のことを想起させた。彼らは公式的には人口にしてわずか〇・五%を占めているにすぎず、戦後の日本社会にあって長い間、差別と迫害を受けてきた。だが彼らは同時に、韓国に住んでいる一般の韓国人からも、羨望と軽蔑の入り混じった眼差しを向けられていた。韓国社会に横たわっている強烈な民族主義的体質からは逸脱したところに位置していて、より高い生活水準を享受していることが、その原因のひとつであった。イスラエル社会におけるアラブ人の一九%という比率は、在日韓国人とは比較にならない高さであり、これにもっとも近いのはアメリカ合衆国におけるアフリカ系黒人のそれだろう。彼らはおしなべてユダヤ人と比べると、ひどく低い生活水準にあった。二〇〇三年のＧＤＰ（国内総生産）を一人当たりに換算してみると、ユダヤ人が一万七千ドルであるのに対し、アラブ人はその半分に満たない八千ドルでしかない。だがそれにしても、それは西岸とガザのアラブ人と比べればはるかに高い数字であり、たとえ二級市民として蔑まれることはあっても、イスラエル国内での彼らの生活の相対的な高さを示していた。

ユダヤ人にとってイスラエル・アラブの存在が脅威的なのには、他にも理由があった。それは彼らの多産さに関わっていた。一九四八年にイスラエル国家が成立したとき、七十万人のアラブ人が国外へと追放された。その結果、ユダヤ人と残留したアラブ人の人口比は八十二対十八であった。五十四年後の二〇〇二年、その人口比は八十一対十九である。ユダヤ人は全世界にむかって懸命に「祖国」への帰還を呼びかけたが、にもかかわらずこの比率はほとんど動いていない。その原因は、ひとえにアラブ人の出生率の高さにあった。一九四八年のアラブ人は、女性一人あたり平均八人の子供を産んだ。六〇年代にはさらに数字が高くなり、十人となった。現在は四・六人である。一方、ユダヤ人はほとんど平均して二・六人の数字を保っている。アラブ人の乳児死亡率がユダヤ人の約二倍であることを計算に入れたとしても、両民族の出生率の差は歴然としている。とりわけ南部のイスラム教徒のそれはガザを抜いており、世界最高であるといわれている。

ユダヤ人の人口学者たちは、機会あるたびにアラブ的多産の脅威を説いてきた。このままでは二〇五〇年にはアラブ系人口が二六％にまで達してしまうと主張する学者がいるかと思えば、いや二〇二〇年の時点ですでに二五％になっているはずだという学者もいた。アラブ人の人口はどこまでもユダヤ人のそれを基準として、けっして少数派の規《き》矩《く》を超えない程度に調整されていなければならなかった。彼らが仮に多数派となってしまえば、民主主義国家にしてユダヤ人国家であるというイスラエルの前提が、危機に陥ってしまうからである。ハイファ大学の地政学者アルノン・ソフェルは、南北イスラエルにおけるアラブ人の出生率の違いに着目し、もし北部のアラブ女性がよりいっそうハイファ大学に入ってくれれば、全体の出生率は低下してくれるだろうと語った。それは究極のシオニズムの実現への貢献なのだとまで、冗談口を叩いた。[*12]

ところでわたしはこれまで「イスラエル・アラブ」という表現を用いてきたが、実はそれがどこまでも便宜上のものであることを、ここで断っておきたい。当人たちにとってこの呼称が、外部のイスラエル体制側から与えられたレッテルにすぎないことを、忘れてはいけない。他に適当な名称がないので、本書ではそれに倣っているが、わたしはこの表現が最上のものだとは考えていない。

一九四八年にナクバを体験してから現代まで、イスラエル・アラブはおおまかにいって三世代にわたっている。最初の世代が「生存の世代」であるならば、その子供たち、すなわち生まれたときからイスラエル国民として育ち、社会的差別と不正義に苦しんだ世代は「摩滅の世代」と呼べるかもしれない。だがその子供たちは物心付いた時分に境界線の向こう側で生じたインティファーダの報せを聞き、抵抗運動への自覚を抱くようになった。彼らはいうなれば「背筋を伸ばして立つ stand tall 世代」である。[*13] この第三世代にいたってはじめて、イスラエル国内にあってこれまで忍従を余儀なくされてきたアラブ人の間に、みずからをパレスチナ人と呼び直し、民族の矜持と連帯を勝ち取ろうという積極的な意志が口にされるようになった。若者たちの間に、ユダヤ的な教育のおかげで眠りこまされそうになっていたアラブ人性に覚醒しようという機運が巻き起こった。

わたしが帰国直前に会うことになったアハラン・シブリという写真家は、その世代の典型だった。彼女がハイファから来たというので、じゃあイスラエル・アラブなわけですねと軽い気持ちで呼んだところ、「そういう制度的な表現は好きではない。自分としてはどこまでもパレスチナ人であると思っている」と言下にいわれた。彼女は長期にわたって南部砂漠地帯のベドウィンの集落に住み着き、彼らの放浪の世界観を主題に写真をとっていた。わたしは帰国後に、その作品の一枚を自分のエッセイ集の表紙に用いた。それはイスラエル・アラブの少年少女が川の流れを横切って、元気よく走っている映像であり、「自画像」という題が施されてあった。

第三世代の若者たちは、これまでの世代になかったことであるが、民主主義を求めて政治的示威行動に出ることに躊躇していなかった。二〇〇〇年三月三十日に、「土地の日」のデモが組織された。「土地の日」とは、一九七六年にガリラヤのパレスチナ人の村で政府による土地の強制収用が行なわれたとき、それに抗議した者たちが軍の手で殺されたことを記念して名付けられた日のことである。このときサクニンでシェイカ・アブ・サラという女子大生が警官隊の放った催涙弾によって殺害された。ただちにハイファ大学では学生たちが抗議のデモを企てたが、大学側は一連の動きを封じ込める策に出た。それが逆に学生たちの反発を招き、騒ぎがいっそう拡がった。同じ年の十月には、占領と分離に反対するデモに警官隊が発砲し、十三人の死者が出た。官憲による不法な発砲に対し、イスラエル・アラブ弁護士センターが抗議し、それはレイシズムに反対するイスラエル法に鑑みても、欧米の人権意識を基準にしても違反しているという調書を纏めた。それによれば、この十月の事件から二〇〇四年の春までに、さらに警察の手によって十六人の死者がイスラエル・アラブの側から出ているのだった。政治運動に走るアラブ系の学生の間には大きな不安があった。状況はかぎりなく悲惨であるが、はたして自分たちにその悲惨と戦い、状況を克服するだけの力があるだろうかという悲観主義的な迷いが、一方にあった。もう一方には、運動に加担することで社会的にも経済的にも支払わなければならない代償の大きさがあった。怯懦《きょうだ》と不安のなかで、彼らは困難な自己決定を迫られていた。

ここに奇妙な現象がある。イスラエル政府は長い間、「パレスチナ人」という呼称を公式的には用いてこなかった。ゴルダ・メイヤーが首相だった一九六〇年代後半に、「パレスチナ人というものは存在しない」と明言したことは、よく知られている。ところが第二次インティファーダが勃発した後くらいから、シャロン一派は率先してイスラエル・アラブを「パレスチナ人」と呼ぶように変化してきた。イスラエル政府は彼らを、西岸・ガザの住民との連続性において見ようとする動きを強めてきたといえる。その狙いは簡単であって、彼らの一人でも多くを国外へ「移動」させるためには、彼らに「イスラエル」という形容を付けることが不適当だという考えがその根底にある。現に五月にはアヴィグドル・リーバーマン輸送大臣が、イスラエルに忠誠を誓わないアラブ人は残らず国外に追放してしまえといった暴言を吐き、シャロンに窘《たしな》められるという一幕があった。リーバーマンは二〇〇一年にも、祖国を守るためにはエジプトのアスワン・ハイ・ダムを攻撃すべきだと発言して物議をかもした人物である。問題発言というのは何も日本の都知事の専売特許ではなかった。だがその後、ハイファ大学国家安全研究所が調査したところによれば、六三・七％のユダヤ人が、政府はイスラエル・アラブの移民を奨励すべきだと答え、四八・六％が政府の彼らへの対応が甘すぎると見なしていた。五五・三％が、彼らの存在が国家の安全を脅かしていると答えていた。*14

わたしは、ムハンマド・バクリという俳優にインタヴューをしたことがあった。彼は一九七二年にテルアヴィヴ大学演劇学科に最初のイスラエル・アラブの学生として入学し、卒業後はその特異なマスクを用いて、スクリーンの中で一貫してパレスチナ・ゲリラの隊長や謎めいたアラブの富豪といった役柄を演じてきた。イスラエル・アラブの若者の間で、彼はカリスマ的な威厳をもった映画人として知られていた。わたしが会ったとき、バクリは親族に事件があってきわめて困難な立場に追い詰められていたが、それには一切言及せず、自分はイスラエル人であり、それ以外の何者でもないと断言した。たとえパレスチナ自治政府が完全なる独立を達成しようとも、自分はこの国に留まるだろうと、明確にいった。ちなみに親族の事件とは、バクリの従姉弟筋に当たる何人かの人物が、西岸からこっそりと境界を越えてきた人物に宿泊を許したことにあった。件の人物がその直後に「爆弾テロ」を起こしたため、彼らは共犯の嫌疑を受け、重い懲役刑を宣告されたばかりだった。にもかかわらずバクリは、自分はイスラエルを愛しているし、自分の国だといい放った。バクリについては、彼が監督したドキュメンタリーが大スキャンダルを起こしたことを含めて、後の章（「ジェニンへの道」）でも触れることにしよう。

このバクリが批判してやまなかったのが、エリア・スレイマンという、同じくイスラエル・アラブの映画監督であった。ナザレに生まれ、ニューヨークに渡って映画修行を積んだスレイマンは、一九九三年にオスロ合議が成立したとき、故国に希望を抱いて帰還した。彼は西岸のビル・ゼイトにある大学で教鞭を取りながら、イスラエル・アラブが置かれた両義的な状況をめぐって、シニックな笑いに満ちたフィルムを発表してきた。最初の長編『消滅の記録』（一九九六）はヴェネツィア映画祭で高く評価された。続いて撮られた『神の仲裁』（二〇〇二）は、日本でも『D.I.』の題名で公開されている。ポランスキーの『戦場のピアニスト』と争って、惜しくもカンヌ映画祭でグランプリを逸したという、曰くつきの作品である。

俳優ムハンマド・バクリは孤立していた。

わたしはこのバスター・キートンに似た、ニコリともしない顔の監督が東京に来たとき、彼と話したことがあった。彼はそのときパレスチナを離れ、拠点をパリに移して生活していた。

『消滅の記録』はイスラエル・アラブの日常生活の断片を苦いユーモアのもとに綴ったフィルムである。欧米の善意に満ちた観光客に溢れるナザレに住む者たちの苛立ちが、まず淡々と語られる。ガリラヤ湖はドイツ人やアメリカ人が食べ散らかした中華料理の塵埃のおかげで、イエスでなくともその上を歩けるようになったと、神父が物語る。エルサレムに出てきてアパートを探そうとしたアラブ系の女子大生が、不動産屋に次々と電話をするが、ヘブライ語にあるアラブ訛りが災いして、そのたびごとに婉曲な口調で断られる。彼女は一案を講じて、わざとロシア訛りを真似てみる。今度は電話口の相手がまったく異なった対応を見せる。あるとき彼女は、巡回中のイスラエル兵士が落としていった携帯電話を偶然に拾ってしまう。そこで悪戯を思いつき、この電話を通してありえぬ出動命令を連発し、兵士たちをてんてこ舞いさせてしまう。『神の仲裁』では、冒頭にいきなりサンタクロースが登場し、子供たちに追われてナザレの丘を逃げてゆく。彼は次々と贈り物を投げ捨て、丘の上で殺されてしまう。西岸とイスラエルに分かれ住む恋人たちが、検問所のわきの空間に二台の自動車を止めて密会をする。アラファトの似顔絵を写した風船だけが、検問をするりと越え、エルサレムの黄金のモスクへと飛んでゆく。イスラエルの射撃場では、標的にパレスチナの女性ゲリラの絵が描かれていて、ユダヤ人の男性客はそれをめがけて銃を撃つことになっている。あるとき標的の裏側から、本物の女性ゲリラが出現する。彼女は日本の忍者よろしく手裏剣と功夫《クンフー》でユダヤ男たちを退治し、緊急に駆けつけてきたイスラエル軍のヘリコプターまでをも爆破してしまう。このフィルムではスレイマンみずからが登場し、複雑な思念を抱きつつ死んでゆく父親を看取《と》る。彼は泣いている。その理由を尋ねられて、ただ台所で玉葱を切ったからだといい、同じように嘆く母親にむかって、薬缶《やかん》でお湯が沸いてるじゃないかという。

　スレイマンのスタイルを特徴づけているのは、独自の距離感である。彼は声高く悲惨を訴えることを嫌い、世界中の善意のメディアがパレスチナを哀れむべき犠牲者というステレオタイプのもとにしか了解していないことに強い不充足感を感じている。イスラエル・アラブがどのように日常生活を送っており、そこでいかなるユーモアを糧として生き延びているか。彼らの絶望が何であり、夢が何であるか。いくつもの小さな挿話を重ね合わせて彼が描こうとするのはそうしたことであり、同時にそれを描く自分の達観した姿勢である。わたしには、イスラエル・アラブの俳優としてイスラエル国内でさまざまな困難を生きてきたバクリが、このアメリカ帰りでパリ在住の貴公子の示すシニシズムに強い違和感を抱いたことが、よく理解できた。現実のパレスチナ人の苦痛も知らない癖に、というのが、バクリの批判の根底にある感情だった。だがわたしは同時に、スレイマンが手にしている声低く語るという姿勢の裏側に、なかなか一筋縄ではいかないペシミズムが流れていることにも、強い興味を抱いていた。世界中のキリスト教徒が集まり、幸福感に満ちた表情で祈りを捧げるナザレにあって、貧困と屈辱に苛まれて生きているイスラエル・アラブに対して眼を向ける観光客が何人いるだろうか。彼らの信仰と善意は地元の先住民に対して、どれだけの意味をもっているのだろうか。そう考えたスレイマンは、あえて自分が生まれたこの地で、サンタクロースを殺したのである。

エリアの兄であるラムズィ・スレイマンに会いにハイファ大学を訪れたのは、エジプトから熱風《ハムシン》が襲来し、一気に気温が三十八度に上昇した五月のある日のことだった。彼は暗殺されたラビン首相の名をとった建物の一角で、社会心理学の教鞭をとっていた。彼に最初に会ったときからなぜか親しみを感じたが、後で理由がわかった。『神の仲裁』で、父親の役を演じていたからだった。

彼の話によれば、イスラエル国内の大学には、イスラエル・アラブで教授職に就いている者が四十人ほどいる。ユダヤ人の教授の数からすれば取るに足らない数であるが、とりわけハイファ大学ではアラブ系の学生が少なくないため、リベラルな雰囲気のなかでいろいろなことができるようである。わたしが在日韓国人の話をした後で、一九五〇年代後半に北朝鮮が日本にいる同胞に向けて提唱した帰国運動について説明したところ、教授は身を乗り出してきて、ひょっとしてそいつはイスラエルにおける国外ユダヤ人への祖国帰還運動と比較できるかもしれないといった。彼は東アジアの一角で生じたこのディアスポラ回収運動に興味を感じたらしく、自分の主催しているパレスチナ研究の雑誌に、出来れば寄稿してくれないかと、わたしにいった。

ハイファはイスラエルには珍しく、アラブ人とユダヤ人の間で結婚がしばしば生じたことのある都市だった。わたしはその例を、アモス・ギタイのドキュメンタリー連作を通して知っていた。そこでは貧しいアラブ人の漁師とルーマニア系ユダヤ人女性とが結婚し、やがて離婚して死に至るまでが、二十年以上の歳月をかけて描かれていた。スレイマン教授は、この二人のことをよく知っていて、まだ年若いギタイがカメラを回していたとき、いろいろと協力したと語った。妻の方は長いこと、うちの大学で掃除婦として働いていた。夫の方はフォークロアの宝庫のような人物で、魔神《ジン》や妖精の話を始めると止まらなかった。取材したテープを取ってあるので、いつか書物にまとめておきたいと思うと、彼はいう。

別れしなに彼は、二十七歳になる自分の息子ファドが目下途轍もないSF小説を執筆中だといった。『サエブと聖なる国』というその近未来小説のなかでは、旧約聖書に登場するロトの物語の枠組を借りて、イスラエル国内で生じる内戦と国家分裂のさまが描かれているという。ロシア系ユダヤ人とイスラエル・アラブとが結託し、右派のシオニストとの間に激しい銃撃戦が展開される。息子は英語で執筆しているから、完成したら読んでみてくれと、わたしはいわれた。*15

四月の上旬、ユダヤ教のペサハ（過越しの祭）で大学がいっせいに休暇となるときを利用して、わたしは隣国ヨルダンを訪れてみた。飛行機で首都アンマンに入り、車で死海のわきを抜けて最南端にあるペトラ遺跡に向かった。ヨルダン行きには理由があった。イスラエルに三ヶ月以上滞在するにはヴィザが必要となるのだが、その手続きが面倒だったので、ひとたび外国に出て再入国することで滞在を延長しようと考えたのである。この計画は成功した。ベン・グリオン空港の女兵士はわたしのパスポートにヨルダンの出国印があるのを見て、一瞬理解に苦しんだようであったが、それだけだった。アンマンにはテルアヴィヴとはまったく異なった秩序があった。予約していたホテルは予約など知らないといい、タクシーの運転手は機会さえあれば金を踏んだくろうと窺っていた。食事をする場所を見つけることが難しく、ほとんど外国語が通じないために不便この上ない旅が続いた。そのなかでわたしは何人かの元パレスチナ難民と出会った。

一人はタクシーの運転手で、難民の第二世代に当たっていた。父親は彼が三歳のとき、レバノンで手榴弾を握って爆死し、叔父はエルサレムで射殺された。彼はアラファトもシャロンも嫌いだが、ハマスのランティシだけは信用できるといった。以前はベイルートに住んでいたが、金のことしか頭にないあの都市が嫌になり、アンマンに移ってきたとのことだった。もう一人はホテルの従業員で、自分たちパレスチナ人がアンマンに移住してこなかったとしたら、未開の民であるベドウィンだけでこうして近代国家が形成できたわけがないという考えの持主だった。ヨルダン国内にあってパレスチナからの移住者と先住者であるベドウィンは、さまざまな点で対立しあっていた。経済界からアカデミズムまで、アンマンを実質的に支配しているのはパレスチナ人であり、ベドウィンはこの新しい支配層に対して深い怨恨《えんこん》を抱いているように見えた。

わたしが言葉を交わした三番目の人物はレストランの主人であった。彼はつい数年前に父親の故郷であるラムラに、ヨルダンのパスポートを手に観光旅行に行ってきたと語った。老いたる父親が先頭に立って歩き、以前に住んでいた家や通りを息子に案内してまわったのだという。どんな気持ちだったとわたしは尋ねた。「別に、何も」と彼は答えた。「自分はヨルダン人だし、イスラエルに生まれなくて本当によかったなあという以上の感想はないね。親父は当てにしていた友だちの誰一人として、もうそこに住んでいないのを知って、少し落ち込んでいたけれど」と、彼はきわめて冷静に答えた。

一九四八年にイスラエル・ヨルダン国境を越えて避難してきたパレスチナ人に対し、

当時独立して間もないヨルダンのフセイン国王は、ヨルダン国籍を与えることについて、きわめて寛大であった。このとき新たにヨルダン人となった者たちが、現在実質的にヨルダンの政財界を握っていることは、よく知られている事実である。この処置はある立場からすれば、ヨルダンにおける難民問題の軽減とも考えられるし、見方を変えれば手の込んだ隠蔽と考えることもできる。一方、レバノンとシリアの二政府は逃げ込んできた難民に現在まで国籍を与えず、どこまでも難民扱いを続けている。ヨルダンと違ってこの二国家は、イスラエルを今日でも承認していない。ために半世紀が経過しても、難民の帰還権は現実の問題として解決を見ていない。パレスチナ難民はこうして、どの国に向かったかによってさまざまな体温差のうちに生き延びることとなった。ここに西岸とガザ、またエジプト、さらに欧米諸国へと向かった難民のことを考えると、パレスチナ人のあり方がいかに細分化され、それぞれが微妙に意識の違いを携えているかが想像できる。イスラエル・アラブの存在は、そうしたパレスチナ人の今日的多様性にさらなる一項を加えることだろう。そしてそのきわめて微妙で両義的な位置に置かれた者たちの間にも、イスラエル社会への帰属を求める者から、西岸・ガザとの一体感を希求する者まで、さまざまな立場が存在している。わたしは日本を発つまで漠然と信じていた「パレスチナ対イスラエル」という二項対立がいかに単純で誤ったものであるかを、しだいに思い知らされるようになった。イスラエル・アラブの存在は、ユダヤ人でありながらもアラブ文化圏から渡来したミズラヒームのそれと同様に、「ユダヤ国家にして民主国家」と制度的に定義されたイスラエルが抱いている自己撞着を、みごとに体現しているのである。

エルサレム

テルアヴィヴが多文化的なるものを抑圧し、シオニズムによって醸成された純粋な白い夢に酔う都市だとすれば、エルサレムはそれとは対照的に、空間の隅々までが二項対立によって規定され、あらゆるものが敵と味方の原理に加担しているという印象を与える都市だった。ここではアラブ的なるものは、とうてい無視や隠蔽がかなわないまでに強力であり、都市の半分を占めていた。いや、地図から眺めるかぎり、ユダヤ人の居住地が強引にパレスチナ西岸地区に食い込んでいるといった印象が感じられた。アラブ人とユダヤ人の対立。旧市街と新市街の対立。世俗社会と宗教的空間の対立。ともかく至るところで空間は分割され、人々はその微妙な階梯と帰属を心がけながら生活することを余儀なくされていた。それが幸運であったのか、不運であったのかはさて置くとして、この都市は世界に冠たる聖地だった。古来より西欧の地図では、エルサレムは世界の中心にして臍であると描かれてきた。ユダヤ教、キリスト教、イスラム教という三つの一神教が、主導権を握ろうとして二千年にわたって対抗関係にあり、平和裡に共存したかと思えば、十字軍のときのように熾烈な戦いを行なうといったことを反復していた。イスラム教徒はムハンマドが終焉を遂げたこの地を、「アル・クドゥス」、つまり文字通り「聖都」と呼んでいた。日常的にはそれは「アルクッズ」と、わたしの耳には聴こえた。ユダヤ教徒はここからイスラム教の痕跡がいっさい消滅し、新たなる神殿《モリア》が天空から到来する日を待ち望んでいた。彼らのうちの狂信的な部分は、世俗社会として成立しているイスラエルという国家を拒否していた。そしてキリスト教は、中世に十字軍という大掛かりな侵略と破壊を行ったあとも、機会あるたびに救世主の処刑の地の奪還を企てていた。

イスラム教徒はユダヤ人がこの地を首都として、わずか六十年しか国家を樹立していなかったことを嘲笑《ちょうしょう》し、ユダヤ人は『コーラン』のなかにエルサレムをめぐる記述が皆無であることを論難した。キリスト教徒はそれ自体で数多くの宗派に分かれ、それぞれが愚かしい対立を続けていた。キリストの磔刑が実行された正確な場所をめぐって、儀礼を取り仕切る順番をめぐって、彼らは争いをやめないでいた。

こうしたわけでエルサレムは、地理的にも、教義的にも、そして政治的にも、数多くの枠組みを何重にも重ねあわせたところに浮かびあがる、複雑な文様といった印象をわたしに与えた。ここでは人は、テルアヴィヴのように表向きは一元論の支配する都市にいればまず捕らわれることのない問題、すなわちいつ何時でもみずからの帰属を明らかに提示することを要求された。ユダヤ人地区にあたる西側のタクシーは、どれほど頼んでも新門から東のアラブ人地区に車を乗り入れようとはしなかったし、東側のタクシーは西側の地理にまったくといってよいほど無知だった。旧市街のアラブ人地区のうち、キリスト教地区ではアルコールが飲めたが、イスラム教地区では不可能だった。超正統派のユダヤ教徒の集落であるメア・シェリームでは、シオニストは民族差別主義者であるという垂幕が建物の二階から掲げられていた。エルサレムに生きるということは、何物かに対立しながら生きるということに他ならなかった。

一九六七年の第三次中東戦争の結果、イスラエルがヨルダンからエルサレムを「奪還」するときまで、イスラエル人は旧市街に足を踏み入れることが許されていなかった。わたしが観ることのできたダヴィッド・ペルロフのドキュメンタリー映画では、一九六三年当時のユダヤ人が駐屯している多国籍の兵士に囲まれながら、巨大な壁に開いたわずかの隙間から旧市街を覗き込む光景が描かれていた。彼らは向こう側の世界、本来は自分たちが帰還すべきだと信じている世界で生じていることを知りたいという、息せき切った願望に突き動かされていた。壁の向こうには被り物をしたアラブ人たちが平穏な表情で市場を訪れ、買い物と談笑をしている日常の光景があった。ユダヤ人たちは瓦礫のなかで忍耐強く順番を待ちながら、それを真剣な表情で眺めていた。わたしはこのフィルムを美しいと思った。そこには見るという行為をめぐる期待が、あたかも奇跡のように描かれていたからである。現在ではこの壁は撤去されている。だが第一次中東戦争以来、二十年近くにわたって東エルサレムと西エルサレムを分割していた境界の痕跡は今でも容易に辿ることができ、それがこの都市に拭い去ることのできない痕跡を痛々しく刻み付けている。東西エルサレムを分かつハ・シャロン通りはいまでも両脇に商店をもたないまま、寒々と続くばかりだ。旧市街の西側にあたるマミッラには、いかにも古代の復元を意図したかのような叙事詩的な建築が聳え建っているが、およそ人気を感じさせない。イギリス統治時代にここは商業地域として賑わいを見せていた。軍事境界線がここに引かれ、市場という市場が撤去されたことで、この場所はすべての記憶を喪失した。それは、場所《プレイス》であることをやめて、単なる空間《スペイス》へと転落した。エルサレムがその後、統合に成功した後も、マミッラは購《あがな》われることはなかった。その西には巨大なイスラム教徒の墓地があるが、現在はユダヤ人地区に指定されてしまっているため、広大な廃墟と化している。逆に旧市街から東側に出たところには、旧約聖書に登場するアブサロムやゼカイヤの塔や墳墓が並んでいるのだが、ユダヤの預言者に対するイスラム教徒の無関心から蔑ろにされ、落書きとゴミに埋もれている。

エルサレムの市街を歩いていると、ここが疲弊しきった、傷ましい市であることが如実にわかった。もし聖書に語られているようにエルサレムが神の花嫁であるならば、彼女は繰り返し嬲《なぶ》り者にされ、頰に深々とした傷跡を残している花嫁であるだろう。

だがわたしの感想はどこまでも異邦人の目から眺めた、皮相なものにすぎない。この市に生まれ育った者であるならば、さらに悲痛で逃れようもない宿命を、街角という街角に読み取るに違いあるまい。ユダヤ人の詩人イェフダ・アミハイはある詩のなかで、自分とエルサレムの関係を盲人と躄《いざ》りのそれに喩えている。盲人の自分がエルサレムを肩車しながら、最後の日まで闇のなかを歩いていくのだと、彼は書いている。[*16] さらに悲惨なことに、この都市はその傷跡になどいささかも関心をもたず、ただキリストの栄光に祝福された聖地を目の当たりにしたいというだけの、世界中の幸福な観光客によって賛美され、彼らが落としてゆく外貨を屈辱的に受け取ることで生計を立ててきた。そしてわたしが訪れた時にはその観光客も絶えてしまって、もはやどこにも行き場のない憂鬱のさなかにあるのだった。

テルアヴィヴからエルサレムは、長距離バスに乗ればわずか五十分の距離にあった。よく手入れされた耕作地を両側に眺めながら進むバスは、しだいに坂を登り、渓谷と渓谷の間を行くようになる。丘陵の頂上に茸の群生のようにユダヤ人が入植した集落が続くと、ほどなくして標高約九百メートルのエルサレムに到着する。東京から京都へ行くよりもはるかに気軽な行程であり、わたしが知り合いになったユダヤ人のなかには、エルサレムに住みながら平然とテルアヴィヴとハイファの大学で教えているという女性もいた。

わたしは四ヶ月の間に、いくたびかこの都を訪れる機会があった。ヘブライ大学で講演を依頼されて足を向けたこともあったし、ただ単純に聖地を観光してみたいという気持ちから出かけたこともあった。ミレニウムの直前は長蛇の行列ができたというキリスト教教会にはほとんど誰も観光客が見当たらず、土産物屋の半分は店を閉じているといったありさまだった。第二次インティファーダの影響はきわめて深刻で、旧市街では観光ガイドに出ている安ホテルの少なからぬところが休業していた。もっともわたしには、この都を訪れるもうひとつの強い動機があった。エルサレムはパレスチナ西岸に足を向けるさいに、あらゆるバスとセルヴィス（ヘブライ語ではシェルート、乗合タクシー）が発着する拠点であったのである。

わたしが最初に宿泊したのは旧市街のキリスト教地区にあって、一九世紀の終わりにドイツ皇帝を迎えるために建てられたという、古色蒼然たるニュー・インペリアル・ホテルだった。もっとも内部はほとんど廃墟同然で、長い間閉じられていた室内に独特の、黴臭い空気の臭いがした。主人の初老男は西エルサレムに生まれ、イスラエル建国と同時に旧市街へ逃がれてきた経歴をもち、パレスチナ解放運動に関わっていた。奥の部屋には巨大なパレスチナ国旗が掲げられていた。彼は二〇〇〇年にはジュネーヴ合議に立ち会うため、わざわざスイスに赴いたとみずからを語った。ホテルには英語圏の平和活動家が何人か宿泊し、薄暗い応接間で神経質な表情で打ち合わせをしている他は、客らしい姿を見かけることがなかった。ただ一人の少年を除いて従業員の姿を見かけることもなく、朝食を下げた皿が翌日も同じ場所に放置されているといった風だった。ちなみにこのホテルは、地主のギリシャ正教会が極秘のうちにユダヤ人に土地を売却したため、存続が危ぶまれていることを、後に知った。旧エルサレムからパレスチナ人を一掃するため、ユダヤ人資産家が不動産を買収する傾向は、ますます激しくなっているようである。

わたしがこれに懲りてその後利用することになった宿は、やはりキリスト教地区にあったが、まったく対照的な場所だった。それはフランチェスコ派の修道院によって経営されている巡礼施設であり、世界中から到来するキリスト教信者のために開かれた施設だった。従業員の青年たちはいちように禁欲的な雰囲気を保っていて、英語とイタリア語を流暢に話した。韓国人の中年女性の一群が神父に先導されて泊っていたかと思うと、宿舎全体がイタリア人でごった返すときもあった。韓国人女性たちは朝早くから勤勉にミサにでかけ、教会詣でに疲れるとそこらの石畳の上に腰をかけ、なにやら愉しそうに話していた。彼女たちは自分が危険な異国にいることなど、いささかも気に留めていないように見えた。

エルサレムでわたしを導いてくれたのは、ヘブライ大学に研究員として籍を置いている、早尾貴紀という日本人だった。この若い研究者は、以前にサイード論を発表していて、わたしはその精緻な論の組立てに教えられたところがあった。早尾君はヘブライ語に長け、アラビア語でも充分に意思疎通ができた。ヘブライ大学には他にもキリスト教やユダヤ法の研究のため、何人かの日本人留学生が存在していたが、彼はその誰とも一定の距離をとっていた。というより彼らの方が警戒して、彼に接近しようとしなかった。早尾君は東エルサレムにあるパレスチナ人の集落に、詩人・ジャーナリストとして知られるサミーハ・アル・カーシムの息子とともに住んでいた。万事においてユダヤ社会への帰属を前提とし、アラブ的なものを恐れる日本人留学生たちにとって、それは理解できない（してはならない）行動に見えたのである。早尾君はパレスチナ西岸の多くの町を訪れたことがあり、多くの友人知人をもっていた。彼はわたしが西岸に足を向けるにあたって理想的なチチェローネの役を務めてくれた。

旧市街は厳密に三つの地域、すなわちアラブ人地区、ユダヤ人地区、それにアルメニア正教を信じるアルメニア人地区に分割され、アラブ人地区はさらにイスラム教地区とキリスト教地区とに分かれていた。

キリスト教地区は旧市街の北西部を占め、ヤーファ門と新門で外部と通じている。エチオピアのコプト教会、ロシア正教教会、ローマ・カトリック教会といった風に、多くの宗派が、磯辺に群生するフジツボや巻貝のように、狭い場所にびっしりと集まっていた。その中心には巨大な聖墳墓教会があって、キリストが処刑されたゴルゴダの丘の上に建てられていると説明がなされていた。その場所は同時に、象徴的な意味においてアダムとイヴが出会ったエデンの園であり、アブラハムがイサクを生贄にしようと試みた祭壇の場所であるとも考えられていた。聖墳墓教会だけは十数の宗派による共同管理となっていて、巨大な洞窟めいた薄暗い内部には、それぞれの宗派による思い思いの磔刑図や聖人画が掲げられていた。祭壇はといえば、ただ一本の蠟燭を点しているだけといった簡素なものから、派手派手しく飾り立てたキッチュ趣味のものまで、さまざまであった。キリストとマリアの肖像にしても、イコンの様式に従ったものから今日風の抽象的な画風までが、乱雑に並べられていた。そこにはいかなる秩序も発見することができなかった。中央にはキリストの墓が設けられていた。もっとも教義によると彼は復活し昇天したわけであり、当然のことながらそこには遺骸はなかった。

わたしが周囲を見回していると、日本人のカトリックの神父が声をかけてきた。この教会における宗派間の場所の分割には不満を抱いていると、彼は語った。もとより現在のエルサレムの旧市街もこの教会も、十字軍が築いたものである以上、すべてローマ・カトリック教会のものであるべきである。一九世紀中ごろに生じたクリミア戦争終結時の力関係を固定化する形ですべてが定められているため、ロシア正教とアルメニア正教がかくも大きな場所を占めているのは理屈にあわないことだ、と彼はカトリック側の論理を披露した。

聖墳墓教会の内部を歩きながら、わたしは素朴な疑問に思いあたった。いったいエルサレムという都の中心にあたるこのような場所で、たとえ二千年前のこととはいえ罪人が処刑され、しかも同じその場所に埋められるということがありえるだろうか。都市論的にいうならば、どの民族でも処刑地は汚穢《おわい》の宿る空間であって、つねに境界線に近い周縁的な場所に設定されていたのではなかったのか。後になってわたしは考古学を専攻する知人から、それは当時のエルサレムが現在の場所からいくぶん東側にズレていたからであって、矛盾はないといわれた。

だがキリストの処刑地と墓の正確な位置をめぐっては、二〇世紀初頭から宗派間で議論が絶えなかったようである。プロテスタントの一派は、東エルサレムに属するナブルス通りの一角にそれが実在していたと主張していた。わたしが訪れてみるとそこは庭園になっていて、観光ガイドがツアー客を案内していた。案内図を頼りにキリストの真実の墓があるとされる巨岩の祠を覗き、さらに奥にあるというゴルゴダの丘へと足を向けた。庭園の敷地は残念ながら途中で途切れていて、境界の向こうにある切り崩した崖がゴルゴダであると説明がなされてあった。なんということはない、そこはわたしがよく近くを通って買い物をしていたバス・ターミナルであって、パレスチナ西岸へ向かう前にきまって小用を足していた公衆便所のある傍であった。後にわたしはハーヴァードの美術史家ダニエル・バートランド・モンクの『美学的占領』を読んで、エルサレムにおける聖所と考古学遺跡の発見と認定が、植民地主義とシオニズム、アラブ・ナショナリズムの三つ巴の状況のなかで、いかに作為的になされ、それぞれの神話的指標として機能してきたかを知ることになった。この地では考古学は、統計学と並んで、きわめてイデオロギー的な代価を担った知の体系に他ならなかったのである。*17

旧市街の南西にあるアルメニア人街はもっとも小さな区域であり、アルメニア正教の修道院を中心に、シリアやレバノンのマローン派といった小アジアのいくつかの宗派の教会が存在している。この地区に足を踏み入れてただちに気づいたのは、街角の壁という壁に一九一五年にトルコ領内で生じたアルメニア人百五十万人の大虐殺を語るポスターが貼られていたことだった。ポスターには「二〇世紀最初のホロコースト」と英語で記されていた。世界最初のキリスト教国を誇るアルメニアは、四世紀に王国が滅亡して以来、エルサレムを信仰の首都と見なし、けっして妥協を許さない共同体をここに築いてきた。もっともこの地区の人口は、大虐殺に由来するディアスポラによって増加を見ていた。アルメニア地区の南にあるシオン門の傍には何軒かの土産物屋があり、アルメニア名物と呼ばれる、藍色の絵皿や鏡立てを売っていた。後にわたしは西岸のヘブロンでこの絵皿が、パレスチナ人によって一手に製造されている事実を知った。

アルメニア人地区の東隣はユダヤ人地区になっていた。ここは観光地としてもっとも魅力のない場所のように思えた。すべての建築がいかにも古代を連想させる様式でなされて、みごとに統一された石材が用いられていた。他の地区と比べて、建築物にほとんど汚れや亀裂が見つからず、舗道にはゴミひとつ落ちていなかった。そこにはこれまでわたしが通り抜けてきた地区に特徴的な、歳月に由来する街角の汚れというものが不在だった。ある通りにはこれみよがしにシナゴーグが林立していた。それが他の地区にある教会やモスクと釣合いを取り、ユダヤ人地区としてのアイデンティティを公的に根拠づけるために、近年になって意図的に設けられていることは明白だった。この地区が他と比べていかにも人工的で、芝居の書割のように厚みのない空間に見えたのには、歴史的な原因があった。イギリスの信託統治時代まで、ここには信仰深いユダヤ人たちが住んでいた。イスラエル独立と時を同じくしてエルサレムがヨルダン領となると、彼らは一人残らず追放された。一九六七年にイスラエル兵がこの地区を「解放」したとき、彼らは街角からユダヤ的なるものの一切の痕跡が取り払われているさまを見た。現在あるユダヤ人地区は、その後アメリカの富裕なユダヤ人の援助を得て復旧されたものにすぎず、現在の住民たちは以前の貧しいユダヤ人とは完全に入れ替わった、無関係な者たちである。わたしが初めてこの地区を訪れたときに直感した紛い物じみた雰囲気には、そうした事情が原因していた。

ユダヤ人地区の東の端は有名な嘆きの壁となっていて、厳重な身体検査の末にわたしは入場を許可された。黒いコートに黒い帽子姿のユダヤ人たちが壁にむかって祈りを捧げ、ピョンピョンと両足で跳躍しながら、歓喜を示していた。彼らは壁のすぐ上に迫っているイスラム教の巨大なモスクがいつの日か破壊され、ユダヤ教の神殿が実現する日を待ちわびて祈っていた。遠くから離れて眺めていると、その姿はある種の小さな甲虫類が樹木の幹に群がっているさまを連想させた。

この嘆きの壁には興味深い逸話があった。イスラエルが建国されてほどない頃、ユダヤ神秘主義の権威であるゲルショム・ショーレムが政府から壁の神学的意義について論文を執筆してほしいと依頼され、怒って拒絶したという話である。ショーレムによれば、嘆きの壁とは近年に考案された習慣であって、律法の書にもユダヤ教の伝承にもそれを正当化できる文献は皆無であるばかりか、もとよりユダヤ教の神学とは何の関係もないものだった。自分の学識が政治的に悪用されることに、ベンヤミンの盟友であったこの碩学は何よりも警戒を怠らなかった。

ユダヤ人地区の土産物屋で、わたしは恐るべきものを発見した。旧市街の全体を航空機から撮影した写真が、大きなポスターに引き伸ばされて販売されていた。よくその画面を眺めてみると、イスラム教のモスクの部分だけが修正を加えられ、ユダヤ教の神殿に入れ替わっていた。それはユダヤ教の狂信家にとって究極の理想ともいうべき光景だった。誰がこれを買って帰るのかと、わたしは店員に尋ねてみた。アメリカから来たユダヤ系の観光客の若者が、何枚も何枚も買って帰ったことがあったと、彼は教えてくれた。

イスラム教地区は旧市街の東北にあり、もっとも広大な敷地を占めている。全体の三分の一ほどがハラム・アッ・シャリーフと呼ばれる聖地であり、ムハンマドが昇天を遂げた場所に巨大な岩のドームとモスクが建てられている。残余は市場《スーク》と住宅地となって、いつ訪れても恐ろしいばかりの人間が押し合いへし合いしていた。

ハラム・アッ・シャリーフの空間に参入するのは、キリスト教会の門を潜るようなわけにはいかなかった。この神聖なる場所には七つの出入り口があったが、異教徒は嘆きの壁のすぐ手前にあるムーア門から、午前と午後の定められた短い時間に入場することしか許されていなかった。それを知らずに門のひとつに接近したわたしは、たちまち青と水色の制服を着たアラブ人側の警察官たちに制止された。彼らの英語からは、正確に入場が許可される時刻と場所を聞きだすことは不可能で、わたしは最初ひどく回り道をして、イスラエル側で保安担当である警察官から情報を得なければならなかった。

異教徒の入場に対してイスラム教徒側が神経質であるのには、それなりに正当な理由があった。何年か前に狂信的なユダヤ教徒のアメリカ人青年が、観光客を装って入場し、モスクに火を放つという事件が起きたからである。わたしが観たイスラエル映画『和解』（ジョセフ・セダー監督、二〇〇〇、英語題名は『恩恵の時』）でも、西岸の入植地に住む狂信的な青年が恋愛事件の破局から自暴自棄に陥り、秘密裡に旧市街の地下道を廻って岩のドームの爆破を企てようとする。そこでは彼に近しいところにいたイスラエル軍の兵士が、ある責任感から彼を阻止するまでが、強い緊張のもとに描かれていた。嫌な後味を残したフィルムであったが、ここに神聖なる神殿の再来を待ち望むユダヤ教的メシアニズムに特有な、危険な情熱が描かれていることは事実だった。現にイスラエル政府が考古学調査を口実としてハラム・アッ・シャリーフの周辺で掘削工事を行い、その岩盤に損傷を与え続けていることが問題となっていた。

さまざまな試行錯誤の末にようやく到達することのできたハラム・アッ・シャリーフは、人口過密な旧市街のなかにあって例外的なまでに広々とした空間だった。中央に聳える黄金のドームは、その名前の通り、巨大なクーポラの屋根全体が眩いばかりの金箔で覆われていた。ヨルダンの前フセイン国王が生涯の終わりに際して、全額を私費で負担して実現させたものだった。この王の名前は、わたしがイスラエルで出会った人々の

イスラム教の黄金のモスクを取り払い、
ユダヤ教の神殿を代わりにおいたポスター。

間では、ユダヤ人アラブ人を問わず評判がよかった。彼は戦争を可能なかぎり避け続けた温厚な君主として、一様に敬愛されていた。

被り物をした女たちが次々とドームのなかに入っていくのを、わたしは外から眺めていた。異教徒は広場に入ることはできても、ドームとモスクの内部には入場できないとのことだった。広場の隅では二人の子供がサッカーボールを蹴飛ばして遊んでいた。往来の写真家の老人が、別のイスラム教国から来たと思しい中年女性たちの一団の注文を受けて、黄金のドームを背にした記念撮影を行っていた。ムハンマドの昇天を記念する小さなクーポラの日陰では、白い被り物をした地元の女たちが数人座り込んで、手に持った食べ物を分かち合いながらお喋りに興じていた。中年女たちは例外なく太っていた。そのうちの一人がわたしを見つけ、ビニール袋のなかからゆで卵を取り出し、いっしょに食べていかないかという身振りを見せた。わたしがそれに応じると、女たちは面白がって、ピーマンの詰め物やら葡萄の葉で巻いた米料理やらを次々と手に渡してくれた。わたしはうれしかった。長らくパレスチナ解放闘争に共感を示していたフランスの作家ジャン・ジュネが理想の母親として求めていたのは、こうした歓待と慈悲の権化のような女たちだったのではないだろうかと、わたしは考えてみた。

聖所を一歩出ると、そこには喧騒に満ちた世俗の空間が待ち構えている。ハン・エゼイト市場には生活に必要なありとあらゆるものがいつも山積みにされ、売り手が声をあげて叫んでいた。CD屋からはエジプトの流行歌が、最大限に音量をあげたために割れた音で流れていた。散髪屋では客と主人がお喋りをし、名物料理であるシュワルマの肉塊を店頭に飾った食堂では、料理人が細い肉切りナイフを研ぎながら、客の到来を待っていた。お菓子屋では極彩色の飴や粉食が売られ、店内の奥の壁には暗殺されたばかりのヤシン師とランティシの写真が飾られていた。舗道という舗道の敷石は、千年近くも人間と驢馬《ろば》の足に踏まれてきたためにすっかりなだらかになっていて、油断をすると滑って泥濘《ぬかるみ》に足を取られそうになるのだった。壁もまた手垢で汚れ、摩滅の極致に達していた。いたるところにゴミが散乱していたが、それは不潔というよりも街角の活力を示しているように思われた。狭い舗道に少しでも空隙があると、そこには例外なく黒い民族衣装に身を固めた老婆がいて、傍らに並べた葡萄の葉やミントを売っていた。

ユダヤ人の姿を見かけることは、まずなかった。わたしはイスラエルに来てはじめて、アラブ人たちが何の屈託もなく、嬉々とした表情で買い物をしたり、立ち止まって知り合いとお喋りをしたりしている光景を目にした。人々は日本人であるわたしを見かけると、しばしば声をかけてきた。「ジャッキー・チェン！」と叫びながらわたしの気を引く若者もいた。その感じはわたしが以前に足繁く通ったモロッコの、フェズやタンジェの市場とほとんど変わるところがなかった。

旧市街の中心を北から南へと貫いているハン・エゼイト市場の通りは、そのまま南に進むとユダヤ人地区のショッピングモールへと通じている。もっともわたしのような余所者を別とすれば、平然とその境界を越える通行人はいなかった。二つの空間はまったく異なる雰囲気をもっていた。アラブ人地区のスークでは、商品はつねに店先に溢れかえり、周囲の壁や道端にも平然と並べられていた。店番がその前に陣取り、通りかける客を目ざとく見つけては声をかけていた。商品のどれにも正札は記されておらず、物を買うときは数字を操りながら、一つひとつ交渉しなければならなかった。ユダヤ人地区の店では、商品はいかにも秩序正しく空間全体に展示され、店先をはみ出るということがなかった。値段はあらかじめ設定されていた。厳密に比較をしたわけではないが、おそらく両方の店で同じものを買ったとすれば、値段に大きな差が出ていたはずである。ユダヤ人の商店街は物静かであり、つねに整理されて清潔感に満ちていた。その通りが途切れるあたりには考古学遺産が安置されていて、ときおり小学生の子供たちが見学に来ていた。大勢の子供たちは教師によって引率されていたが、それとは別に銃を肩にかけたガードマンがかならず随行していた。

ある時、ほとんど深夜近くに、無人となったスークを通り抜けることになったわたしは、ユダヤ人地区に差しかかったところで、そこが夜間に閉鎖されていることに気づいた。アラブ人はこれから先は一歩も通ってはならないという、頑強な拒否と排除の意志がそこには感じられた。

イスラム教地区を歩いていて、もうひとつ驚いたことがあった。スークに平行して南北を走っているもうひとつの繁華街エル・ワッド通りで、街角に思いもよらぬものを目撃したのである。二つの建物の二階の窓から、白地に水色のイスラエル旗が靡《なび》いていた。それは首相であるアリエル・シャロンの所有になる建物であると、そのとき教えられた。岩のドームを表敬訪問するという口実でイスラム教徒を挑発し、オスロ合議をご破算にさせてしまったこの老練の政治家は、ここでも不吉な挑発行為を行っていた。ある時期までは二つの建物の間にロープを張り、その間の空間を国旗で埋め尽くすという挑発さえなされていたという。もしこの旗のひとつでも破損することがあったとすれば、たちまち当事者が連行され、官憲の激しい拷問に会うことは明白だった。イスラエル政府は旧市街に住むアラブ人に対して、機会あるたびにエルサレムの全体がユダヤ人の領有物であるという意思表示を繰り返し行っていた。彼らは土地を切望してはいたが、それに帰属している人間を憎悪していた。あらゆる口実を見つけて、彼らを近隣のアラブ諸国へ「移送」することが緊急の課題であり、そのためにはおよそ思いつくかぎりすべての嫌がらせと挑発が採用されているのだった。

イスラム教地区は旧市街の北側にあるダマスカス門によって、外部の東エルサレムに通じていた。いつ訪れても、この門の内外には野菜から雑貨まで、あらゆるものを扱う市が立ち、人々の往来が絶えなかった。ケバブを焼く屋台があり、路上に色とりどりの商品を並べる古着商がいた。パレスチナ西岸へ向かうバスと乗り合いタクシーは、すべてここを出発点としていた。汚れた敷石の上には盲目の乞食が座って通行人に小銭を強請《ゆす》り、失業中の若者たちが革ジャンバー姿で、うつろな表情をしながら徘徊していた。

わたしはこの門の周辺で二回、蛮行を目撃したことがあった。

一回はヤシン師暗殺からしばらく経った金曜日の午後のことであった。門を潜って旧市街に入り、ハラム・アッ・シャリーフで礼拝を捧げようとするイスラム教徒に対して、門の外でイスラエル兵たちが検問を行い、一定年齢以下の若者を任意に排除して、入場させなかったときである。彼らはまるでアラブ人を家畜の群れでも扱うかのように小突きまわしながら、作業を行っていった。その直前の礼拝のさいにアラブ人たちが広場で気炎をあげ、投石を開始したため、警官隊が出動して催涙弾を射つという事件が起きていた。まさに一触即発の緊張が門の内外を横切っていたときの出来ごとであった。

案の定、その翌週の金曜日には暴動が生じた。大モスクの前に二万人のイスラム教徒が金曜礼拝のため集まっていたが、祈禱の後、一群の若者たちがエルサレム警察にむかって投石を開始したのである。警察は催涙ガスを用いてこれに応戦し、二千人が広場奥にあるエル・アクサ・モスクに避難した。一触即発の気がいたるところに立ち込めていて、いつ暴力が噴出しても不思議はなかった。

もう一回は別の日の夕暮れだった。門の内側の舗道に座りこみ、山盛りのブロッコリーを売っていた老婆に向かって、兵士が軍靴でその頬を蹴りつけているのを、わたしはこの眼で目撃した。老婆が蹲《うずくま》って顔を伏せると、兵士は傍らのブロッコリーを踏み潰した。その隣では別の兵士がその隣で売られているトマトを、皿ごとひっくり返していた。彼らの狙いが老婆にではなく、それに抗議して摑みかかってくる若者を連行するのにあることは明らかだった。居合わせていた人々は誰もが口を噤んだまま、老婆が蹴りつけられているのを眺めていた。群集のなかから血気に逸った青年が躍り出ようとして、周囲から止められていた。二人の兵士は一渡り挑発行為を終えると門の外へと出て行った。一時間ほどして用事をすましたわたしがふたたび門のところに戻ってみると、老婆は何事もなかったかのように、同じ場所でまだブロッコリーを売っていた。

わたしと早尾君とはいつもきまってこのダマスカス門で落ち合って、西岸へと出発した。夕暮れになってもう一度この門のところに戻って来ると、門の外にある雑貨屋の奥の冷蔵庫から、ヨルダン製の安ビールをつまみ出し、旧市街の城壁に背をもたせかけながら、その日に見聞したことを互いに語りあうのだった。

ある夕方、わたしはどこに行くという宛てもなく、イスラム教地区のなかを散歩していた。キリストが十字架を背負って歩いたという伝承のおかげで、すっかり観光コース

エルサレムのイスラム教地区の壁に描かれた落書き。

となってしまったヴィア・ドロローサからわずかに道をわきに入ってしまうと、そこにはもうけっして他所者が足を踏み入れることのない路地の世界が迷路のように広がっている。崩れたコンクリの塀の向こうに空地があって、雑草が生えている。曲がりくねった狭い道の途中で、子供たちが犬を洗っていて、それを大人が優しげに眺めている。雑貨屋の前で椅子を出して談笑している者がおり、わたしにむかって突然に駆け出してきて、片言の英語で名前を尋ねてくる子供がいる。地図をもつこともなく路地を歩き回るのは、若いころに韓国で習い覚えて以来、わたしの習性のひとつとなっていた。

　路地の壁にはさまざまな落書きがなされていた。「イサクが僕の名前。フットボールがぼくのゲーム」と、いかにも習いたての英語で記したものもあったし、わたしには読み取れないアラビア語のメッセージもあった。あるところでは椰子の樹や鳩が、別のところでは彗星と黄金のドームが描かれていた。どうやら厚紙で切り抜かれた型があり、その上から色とりどりのスプレーを吹きつけているらしい。路地から路地へと白い壁伝いに歩いているうちに、スプレーの色が限られていることにわたしは気づいた。赤、黒、緑の三つである。不思議なことに三色が同時に用いられることはなく、いつも白地に二色の組み合わせに留まっている。

わたしは嫌な噂を思い出していた。イスラエル領内ではパレスチナの国旗を構成している原色の組み合わせを用いると処罰の対象となると、教えられたことがあった。以前に観た『サーカス・パレスチナ』（エヤル・ハルフォン監督、一九九八）というフィルムのなかで、不吉な光景を観たことがある。占領地にロシアのサーカス団がやって来るというので、喜び勇んだ子供たちが街角という街角にパレスチナの小さな国旗を飾り立てている。その後にただちにイスラエル兵たちがやってきて、旗という旗を燃やしてまわるという場面である。路地に落書きしていた者は、いかに自由に好きなものを描いているつもりでも、実のところこの不条理な規則に従うことを受け入れざるをえないのではないだろうか。とはいうものの壁の画廊は路地のところどころに顔を覗かせ、わたしを誘惑するかのように奥へと導いてゆくのだった。

人気のない迷路をどれほど廻っただろうか。わたしは落書きに誘われるままに細い坂を上り、空地を横切った。雑貨屋のすぐ脇にある階段を降り、分岐する道の一つひとつを確かめた。夜の始まりを告げる『コーラン』の朗誦の声が、背後の遠いところにあるモスクから拡声器を通して聴こえてきた。ある時、路地は突然に行き止まりとなった。見回してみると、傍らに狭いトンネルがある。身を屈めながらその昏い空間を通り抜けると、その先は洞窟に似て小さな空間が準備されていた。その薄暗がりの白壁に大きくパレスチナの国旗が、赤、緑、黒で描かれているのを、わたしは発見した。国旗がこれまで点々と小さな彗星や鳩を描いてきたのと、同一人物の手になるものであることは明瞭だった。この匿名の画家は周到な策を練りながら空間に演劇的な方向付けを行い、イスラエル兵がまず足を踏み込むこともない秘密の場所を演出することに成功していた。薄暗いトンネルの入口から差し込む光は、消えゆく薄明のなかで、国旗の白をしだいに識別の難しいものへと変えていった。だがわたしはしばらくこの場所に留まっていようと思った。

壁と検問

壁、見ますか？と、早尾君がいった。わたしが頷くと、彼は「じゃあ今からセルヴィスに乗って、一番近いところに行きましょう」と気軽にいった。ある晴れた日の午後のことである。

われわれはダマスカス門の外でセルヴィスを拾い、アブディスに向かった。旧市街から三キロほど東にあって、パレスチナ人のためのアル・クドゥス大学が置かれているところである。セルヴィスは一人あたり二シェケルで、後部座席に座っている者から順繰りに小銭が前の方に回って、運転席に達するようになっている。運転手はハンドルを握りながら、誰にいくら釣銭を戻すかを即座に計算する。釣銭は手から手へと渡りつつ、正確にしかるべき乗客のもとに届くことになっている。

車は壁の少し手前で停車し、もと来た道を戻っていった。大学を含めアブディスの邑《むら》に入るには、壁のどこかにある検問を通り抜け、向こう側で待機している別のセルヴィスに乗り継がなければいけない仕組みになっている。不便であるばかりではない。当然のことながら以前の倍近い交通費を払わなければならず、苦学生にとっては大きな負担になっているようである。

壁は目の前に厳然と存在していた。八メートルの高さをもつコンクリートの灰色の板が、何十、何百と、ほとんど地の果てに達するかのように続いている。周囲は高級住宅地であり、豪奢な門構えに芝生といった家が立ち並んでいるのだが、その端正な秩序をまったく無視する形で空間がふたつに分断されている。新築された家の玄関のすぐ前に壁が設けられたので、玄関が事実上意味をもたなくなってしまったというところも見かけた。こうした事実上の私有財産の毀損について、目下裁判所で補償の是非が争われているのだが、シャロンはそれに耳を貸すわけもなく、さらなる壁の建設に余念がない。

壁にそってしばらく歩いてみると、スプレーを用いてさまざまな落書きがなされていた。No More Wall とか War or Peace といったぐあいに、直接的に壁と戦争の廃絶を訴えたものもあったが、Welcome to Ghetto とか From Warsaw to Abu Dis といったように、歴史的なユダヤ人差別とパレスチナ人の現下の受難に類似を見たり、インティファーダに第二次大戦下のワルシャワ・ゲットーで生じた蜂起を重ね合わせてみるといった、挑発的な内容のものもあった。おそらくこれを描いたのはユダヤ人の反体制派の若者だろうと、わたしは推測した。

アル・クドゥス大学へと通じる道の途中が壁で閉鎖され、その一箇所が開いていて、検問所が設けられている。検問所はヘブライ語で「マフソム」、アラビア語では「ハワージズ」という。西岸に住むパレスチナ人は日常生活ではアラビア語を用い、イスラエル領内のアラブ人と違ってほとんどヘブライ語を解さない。だが彼らは検問所に関してだけは、母語であるアラビア語を用いず、会話でもマフソムで通している。なんとも複雑な気持ちになるのは、彼らがぼくを見て「シャローム」とヘブライ語で話しかけてくることだと、早尾君はいう。「彼らにとって第一外国語はヘブライ語なんです。狭い占領地に生まれ育ったためか外国の情報が少なく、外国人ならみんなヘブライ語を話しているのだという、素朴な思い込みを抱いている。口惜しいではありませんか。せめて英語で『ハロー』と話しかけてくるのなら、わからなくもないのですが」

壁を抜けるのは奇妙な気分だった。パスポートなど持ちあわせていなかったので、財布のなかから皺だらけのパスポートの複写を見せると、兵士はしばらくそれを眺めてから戻し、行けと合図をした。壁の向こうは坂になっていて、ずらりとセルヴィスが待ち構えていた。アブディスの壁がこのように完璧な高さをもつようになったのは、比較的最近のことらしい。つい数ヶ月前までコンクリート材の高さは低く、子供も若者も面白がって飛び越えていたし、老人が来ると居合わせた者たちが手をとって、壁と壁の隙間から向こう側へ誘導していったという。それがいつの間にか高さ八メートルになってしまったので、もう昔のような遊びはできなくなってしまったのだ。

壁を潜るとパレスチナ西岸だった。だがそこにはただ壁の手前と変わることのない風景が続いているだけで、それが不条理な障害物によって遮られているにすぎない。われわれはしばらく「向こう側」の街角を歩いて、ふたたび「こちら側」へと戻った。奇妙な気分だった。この壁はいつまで続くのか。それが長く存続すればするほどに、東エルサレムと西岸の間での人間の往来が制限され、壁の両側の風景の間に距離が開いてゆくことだろう。たとえいつの日か壁が撤去されたとしても、その痕跡はしっかり残り、東西エルサレムを分かつ境界線の跡のように、醜い傷跡を空間に刻みつけることになるだろう。

二〇〇〇年夏にクリントン大統領の立会いで行われていたバラク首相とアラファトの会談が、パレスチナ側の頑強な拒否から決裂したとき、イスラエル国民は和平派のバラクに強い幻滅を抱いた。その隙を縫って、リクード党党首であったシャロンが、警官千人を引き連れてエルサレムのハラム・アッ・シャリーフを訪れるという派手なパフォーマンスを行い、イスラエル国民に強い鷹派のイメージを印象づけた。翌年一月の選挙で彼はバラクに圧勝し、新しい首相の座に就いた。シャロンは西岸とガザに入植地を増やし、ユダヤ人専用の道路を新たに建設してパレスチナ領を分断した。検問所が次々と設けられ、村と村、町と町はこれまで以上に孤立化を余儀なくされることになった。分離壁が計画されたのは、この一連の動きのさなかである。すでにガザ地区は、北の端エレズを唯一の出入り口として、周囲を完全に壁で封鎖されていた。これに倣って西岸をもコンクリート塊で封じ込めてしまおうという計画が、実行されることになった。

壁の建設が開始されたとき、PLOは最初、その危険性にほとんど関心を示さなかってた。アラファトは政治犯の釈放と休戦にもっぱら心を奪われていて、目下進行中の企てを軽視していた。壁が問題となり始めたのは、その建設が相当に進行してからのことである。それは農地を分断し、パレスチナ人の耕作を困難とするばかりか、農村共同体に破壊をもたらそうとしていた。通行証の提示による壁の通過の規制は、パレスチナ領内での住民の自由をこれまで以上に束縛し、囲繞された空間に強制収容所に近い性格を与えようとしていた。壁は一九六七年以前にイスラエルとヨルダンとの間で引かれていたグリーンラインから、かなりパレスチナ側に食い込んだ場所に設けられ、その度合いは場合によって十五キロにさえ及んでいた。当然のことながら、パレスチナ側とイスラエル国内の左翼勢力は、壁建設に抗議を始めた。一方、極右勢力も壁に反対した。もっとも彼らの理屈によれば、そもそも「ユダヤ・サマリア地区」(彼らのいうところの西岸の意)はパレスチナ領土であってはならないのであって、壁による分断は大イスラエル主義に反しているということになる。

シャロンはこうした反対意見に耳を貸さず、壁がいかにイスラエル国民の安全のために必要であるかを繰り返し力説した。暗闇に紛れて入植地を襲い、イスラエル領内に爆弾をもちこむテロリストから国民を守るためには、彼らの侵入を完全に遮断する壁が緊急に求められているという論法である。もちろんこれが表面的な理屈であることは明白だった。いくら壁で二つの空間を分断したとしても、外国国籍を所有しているパレスチナ人はいくらでもイスラエルに入国できるし、国内で化学物質を合成すれば、爆弾はいともたやすく製造することができる。シャロンの真の意図のひとつは、壁をグリーンラインの内側に設定することで西岸の地下水脈を占有し、パレスチナ側の農耕をより困難とすることにあった。西岸はかくてよりゲットー化する。パレスチナ人が生活の苦痛と屈辱から土地を捨てて、ヨルダンをはじめとする近隣アラブ諸国へ「移動」し、領土をそのままイスラエルに差し出すことが、究極の目標とされていた。領土は咽喉から手が出るほどにほしいが、そこに住むパレスチナ人はいらないという姿勢が、そこには一貫している。壁さえあれば、ユダヤ人は純粋にユダヤ人だけの国家の内側で安逸に暮らすことができるはずだという期待が、イスラエルに住む大半のユダヤ人に、壁を支持する理由を与えていた。壁こそはまさにシオニズムの記号だった。一九世紀終わりに開始された、ユダヤ人の選民思想とそれによる入植運動の、病理学的な帰結であった。

壁はいたるところで建設中だった。

エルサレムの旧市街から南の門を抜け、キリスト教会が林立するシオンの丘のうえに立って眺めてみると、アラブ人の集落がびっしりと並ぶ途中を遮るかのように、アブディスのあたりが一面の壁で遮られていることが瞭然とわかった。また別の日にテルアヴィヴから北方にあるナザレの方角へと車を走らせていたときにも、幹線道路の東側は途切れることのない壁で埋め尽くされていた。

エルサレムから西岸の町に渡るには、まず近くにあるカランディアで検問を潜り、そこで新しくセルヴィスを見つけて、目指す町へ向かうことになる。わたしはこうしてラッマラーやビルゼイト、ジェニンといった町に向かったのだが、それは同時にカランディアの境界で日夜伸張してやまない壁を目の当たりにすることでもあった。三月の終わりに訪れたとき、カランディア周辺の壁はまだ建設されておらず、予定地に背の低いコンクリート塊が乱雑に並べられ、鉄条網が張り廻らされているばかりであった。六月のはじめには本格的な壁の建設が進行し、エルサレムからカランディアへと通じる道路が中央で二分され、そこには深い溝が走っていた。さらに二週間ほどして同じ場所を通ってみると、すでにコンクリート壁の埋め込みがなされつつあった。遠くから壁が押し寄せてきて、もうすぐわたしの足元にまで到来しようとしていた。無気味な光景だった。

先ほども書いたように、西岸を訪れるにはまずカランディアの検問を潜ることが必要だった。ここでこのマフソムについて、記しておこうと思う。

パレスチナ人はそれぞれの資格に応じて、三種類の身分証を携帯している。イスラエル国内か東エルサレムに在住している者は紺色、一九九三年のパレスチナ暫定自治開始以前から西岸に住んでいる者はオレンジ、それ以降の住民は緑色のカヴァーが付けられていて、一目で判断ができるようになっている。カランディアでは、エルサレムから西岸へ行く場合には自由に通行することができるが、その逆に西岸からエルサレムへと向かう場合には、厳しい検問が待っている。紺色の身分証を所持している者は検問を通過することができるが、それ以外の場合だと、病院などの証明書があるなど、よほどのことがないかぎり通過は覚束ない。色彩による弁別は自動車のプレートにおいてもなされている。イスラエルの黄色のプレートをもった車は、厳密にいうと西岸への入場を禁止されているわけではない。しかしおそらく入場したとすれば、ただちにどこかで投石の嵐に見舞われるだろうし、停車中に車体を破壊されてしまうことだろう。西岸の緑色のプレートをもつ車がイスラエル領内に入ることは、厳しく禁止されていた。

アブディスで建設中の壁。

ユダヤ人の場合はどうかといえば、まずよほど腰の座った運動家ででもないかぎり、彼らはまず危険を恐れるばかりに西岸へ足を踏み入れようとはしない。わたしの印象では、彼らはパレスチナ人の町に行くことを病的に怖がっていた。わたしは単身東エルサレムに足を踏み入れるのにいかなる躊躇も警戒も持ち合わせていなかったが、テルアヴィヴ大学の映画関係者は同じ場所に赴くために、わざわざ団体を組織しバスをチャーターするという用心ぶりであった。

外国人であるわたしはといえば、これは原理的にいってもいかなる検問も問題なく通過できた。日本大使館はわたしにむかって、西岸に渡る場合には前もって相談してほしいと要請していたが、わたしにはそんなことをしていたら見るべきものも見られずに滞在が終わってしまうことが当初からわかっていた。そこで周囲の情勢から判断して、自己責任において行動できる範囲ではそれに倣うという方針をとることに決めていた。結果として、西岸ではナブルスを別として行きたいところには行くことができた。心残りであったのは、入植地の撤退をめぐって熾烈な対立が生じているガザ地区であり、前年の暮れから外国人が訪問するのは、よほどの外交特権かプレスパスでもないかぎり、不可能となっていたことだ。

検問所はいくたびごとに様相を変えていた。コンクリートの壁の隙間にひとりの兵士が立っているだけの単純なものもあったし、その壁をいくつも横に倒して臨時のテントを張りめぐらせ、数人の兵士が同時に対応できるようになっている場合もあった。設備がなく、ただ兵士が道路に待機していて、運転中のバスやセルヴィスを止め、乗客全員の身分証を預かって検査する場合もあった。これはわたしが七〇年代に韓国で長距離バスに乗っていたときに、しばしば体験した検問と同じ性格のものだった。

同じ検問所でも時間が経過するうちに、暫定的な小屋がけから恒常的な設備へと発展してゆくことがあり、その逆にこれまであった検問所が不意に取り外されて、別の場所に移動したりすることもままあった。わたしはもう使用されなくなった検問所の廃墟をいくつか眼にした。鉄条網とコンクリート・ブロックがそのあたりに放置されていた。

検問所に勤務している兵士たちの態度は、各人各様である。わたしが日本人だとわかると、ろくにパスポートも見ずに通過させてくれる者もいたし、日本人が西岸にいったい何の用事があるのかと攻撃的に問い質してくる女兵士もいた。これが相手がパレスチナ人であると、態度は一変した。命令口調で誰何をする者もいれば、わきに立たせて細かなことを質問攻めにしたあげくに追い返す者もいた。イスラエル兵士が尋問をし、パレスチナ人は返事を強要されないかぎり、けっして自分から口を開こうとはしないのが通例だった。大概の場合、兵士は片言のアラビア語しか出来なかった。ラア、ラア（ゆっくり、ゆっくり）。タアリ、タアリ（来い、来い）。彼らはときに英語のできるパレスチナ人の女子大生を発見すると、英語で猥褻なことを話しかけたり、わざわざその荷物を開いてみて下劣な質問をすることがあった。こうした場合、女子大生は俯いてものをいわず、兵士を相手にしないで通り過ぎるだけだった。*18

検問所の周囲には、そこに多くの人々が集まるという理由もあって、つねに露店が並び、屋台が軒を連ねていた。路上にはビニールが敷かれ、日焼けした男たちがさまざまな日常品を売っていた。時計、衣服、香料、水煙管、子供の玩具と縫いぐるみ、さらに色鮮やかな造花の類までが売られていた。また物乞いをしている老女の姿を認めた。厳粛で威嚇的なイスラエル兵たちを公然と無視するかのように、パレスチナ人はみごとな商魂を発揮し、即席の市場を築き上げていた。古代から現在までおよそ市と刑場は境界線のわきに設けられるものだと、相場が決まっている。その意味でマフソムに市が立つのは当然かもしれない。もっともその規模は、つねに不定形に形を変えてゆくマフソムに応じて、伸縮して大きくも小さくもなってゆくようだった。

あるときわたしはラッマラーで用事で遅くなり、すっかり暗くなったカランディアの検問所で、群集のように押しかけるパレスチナ人のなかにいた。兵士たちは三列に行列する人々の顔と身分証に懐中電灯を照らし、一人ひとりを検査していた。行列は遅々として進まず、東エルサレムへ戻ろうとする者たちの間には、しだいに苛立ちの気分が拡がろうとしていた。車道では自家用車やトラックが一台一台、車体のなかを検査されていて、恐ろしい渋滞が起きていた。自動車が検問を通過するには、一、二時間を要するように思えた。たまりかねた若いパレスチナ人が兵士に向かって叫んだ。「俺はヘブライ語なんて知らないんだ。アラビア語でしゃべれ」すると兵士は彼にむかっていかにも馬鹿にしたように、「アラビア語なんて、誰が使うというんだ。俺が知ってるアラビア語を教えてやるよ。インシャラー、ハムドゥリラー、シュクラン、それだけさ」と答えた。その口調は、傍らで聞いていたわたしにも腹が立つようなものだった。わたしはレア君の言葉を思いだしていた。ついさっきまで高校で善悪の区別を教えられてきたはずの少年少女が、いきなり軍隊に入って実弾入りの銃を渡され、卑小な権力を手に人々に命令するようになる。これまで自分が無邪気に信じてきた道徳とはまったく無関係の世界のなかで、小動物をからかう子供同然の残酷さでパレスチナ人を扱うようになる。そうして得られた精神の荒廃と、彼はその後どこで折り合いをつけていけばいいのだろう。レアの言葉は、みずからも検問所で短くない時間を過ごした体験に裏打ちされていた。

カランディアの検問所。右は西岸に向かう人たち。
左はイスラエルへの入国検問所。

検問はパレスチナ人にとっては疲弊と消耗の場所にほかならなかった。東エルサレムと西岸を行き来する者は厳密に時間の予定を定めることができず、そのため大きな支障が生じていた。だがそれ以上にそれは、日常生活があらゆる意味において占領者であるイスラエル軍の手中にあるという屈辱的な認識を彼らに強いていた。ときとして検問は、自爆攻撃の特権的な目標とされた。三月には爆弾を手にした少年がナブルスの検問所で発見され、彼が爆破装置をみずから取り外すまでが映像で放送された。ガザ地区のエレズでは、現実に爆破事件がいくたびも生じていた。

わたしは残念ながら通過を許されなかったが、ある時期までエレズでは人々はカランディア以上に長時間にわたって忍耐と苦痛を強いられていた。毎朝決まって占領地を出てイスラエル領内に出稼ぎに向かうパレスチナ人は、午前二時くらいから検問所の入口で行列を作って、検問の外で人足手配師がその日の賃仕事を与えてくれるのに間に合わなければならなかった。数時間を待ってようやく検問を通過する。仕事が終わるとただちにトラックで元の検問に戻り、夕暮れ時に間に合うように急ぐ。自宅では食事をするとただちに就寝し、翌日の早朝に備える。こうした生活の連続がパレスチナ人に疲弊と欲求不満をもたらさなかったとしたら、嘘になるだろう。もっとも現在ではイスラエル政府が外国人労働者を大量に導入したため、ガザの人間が職を得る機会はほとんど皆無となってしまった。彼らは屈辱的な検問を通過することはなくなったが、その代わりに猫の額ほどしかないガザ地区から一歩も出ることが許されなくなり、鬱々とした日々を強要されていた。十二年おきに人口が二倍に膨れ上がっていくというこの地区に、職もないまま監禁されている若者たちが、その不満の解決策として暴力に訴えないとすれば、その方が不思議かもしれなかった。

一九六七年の第三次中東戦争でヨルダンに勝利して以来、イスラエルは西岸とガザ地区を長期にわたって占領していた。一九九四年にイスラエル軍が撤退し、曲がりなりにもＰＬＯ代表部による自治が開始されたにもかかわらず、それは名目上のものでしかなかった。イスラエル軍は自治政府の主権を無視して、好きなときに空爆を行い、戦車を侵攻させ、検問を通して交通を分断してきた。戒厳令を発令して、違反する者は子供や病人であっても射殺した。病人を搬送中の救急車に銃を向け、小学校の教室を血の海にした。加えて彼らは合法非合法を問わずパレスチナの領土内に入植地を設定し、入植の既成事実を通して分離壁の設定を正当化していた。

見晴らしのいい高所に立って眺めてみると、パレスチナ人による伝統的な集落と、ユダヤ人の手になる入植地は、明確に識別できた。前者は丘陵の上に家々がばらばらと点在し、農地の都合からひとつ離れた家屋があったり、いかにも自然発生的な邑の構造をもっていた。家の色調は基本的に白で、豪奢をきわめた邸宅もあれば、貧しげな小さな家もあった。ユダヤ人の入植地は大概が同心円状に広がり、最初から一定の計画のもとに築かれていた。全体が頑丈な要塞のようであり、外部とは一本の道路で繋がれている。規則正しく並ぶ赤い屋根が特徴的で、どの家も同じ規模だった。

入植地ではまだ入植者が定まっていない時点で、最初に同じサイズ、同じデザインの家屋が一定数建設される。家のなかには家財道具があらかじめ備え付けられている。すべてが整ったところで入居者が決められる。その多くはアメリカやカナダ出身の、狂信的なる家長をもつ一家であったり、移民してきたばかりで住居に困るロシア系だったりする。入居と同時に武器が配給される。彼らはそこに住み続けるだけで、国家の神聖なる義務を遂行していることになる。大きな入植地では、なかに商店や小学校までが備わっている。近隣のパレスチナ人集落との接触はまずありえず、住民はいつ自分たちが攻撃されるのかという懸念から、警戒を怠らない。当然のことながら、外国人の訪問は歓迎されず、不本意に接近すると銃で威嚇される場合すらある。イスラエル軍の兵士ですら、彼らの狂信主義と衝突して、殴り合いの犠牲になることがある。とりわけ四月にシャロンがガザ地区の南にある入植地からの撤退を一方的に宣言したとき、入植者たちは既得権をめぐって兵士たちに激しく抵抗し、その混乱を縫ってハマスの一統が入植者の一家を惨殺するという事件が生じた。わたしが東京に戻った後に、シャロンと入植者の対立はより緊迫したものになっていった。

わたしは入植地に入ることこそ出来なかったが、その典型的なあり様を、前章でも触れた『和解』を通してスクリーンで観ることができた。それは荒涼たる西岸の山のなかにぽつりと浮かぶ孤島のようだった。内部には美しく設えた人工庭園があり、さながらエデンの園のように椰子やらオリーヴやら、緑の植物が豊富に植えられている。入植地の中央にあるシナゴーグでは狂信派のラビが青年たちを集めて、いつの日かメシアが降臨し、エルサレムに真の神殿が建立される日が到来すると、熱心に唱えていた。それは恐ろしい光景だった。地図を拡げてみると、西岸はエルサレムのところで不自然に括《くび》れていて、さながら人間の腎臓のように見える。ぽつりぽつりとそこに斑点のように浮かび上がった入植地の存在は、喩えてみるならば癌細胞を連想させた。臓器から臓器へと自在に転移し、人体を死へと導いてゆく、シオニズムと呼ばれる癌細胞。だがより巨視的な見方を取るならば、一九四八年に成立したイスラエルという国家そのものがこの非合法の入植地の原型であり、どこかしら禍々しい癌腫瘍を連想させた。初代首相であるベン・グリオンが独立を宣言したさいにあえて国境を定めなかったことは、イスラエルがいつでも領土を自在に増殖できるアモルフな存在であることを示している。増殖する脅威にむかって癌の隠喩を用いて、どうしていけないことがあろう。

ところでイスラエルのユダヤ人は、検問と壁によるパレスチナとの分断をどのように見ているのだろうか。

分離壁に反対するデモは頻繁になされていた。新聞には、抵抗する参加者に暴力を振るう警官隊の写真をよく見かけた。一部の芸術家は、壁を素材としてインスタレーション・アートを行っていた。三月にわたしがテルアヴィヴ美術館で見た現代作家の「風景」と題された競作展では、現実の風景のなかに壁を拵え、その壁に向こう側と同じ風景を描くという試みがなされていた。キャンバスが上下に乱暴に分割されている絵画も出品されていた。実際に壁に絵画を描こうとして、当局と衝突する美術家も登場していた。六月にシネマテック・テルアヴィヴで開催された国際学生映画祭では、共同討議の主題として壁が取り上げられた。もっともこうした良心的で芸術的な探求がどれほどに、現実に屈辱と脅威に晒されているパレスチナ人にとって意味のあるものかは、わたしにはわからなかった。先に触れた兵役拒否のシェリーは、日曜日ごとにカランディアの検問に出向いて、兵士たちがパレスチナ人に対し暴行を働かないかを監視するヴォランティアを続けていた。また同じことを定期的にわたって続けてきた女性の手になる書物が刊行されたりもした。

あるときわたしは友人から、最近撮られた、ちょっと面白い短編フィルムがあるといって、二十分ほどの作品をヴィデオで見せられた。『鶏騒動』（スィガリ・リプシウス、二〇〇三）という作品である。

炎天下の荒地を一台のライトバンが走っている。乗っているのはユダヤ人の養鶏業者と、その助手でいささかおつむの足りないルーマニア人である。彼らは後ろの荷台に百羽ほどの鶏を積んでいる。注文を受けて、これを生きたままパレスチナ領にある農家まで届けるのが、彼らの仕事である。運悪く二人は、検問所の前で停車を強いられる。検問を担当しているのはパレスチナ人の若い兵士で、彼によれば、運悪いことにたった今、パレスチナへの境界は閉鎖されたという。業者は理由を問い質すが、兵士は本部からの命令に自分は従っているだけだと、素っ気なく答える。この暑さだ、一刻も早く鶏を届けないとだめになっちまうと押し問答をしていると、奥から上官が現れる。見ると、彼はかつて業者のところで養鶏を手伝っていたパレスチナ人である。なんだ、あんたかい、昔の好《よしみ》でここを通してくれないかと業者は懇願する。だが上官は彼を馬鹿にして相手にせず、本部からの命令だとしかいわない。

暑さはいやまし、荷台の籠から逃げ出した鶏が車のボンネットのうえで思わず卵を産むと、それがすかさず目玉焼きになってしまうほどだ。業者は鶏が日射病で倒れないように、ペットボトルの水を籠に浴びせかけたり、水が底を尽きると今度は缶ビールを空けてかけたりする。だが極暑に鶏は次々と倒れてゆく。パニック状態に陥った業者は車のハンドルを握り、遮断機を無視して、無理やりに境界を突破しようとする。二人のパレスチナ兵はたちどころに銃を突きつけて、彼を阻止する。鶏の一匹が逃げ出して、こともあろうに境界の向こう側に出て行ってしまう。ルーマニア人が片言のヘブライ語を叫びながら、慌ててそれを引き戻しにいく。

すったもんだのあげく、ついに情に絆《ほだ》された上官は、今度だけだぞと念押ししながら、遮断機をもちあげる。だが業者はそれに応じず、自動車の向きを変えて、元来た一本道を引き返してしまう。彼はもう遅いと呟いている。業者が立ち去った後には、強い夏の陽光の下、暑さに倒れた鶏の死骸が何十となく道路の両脇に転がっている……。

なかなかよくできた寓意である。第一にこの小話めいた作品のなかには、イスラエルのユダヤ人がパレスチナ人に対して漠然と抱いている偏見と当惑とが、端的に描かれている。検問は目の前で閉まってしまうが、それについては何の説明もない。とにかく理由もわからないままに交渉を拒否されたり、提案を蹴飛ばされたりしてきたというのが、オスロ合議以来イスラエル側がPLOに対して抱いてきたイメージであって、この不条理な閉鎖による業者の当惑はまさしくそれをいい表している。上官が養鶏業者の元使用人であったという設定にも、ユダヤ人がアラブ人一般に対して抱いている無意識の優越感が投影されている。シオニズムは野蛮な先住民を前に、文明の要塞を打ち立てることを目的のひとつとしていた。ここでは、侮っていたはずの使用人が、今では業者の生殺与奪の権力を握る存在にまで変身したという、笑えない構図が描かれている。両者は互いを充分に理解することなく終わる。交渉は決裂し、背後には累々たる死体の山だけが残る。第二次インティファーダ以降の不幸な状況が、ここでは痛烈な隠喩のもとに語られている。

だが見方を変えてみればこの小話は、なんということはない、検問をめぐって単にイスラエル側とパレスチナ側の役割を入れ替えただけの笑話にすぎないとも解釈できる。そもそも検問を設けているのは、いかなる場合にもイスラエル側であって、この短編のようにパレスチナ側がそれを設定するということはありえない。だが、仮にパレスチナ側がそれを設けたとしたら、どんな気持ちだい？と、監督は身内であるユダヤ人に悪戯めかして問いかけているのだ。パレスチナ人が鶏を運ぼうとして、何の理由も告げられずに検問で足止めされ、泣く泣く引き返すといった事態は、これまで似たような事態がいくらでも起きていたことだろう。占領地に住んでいる人間が体験しうる悔しさと屈辱が、もし自分の身に降りかかってきたとしたら、どう対処するつもりなのか。『鶏騒動』に隠されている第二のメッセージとは、そのような問いかけである。

分離壁は国際的に多くの非難を巻き起こしていた。だがイスラエル政府は頑として聞く耳をもたず、次々とそれを延長し、西岸のパレスチナ領を蚕食《さんしょく》していくのだった。わたしはカランディアを通過するたびに壁の伸張を認め、赤い屋根がマッチ箱のように並ぶ入植地を鉄条網のはるか彼方に眺めながら、西岸の町々へ向かうのだった。そこには打ち続く受難に疲弊しながらも、なお未知なる外国人を歓待し、親しげに話しかけてこようとする人々が住んでいるのだった。

西岸をめぐる

わたしのパレスチナ行きはラッマラーから始まった。エルサレムからわずか十六キロしか離れていない町である。

まず東エルサレムのバスターミナルからカランディアのマフソムまでセルヴィスで進み、そこで検問所のわきをしばらく歩く。夥しい露店が道に沿って並び、物売りの声が喧《かまびす》しい。それを抜けてパレスチナ側に出ると、何台ものセルヴィスが待っていて、口々に行き先を唱えている。西岸の町という町はたがいに占領軍によって分断されていて、自由に往還することがほとんどできない。したがってどの町に向かうにもまずカランディアに戻って、再出発しなければならないことが多い。運転手がめいめいに行く先を叫んでいるのは、そうした事情による。エンジンをかけたままの車の内部に押し込まれ、しばらく待機していると、出発となる。以前は東エルサレムからラッマラーまで直行のバスが出ていたのだが、イスラエル側の検問のせいでこうして乗り換えなければならないことになった。当然のことながら交通費が余分にかかることになり、通勤のために毎日往復するパレスチナ人にとって軽くない負担になっている。

パレスチナ側に入ると、道路は途端に悪くなった。いたるところに穴や段差があり、道そのものが歪んだり曲がったりしている。舗装のアスファルトが崩れて、土が剝出しになっているところが多く、暑さと乾燥のせいで土埃が舞っている。そのため路傍のオリーヴの老木は、いっそう葉群れが白く見える。日本では考えられないほど使い古した車が、黒い煙を立てながら平然と走っている。道路の両脇の掲示はすべてアラビア文字一色となる。やがて交通渋滞が激しくなり、車が狭い道路のなかで動いたり止まったりするようになると、町が近づいてきたことがわかる。十五分ほどで、わたしはラッマラーに到着した。

ラッマラーは一九九六年にアラファトの自治政府が仮の行政府を置いたことが契機となって、急速に発展した都市である。西エルサレムの富裕なキリスト教徒の家庭に育ったサイードの回想によると、一九四〇年代のはじめ頃までこの町は緑に満ちた、キリスト教徒の多いリゾート地であったという。現在のラッマラーは驚くほどに人口が増し、ビルとアパートが隙間なく立ち並んで、西岸における商業の中心地と化している。キリスト教徒の多くは移住させられ、代わりにイスラエル国家に追放された大量のムスリムが移住してきた。アラファトが腰を据えてからは、さらにTV局をはじめ公的な建物が加わった。一時はカランディアに飛行場も存在していたのだが、イスラエルの爆撃によって機能停止となり、イスラエル軍が接収したパレスチナ人の車の保管所となっている。セルヴィスから降りると、すでにそこは恐ろしいまでの雑踏だった。それも圧倒的に若者が多い。路上にはいたるところに塵埃が散らばっている。とりあえず街の中心となるアル・マナーラ広場にむかって歩き出したのだが、彼らはわたしとすれ違うたびに Japan! とか Do you know English? といった言葉を投げかけてきた。それがアラブ人に独特の親密さの表現であることを、わたしはすでにモロッコでの経験から知っていた。だが彼らはモロッコ人のように金銭を強請ったり、頼みもしないのにガイドを買って出て報酬を求めることはせず、表情にいささかの含羞を漂わせながら話しかけてくるのだった。警官ですら眼が合うと、わたしに握手を求めてきた。広場の中央には四匹のライオンの彫像があったが、そこも所在なげな若者たちに占拠されていた。それは信じられないほどの失業率が社会に横たわっていることを意味していた。

建物の壁という壁には踊っているようなアラビア文字で落書きがなされ、ポスターが連続して貼られていた。ヤシン師の死を悼むものもあったし、自爆攻撃で「殉教」した青年の写真を大きくあしらったものもあった。インドやタイの街角で見かけるような映画の宣伝ポスターは、まったくといっていいほど見かけなかった。

解放闘争の大義を訴える派手なポスターが何枚も続けて貼られ、空間を占拠していた。その壁の端に、わたしは地味な灰色で刷られた一枚のポスターを認めた。貼られてからしばらく時間が経過しているらしく、そのポスターは端が破れ、ところどころが汚れていたが、描かれている人物の顔には見覚えがあった。サイードだった。もっともその顔はひどく痩せて、陰気そうな窶《やつ》れを示していて、わたしが十七年前にコロンビア大学のケントホールで親しく言葉を交わしていたときとは、まったく違っていた。九〇年代に入って彼はいくたびかラッマラーに近いビル・ゼイト大学を講演のために訪れていたが、ポスターはおそらく彼を追悼する会合のためのものだと、わたしは推測した。

わたしがここに来る前年の秋に、彼は志半ばで生涯を終えた。その死が改めて悔やまれた。最晩年の彼はほとんど形振りかまわず世界中を飛び周り、ブッシュとシャロン、それにアラファトの政権を批判するエッセイを、驚くべき勢いで書き捲《まく》っていた。それでも足りないかと思うと、パレスチナ人や反体制派のイスラエル人の書いた書物のため、裏表紙に短いながらも推薦文を執筆することを厭《いと》わなかった。アメリカ人の漫画家が描いたパレスチナ漫画旅行記にすら、序文を寄せていた。伝え聞くところによると、ずいぶん以前に死んだ母親にあてて長い手紙を執筆したいという気持ちがあったようだが、ロラン・バルトのようにそうしたノスタルジックな回想に耽る時間は、もはや残されていなかった。わたしは殉教を賛美し徹底抗戦を呼びかけるポスターに囲まれて、サイードがどのように居心地の悪い気持ちでいるかを忖度した。思えば彼は生涯にわたって居心地の悪さを体験してきたのだが、その不幸は彼の死後にも存続しているのだった。

雑踏のなかを少し歩くと、郵便局に出た。壁という壁はここでもポスターで埋められていたが、それを剝がそうとして無理に破った跡があった。記念に絵葉書を出しておこうと思ったわたしは、窓口で切手を買った。切手はおそらくはドイツ製で、いずれもがイタリア・ルネッサンスの宗教画に基づいて受胎告知や最後の晩餐を題材としていた。

いかにも外国にむけてパレスチナがムスリム国家だけではないと喧伝したいかのようだった。パレスチナは目下のところ経済的にイスラエルに寄生することを余儀なくされていて、独自の通貨をもっておらず、ために日常の買い物はシェケルで行なわれている。にもかかわらず切手の額面には、不思議なことにすべてヨルダンのフィルスが記されていた。郵便局の外には古びたポストがあり、手紙を意味する「ミフタビーム」というヘブライ語が書かれている。こうした混淆《こんこう》ぶりは、パレスチナの国家と社会がイスラエルとアラブ諸国、さらに西欧の間にあって、きわめて不安定なところに置かれていることを、如実に語っていた。

道をゆく人々の服装はまちまちだった。ナイキの徽の入った帽子を被り、アメリカの大学のロゴ入りのTシャツを着ている若者がいるかと思えば、伝統的な被りもので顔を隠している敬虔な女性もいた。旅行代理店に働いている女性は完全に洋装で、歯切れのいい英語を話した。彼女の話によると、パレスチナ人がヴァカンスに出かける外国のトップはトルコとドバイで、ビジネスのためにはこのところ中国行きが目立って増えているとのことだった。ドバイは人口の八割がパレスチナ人かヨルダン人であり、レジャー施設が整っているうえにショッピングがしやすいので、いつも人気があった。

ラッマラーの市内は今でこそ喧騒に満ちているが、実は二〇〇二年にイスラエル軍が侵攻し、治安維持を口実として、かなり長期にわたって頻繁に外出禁止をいい渡したことがあった。一日にわずか四時間しか外出が許可されないといった日々が続出し、住民は日常生活のあらゆる側面において不便と屈辱を感じることになった。この悲惨な状況は国連で問題になったが、イスラエルは頑として耳を貸さなかった。

禁止令を最初に破ったのはヨーグルト屋だった。毎朝新しいヨーグルトを家々に送り届けて売り切っておかないと、手持ちの商品の賞味期限が切れてしまう。必要にせまられたヨーグルト屋は路地から路地へと走りながらヨーグルトを売り続けた。大通りに出るとたちまち狙撃されてしまうが、勝手知ったる路地のなかだけは、イスラエル兵の眼を晦《くら》ませて動くことができた。ヨーグルト屋が先鞭を切ってくれたので、野菜売りのような他の職種の者たちも、おそるおそる禁を破ってモノを売りに出るようになった。一日わずか三時間ではあるが外出が許可されるようになると、その時間をめがけて人々が押し寄せ、市場は超満員となった。ときおり兵士が、いかにもその日のノルマを果たすといったふうに銃を向けると、人々は蜘蛛の子を散らすように逃げ去った。運の悪い者が射殺された。救急車だけが人道的理由から通行を許可されていたが、兵士たちはとりわけ救急車を狙って銃を向けた。病院へ運搬されてゆく患者を装って、テロリストが身を隠しているからという理由だった。後になってわたしはミシェル・クレイフィとエイアル・シヴァンが撮ったドキュメンタリー『ルート181』のなかで、無人状態と化したラッマラーの街角の光景を見ることになった。そこではただイスラエルの戦車だけが往来を占拠し、若い兵士が暇そうにフランツ・カフカをめぐって雑談をしていた。通りに面した家々の窓は例外なくカーテンを下ろしていたが、よく観察してみると、かならず誰かがその隙間から道路の側を眺めている気配が伝わった。外出禁止の期間、パレスチナの子供たちは学校にも友人の家にも行くことができず、いつも家のなかに蟄居《ちっきょ》を強いられていた。彼らは唯一の遊びの手段として、凧揚げを思いついた。そうしたわけで外からラッマラーの住宅地を眺めてみると、いたるところで思い思いの形をした凧が屋根から揚げられているのが見えたという。

ラッマラーでわたしがこの眼で確かめておきたいと考えていた場所のひとつに、破壊されたパレスチナ行政府があった。アル・マナーラ広場から一キロほど歩いたところに、それはあった。二年前にイスラエル空軍が放ったミサイル攻撃によって、アラファトが執務をとっているこの建物は、わずか数部屋を残してみごとに壊されていた。わたしが訪れた二〇〇四年の春、わずかに奥のほうに残された部屋のなかで、この自治政府議長はまだ政務を続けていた。建物の前には銃を手にした護衛が立っていたが、外壁は落書きだらけだった。もっとも通りを隔ててみるとそこは閑静な住宅地であり、富裕な階層が住まう邸宅にはいかなる破壊の痕跡もなかった。それはイスラエル空軍が、空中から目的物だけを過たずに攻撃することができることを示していた。なるほどアラファトはこの建物から外出することもできただろう。だがひとたび外出してしまえば、イスラエルはわずかに残された部屋をもただちに攻撃してしまい、彼は戻る場所を喪って途方に暮れるはずである。結果的にそれは、イスラエルによるアラファトの軟禁を意味していた。

アルカサバ劇場は市の中心から八方に分岐する賑やかな道の一本を行き、通りひとつ隔てたところにあった。ライオン像から、自治政府本部とは逆の方向に五分ほど歩けば、劇場に到着した。この建築は一階の映画館と地下の劇場の二つのホールからなり、それぞれが三百ほどの座席をもっている。階段とロビーにはここで上演された演劇の舞台写真が掲げられていて、そこにはムハンマド・バクリが主演した、エミール・ハビビ原作の『悲観楽観悲運のサイード（ムタシャーイル）』や、ポランスキーのフィルム『死と乙女』のパレスチナ版の翻案の映像が見受けられた。ここはガザと西岸を含めて、パレスチナに遺された唯一つの劇場だった。二年前にイスラエル軍がラッマラーに侵攻してきたとき、この劇場は扉から音響装置までの悉《ことごと》くを壊され、コンピュータまでが窓から放り投げられるという目にあった。もっとも、わたしが最初に足を向けた四月はじめには、すでにいかなる破壊の痕跡もなかった。入口の手前には『011 BEOGRAD』というフィルムの

破壊されたパレスチナ自治政府政庁。
この時点では残された部屋でアラファトが執務していた。

ポスターが貼られ、近々「ヨーロッパ映画祭」が行なわれるという予告がされていた。イスラエルではけっして目撃したことのない、旧ユーゴスラビアへの文化的関心を、わたしはここで初めて認めることになった。ここは文字通り、パレスチナの現代文化の拠点だった。

館主にして演出家のジョージ・イブラヒムとは、この年の二月に初めて東京公演を行なった際に、短い時間ではあったが言葉を交わしたことがあった。けっして声を荒立てることなく、丁寧に、しかも周到にウィットに満ちた言葉を吐く人物である。その顔には見覚えがあった。エリア・スレイマンのフィルム『D．I．』の冒頭で、自殺するサンタクロースを演じていたのが彼だった。イブラヒムがこの劇団を結成したのは、三十年も以前のことである。「約束などなしにいきなり訪問しても会ってくれますよ」と、早尾君がいった。わたしたちが受付に申し出ると、運よくイブラヒムがいたので、会うことができた。彼は好物の水煙管をオフィスに運びこんでいて、鼻から愉しげに煙を吐き出しながら、わたしたちを迎えてくれた。

「われわれはきつい《タフ》暮らしを送っているが、連中もけっこう根気強い《タフ》んだな」と、イブラヒムはいった。彼はつい二ヶ月前に東京で行なわれた公演に際し、いかなる反対運動も事前に起きなかったことを驚いていた。アメリカやフランスで公演をする場合には、かならずユダヤ系がデモを組織して、「テロリストの芝居を許すな」といったプラカードを手に公演阻止運動を起こすのだという。もっとも東京へ飛行機で行こうとベン・グリオン空港の税関を通ろうとしたところで事件が起きた。舞台で用いるはずの手榴弾の模型を本物と勘違いしたイスラエルの職員がパニックを起こし、それを鞄のなかに所持していた役者はたちどころに後方から羽交い絞めで押さえつけられ、一時間にわたって嫌がらせに近い質問攻めを受けることになった。イブラヒムは東京公演の際の新聞の劇評を読みたいから英訳してくれないかといい、わたしはそれを引き受けた。

わたしが二月に観た彼の芝居『アライヴ・フロム・パレスチナ』は、短い寸劇の連続を通して、占領下の屈辱と恐怖に喘《あえ》ぐパレスチナの庶民の生き様を、ユーモアと諷刺を混ぜて描いたものだった。舞台にはまずいくつもの皺くちゃになった新聞紙の山が設けられていて、そこからサティのピアノ曲『グノシェンヌ』とともに、六人の男女がのっそりと現われてくる。いずれもが裸足である。恋人たちが海外旅行の夢を語りながら、手榴弾と催涙弾の贈り物を交換しあう。ロンドンに移った彼らは初孫の誕生を父親に国際電話で報告するが、その名前がまったくのイギリス風であることに老人は落胆する。ハリウッド映画に夢中の少年が現実の戦闘をスクリーンの出来ごとと勘違いしたりする。老人が爆死した息子の形見に話しかけ、青年がアラビア語のレッスンを始める。「シャで始まる言葉をいってみよう。シャロン、シャアブ（人々）、シャヒード（犠牲者）……」最後に女優が床に散らばっている新聞を拾い上げ、次々と読み出すと、他の登場人物たちは怒って新聞紙の山を蹴飛ばしあう。一斉射撃が行なわれ、彼らはふたたび新聞紙の山に倒れ、訴えるかのように弱々しく手を振りかざすところで、幕切れとなる。

人物の誰一人として靴を履いていないことは、彼らがもとより死者であることを意味している。新聞紙の山からの出現は、およそ世界中でパレスチナ人が話題になることがあるならば、それがつねにメディアに報道された死者の数でしかないという現状への皮肉である。イブラヒムはこの舞台を通して、けっして声高に政治的メッセージを叫ぶのではなく、ごくささいな仕草や言葉のやり取りを通して、虐殺の悲惨を示唆してみせた。それは喪の作業として構想された演劇であった。彼は Parla basso「声低く語れ」という古来からの教訓に忠実に、怒りの声を天に轟《とどろ》かすことすらも封じられた人間の状況を、巧みな寓意とスケッチを通して描くことに成功していた。わたしはこの舞台を強い緊張のもとに体験した。おそらく居合わせた他の日本の観客にしても、同じ気持ちだっただろう。だがイブラヒムの話によると、現地のこの劇場で上演したときには、観客たちは笑い転げて仕方がなかったという。どの挿話も自分たちに憶えのある、いうなれば身につまされる体験に基づいているからであった。

六月の終わりにわたしはふたたびアルカサバ劇場を訪れ、イブラヒムの新作『笑って、きみはパレスチナ人』を観ることができた。アラビア語がわからないので演出の細部を理解することこそできなかったが、前作同様にパレスチナに住む庶民の喜怒哀楽が活写されていた。舞台の中央には三本の蠟燭を立てたケーキが置かれ、結婚三周年を迎える夫婦がそこに現われる。彼らの回想を通して、この三年間のパレスチナの物語が語られる。戒厳令下のラッマラーで二人は結婚し、親たちの祝福を受けるが、外出禁止の状況では夫は職を見つけることができず、その兄は射殺されてしまう。夫婦はさんざん苦労したあげくに海外に脱出するが、妻は幼子を喪い、神経症的に熊の縫いぐるみを抱いて放さない。夫は故郷と連絡をつけようと、線の切れた電話機にむかって叫び続け、アルコールに耽溺しては妻に暴力を揮《ふる》う。いったいこの三年間とは何だったのだろうという虚脱感とともに、舞台は終わる。

イブラヒムはイフヤ・ヤベルの戯曲『笑って、きみはレバノン人』を一読して、その舞台をパレスチナに移してみたらどうだろうかと思い立ったという。悲惨きわまりない物語ではあるが、随所に小刻みに笑いを忍ばせているその演出には、面目躍如というべきものがあった。どうやら芝居の上演と同じ時間に、上の階ではハリウッド映画『ラスト・サムライ』が上映されているらしく、わたしは「サムライ！」と呼びかけられた。帰り際にわたしは一階のホールを覗いてみた。これから詩人の朗読があるというので、大学生らしい五、六人の女性が薄暗い席に着いて待っていた。アラビア語圏では文学の規範は小説ではなく詩によって定められ、詩人の地位は日本とは比較にならないほどに高いことを、わたしは思い出した。『コーラン』を待つまでもなく、そこには豊かな朗誦の伝統が横たわっていて、詩の朗読は重要な演劇的行為として受け取られている。神妙に朗読会に集う若者の姿を見ていると、ここにはわたしが羨ましいと思う文化の伝統があると思い知らされた。

ラッマラーでわたしはもうひとつ、ぜひ訪れてみたいと思っていた場所があった。バレンボイムのコンセルヴァトワールである。

ダニエル・バレンボイムといえば、現在西洋のクラシック音楽界にあって第一人者の指揮者であり、最高のピアニストの一人として知らない人はまずあるまい。彼はブエノスアイレスにアシュケナジームの子弟として生まれ、十歳のときイスラエルに移住した。彼はその直後にフルトヴェングラーに才能を愛でられた。長じてイスラエルを離れ、拠点をヨーロッパに移すことになったが、女性問題でも華やかな話題を撒き散らす音楽家としても有名だった。彼は二〇〇二年にイスラエルに立ち寄り、ワグナーを指揮して大きな話題を呼んだ。ナチスがドイツ精神高揚のために用いたこのロマン派の音楽は、建国以来この国では上演禁止とされていたが、それを知ってのことである。この事件については、ホロコーストの犠牲者たちを侮辱したとして彼を非難する者がいる一方で、音楽が国家イデオロギーから解放されたと、強く賞賛する向きもあった。バレンボイムはつねに激しい毀誉褒貶に包まれていた。わたしがテルアヴィヴに滞在していた五月九日に、彼は議会《クネセット》でウォルフ賞を受けたが、授賞式のスピーチにおいて公然とイスラエル国家を批判し、「現実にはありえない夢への耽溺」をただちに中止するよう訴えた。

「イスラエルはそもそも植民地国家として考えられてはいなかったはずだ。この地域でのユダヤ人入植者は、人体にあって刻々と変化してゆく癌のようなものだ。分離壁のような行為は、抗争の本質をめぐる理解の欠如を証し立てている」*19

先にわたしはイスラエルを癌に喩えてみたが、それをエルサレムの公の席で口にするとは、バレンボイムも思い切ったことをいったものである。この発言を遺憾とするリヴナット教育相がただちに反論したが、バレンボイムは相手にせず、授賞式が終わるとさっさと西エルサレムを後にした。かねてから親友だった故エドワード・サイードとの盟約に基づいて設けた、ラッマラーのコンセルヴァトワールへ向かったのである。この音楽学校は年間十万ユーロの予算で運営されており、五年後にはパレスチナの地にあって青年オーケストラによる公演を実現させるという目的をもっていた。バレンボイムの直接の命を受けて、ベルリンから五人の音楽教師が到着し、十歳代の少年少女に演奏を教えていた。自分は音楽家だから、音楽の領域で行動するのだとバレンボイムは果敢にも宣言した。「わたしの敵は二つしかない。ひとつは大きな雑音であり、もうひとつは沈黙だ」

コンセルヴァトワールを見つけ出すには時間がかかった。アルカサバ劇場で教えられた場所に行ってみると、そこは単にドイツ文化会館だった。いく人もに道を尋ねまわった結果、わたしは夕暮れ時になってようやくその正しい場所に達することができた。それは町の中心からパレスチナ自治政府へと向かう途中の脇道にある、ひどく古ぼけた四階建てのビルの最上階にあった。コンセルヴァトワールを示す小さな表札がかかっていた。時間が遅かったのか、扉は閉まっていたが、壁には「金曜日に小さな発表会を行なっています」という掲示がしてあった。個人レッスンは朝八時から三十分刻みで行なわれており、時間割には希望者が名前を予約しておく欄があった。テルアヴィヴのダンス教室に見られるような、派手派手しい写真を用いたカラーの広告ビラなどどこにもなく、宣伝めいたものは皆無だった。バレンボイムの国際的盛名からは思いもつかない地味で簡素な学校だったが、さりげない案内のうちにもパレスチナ人が困難な状況にありながらも音楽を通して美学的に、また道徳的に傷ついた自己を回復していこうとする意志が感じられた。わたしは六十歳を過ぎた年齢になってサイードとバレンボイムが、たまたまロンドンのホテルのロビーで初めて出会い、ただちに深い友情に包まれたという挿話を思い出した。わずかに年少の音楽家は、志半ばで逝去した親友の遺志を携えて、ここに学校を開いたのである。この稀有の友情が喩えようもなく美しく感じられた。

ビル・ゼイト大学に向かうにはラッマラーの中心からふたたびセルヴィスに乗り、さらに十分ほど進まなければならない。狭い車のなかでわたしの隣に座ったのはここに通う大学生で、その礼儀正しさが印象に残った。わたしたちは英語で言葉を交わした。彼の英語力は（後に知り合った他の大学生もそうであったが）テルアヴィヴ大学のユダヤ人学生とは比較にならないほどに貧しいものだったが、それでも少ない語彙で必要な情報をキチンとわたしに教えてくれた。たとえば、この区間にはカランディアのような恒常的なマフソムこそ設けられていないが、いつでも検問ができるように、道路わきには移動可能な設備が置かれているといったことである。六千人の大学生を有するパレスチナで最初にして最大の大学は、小高い丘のうえにあった。

大学の守衛がわたしを事務局へと案内してくれた。事前に連絡をしていなかったにもかかわらず、わたしは事務担当の女性から親切な説明を受け、大学の沿革について資料を受け取った。この大学は一九八〇年代の後半に、イスラエルの一方的な圧力によって四年間にわたって閉鎖され、その後、懸命な努力のもとに再建された。その事実をまず知っていただきたいと、彼女は語った。わたしは、自分は目下イスラエルの大学に籍を置いているものだが、できることならパレスチナのこの大学でも日本映画について講演をしたいと申し出た。すると彼女はわたしを、文化研究家のスレイマン・エルラバディ教授の研究室へと案内してくれた。

エルラバディは年の頃は五十過ぎだろうか、わたしの突然の出現を嫌がらずに迎えてくれた。この大学ではアラブとヨーロッパの文化を学ぶのに精一杯で、学生も教師も日本文化についてはほとんど何も知らないといっていい。あなたの到来は貴重な機会となるでしょうといって、わたしを歓待してくれた。パレスチナの知識人の例に漏れず、彼もまたけっして声を荒立てることなく丁寧に、しかもときに辛辣なユーモアを込めて対話を続ける人物であった。彼の語るところによれば、一九八〇年代まではまだイスラエル側の大学と共同でシンポジウムを開催したり、研究者どうしで対話をすることができたのだが、今ではとうてい考えられなくなった。知識人というのは、それがいかなる体制のもとであってもその体制を批判しなければならない人間であり、自分はアラファト体制への疑問をつねに公言してきた。だがイスラエルの知識人の大半は体制を支援する側に立って、残余は無感動しか示さない。これは恥ではないだろうか。

教授の解釈によれば、イブラヒムの演劇にパレスチナ人の観客が挙《こぞ》って笑いという反応を示したのは、笑いがすぐれて自己防御的な行為であるためであった。『D.I.』を撮ったエリア・スレイマンは、ついこのあいだまでこの大学で映画学の教鞭を取っていた。エリアのフィルムに対しても、人々は笑いをもって答えたのだった。

「パレスチナ人は笑う。では同じフィルムを観て、イスラエル人は笑うだろうか。彼らはまず観たくないというだろう。たとえ観たとしても、観たことがないと答えるだろう。なぜならそこには、彼らが眼を逸らしたいと考えているものばかりが、寄せ集められているからだ。じゃあわたしが笑うかって？　個人的にいえば、いつ最後に笑ったかなんて、忘れてしまっているがね。これが悲惨というやつだよ。なにしろ人生の時間の三分の一をマフソムで費やしているのだから」

ビル・ゼイト大学のキャンパスは、わたしが日ごろ見馴れていたテルアヴィヴ大学のそれとは、大きく異なっていた。ユダヤ人の大学のなかではアラブ人の女子大生たちはつねに緊張を解かず、被りものからスカートまで、服装にも仕草にも一点の隙をも見せなかった。アラブ人だけのこの大学では、彼女たちはよりリラックスしているように思えた。カジュアルな服装をしてアイスクリームを食べている者もいたし、声を立てて仲間同士で笑っている者もいた。サイードはこの大学でいくたびか講演していたが、最近になって未亡人が挨拶に来たことを、わたしは教えられた。

ビル・ゼイトはけっして広大なキャンパスではなかったが、そこには学生が何事かをなしうるのだという気概が感じられた。イスラエルでは事実上上映禁止となったメル・ギブソンの『パッション』の上映と討論会が行なわれていた。別のときにはキャンパスの一角にトタン屋根の小屋が仮設され、内部の壁一面に難民キャンプの写真が展示されていた。小屋のわきにはポリウレタンで作られた墓の模型が十ほど並び、パレスチナ国旗が傍らに掲げられていた。その隣には黒衣の死神が鉄条網に囲まれているオブジェが陳列されていた。このグロテスクなインスタレーションが、虐殺の死者を追悼する目的で展示されていることは明白だった。さらに詳しい説明が欲しかったので、わたしは傍らで眺めていた学生に尋ねた。彼はアラビア語のできないわたしを相手に、ジェニンで起きた事件について懸命に説明してくれた。この学生は検問を通過する証明書が取れないでいるため、三ヶ月にわたって家族のもとに戻れないのだと説明した。「どうにもしようがない。これが人生なんだ」と、彼は苦笑しながら最後にいった。

わたしはテルアヴィヴに到着したばかりの頃、ユダヤ人の大学生に、パレスチナで同じ年齢の大学生がどんなふうに暮らしているかを想像できるかと尋ねたことがあった。彼はしばらく考えてから、何も思いつかないといい、ただ自分たちと比べてより情報が少なく、民主主義とは無縁の状況にあるから、狂信的になるのも仕方がないだろうなあと答えた。実際にビル・ゼイト大学を訪問したとき、わたしは彼の推測が事実とまったく異なっていることを知った。パレスチナの大学生はアメリカからの直輸入の情報にこそ疎かったが、アラブ中に広範囲のネットワークを拡げており、イスラエルで禁忌とされているさまざまな映像を用いてインスタレーションを築きあげる術を知っていた。そして何よりも重要なことではあるが、自分たちの置かれている状況を簡潔に他者に説明し、忍耐強く時期を待ち続ける知恵を心得ていた。ことが民族の逆鱗に触れるとただちに態度を豹変させてヒステリックに捲し立てるという、わたしがユダヤ人の間でしばしば見て取った心的傾向とは無縁であり、巧みに比喩を用いながら寓話を語ることに長けていた。

テルアヴィヴに戻ったわたしは、エルラバディ教授との約束を守ろうと、いくたびかメイルを送った。だが梨の礫《つぶて》だった。わたしの送ったメイルは、最初のうちは相手方に到着していたらしいが、まもなく不通となった。ビル・ゼイトで話すことができなかったことは、四ヶ月のイスラエル／パレスチナ滞在を通して、わたしの心残りのひとつとなった。この二つの国家の間で連絡を取ることは、たとえそれがインターネットの上であっても、けっして容易いものではないことを、わたしは思い知らされた。

ヘブロンでは誰もが気が立っているから注意したほうがいいとは、この町に行く前かららいわれてきたことだった。事実それは、わたしが訪れた西岸の市のなかでもっとも奇妙な印象を残したところだった。ほかならぬイスラエルの入植地が市の中心部と外側の二ヶ所に設けられ、その結果、街角のいたるところが鉄条網とコンクリート・ブロックによって寸断され封鎖されている。本来であれば殷賑を極めているはずの旧市街の市場がなかば廃墟と化し、人々はそこを避けて、新しい市場を離れたところに築きあげていた。

ヘブロンとはユダヤ人の側の名前である。パレスチナ人はここをアル・ハリールと呼んでいた。アル・ハリールの新しい市場はひどく活気があった。広々とした空地にテントを張り廻らせて作られたこの市場には、山ほどのオレンジが積み上げられ、売り手たちが喧しい声で客に呼びかけていた。西岸でもエルサレムよりはるかに南にあるこの町では、どこよりもたくさんの馬と驢馬を見かけた。全体として人々の服装は保守的であり、女性は老若の区別なくほとんどが被りものをしていた。男性もまた、きちんと背広にネクタイという姿で日中、街角を闊歩している人を数多く見かけた。

旧い市場の方に歩いていくにつれて、雑踏は遠のいていった。やがて人気のない商店街に出る。薄暗いアーケードの下を歩いていると、シャッターを降ろした店の連続のなかに、まだ開いている店が点在していた。街角には「毎月第一木曜日は旧市場でショッピングを」と記されたポスターが、なかば破れながら貼られていた。もっともその効果はほとんどないように思われた。わたしが歩いていく後を、しきりと一人の青年が付いてきた。彼が金を強請ろうという目的をもっていることは、明らかだった。エルサレムでも、ラッマラーでも、わたしはおよそパレスチナにおいて、こうした青年に付き纏われたことは一度もなかった。立ち止まってよく顔を見つめてみると、彼は両手から首筋、頬にかけて、皮膚病で肌の色が白く変わっていた。

市場の中心には巨大な入植地が設けられ、五階建てのシナゴーグがコンクリートブロックに守護されながら聳えていた。周囲の建物はことごとく破壊されているか、でなければ無人の廃墟と化していた。陽光に鉄条網がキラキラと輝いていた。寂れかえった商店街の建物は、一階と二階の間に太い金網が張り廻らされていた。金網の上にはビニール袋に入れた生ゴミから石、コンクリートの破片、トタン材まで、実に雑多なゴミが捨てられていた。この商店街の一階部分は本来の住人の商店であるが、建物の二階以上はユダヤ人の入植地とされていた。彼らは嫌がらせを目的としてしきりにゴミを投棄するので、堪りかねたパレスチナ側が自費で金網を設けたのだという。ところどころで網が深く沈んでいるのは、相当の重量をもったものが上階から放り出されたことを意味していた。それはまさしく人間の精神の癒しがたい堕落を物語る光景だった。わたしが金網とゴミ越しに建物を下から仰ぎ見てみると、屋上に水色のイスラエル国旗が燦然《さんぜん》と棚引いているのが見えた。

アル・ハリールがこうした複雑な入植地を抱え込むことになったのには、理由があった。古代からこの都は、人類最初のイスラム教徒イブラヒームとその妻の廟《びょう》があるため、イスラム教の聖地と定められており、毎年あまたの巡礼の訪問を迎えるのだった。もっともこの人物は旧約聖書に登場するアブラハムと同一人物であり、ユダヤ教徒にとってもそれは聖地でなければならない。そこでイスラエル側はここが本来的にユダヤ人の都であるという意思表示のためにも、無理やりにこの都の中央に入植を果たすことになった。わたしは問題となっている廟を訪れた。廟は右側から入るとシナゴーグになっており、左側から入るとモスクになっていた。両者の間は厳密に遮断され、中央にある棺の安置室はいずれの側からも近づけないようになっていた。

ヘブロンの航空写真。中央が旧市街。
やや上方の整然とした家並みがユダヤ人入植地。

わたしがモスクの側から入ってゆくと、一人の老人がふっと近寄ってきて、もの静かにではあるが確信の窺われる口調で話しかけてきた。今から十年前の一九九四年に、バラフ・ゴルドスタインという狂信的なユダヤ教徒の入植者がモスクの側に侵入して拳銃を乱射し、二十九人の信者を射殺するという事件が起き、それ以来、モスクとシナゴーグはわけ隔てられたのだという。老人はモスクの大理石の柱や壁にある弾丸の跡を、指でひとつひとつ説明してくれた。その傍らでは子供たちが愉しそうに、敷き詰められた絨毯の上で飛び回っており、もう少し年長の少女たちが円陣を組んで、教師らしき女性から『コーラン』の教説について、神妙な表情で説明を受けていた。シナゴーグの方からは、アブラハムの棺を目の当たりにした興奮と歓喜の叫声が、微かに聞こえてきた。

アル・ハリールの市外には今ひとつ、巨大な入植地があった。エルサレムに戻るにはまだ充分に時間があったわたしは、廟を出た後でしばらくそちらに向かって坂道を散歩してみることに決めた。ここでもわたしは、道端の住居の多くが入植者のための道路拡張計画によって破壊されているさまを目撃した。伝統的な様式をもった家屋がまさに半分のところで断ち切られ、内側が剝き出しになったまま、住民が去っていった跡もあった。ぎらぎらと輝く太陽の下で寝室や台所が露にされたまま土埃を被って放置されたり、ゴミと瓦礫に埋もれたりしていた。たまに手付かずの家屋があると、まず例外なく窓や屋上から黄土色の茣蓙《ござ》のような布か、イスラエル国旗が垂らされていた。それはユダヤ人がその建物をすでに接収ずみであることを意味していた。暑さにめげず坂道を登ってゆくわたしの傍らを、入植地どうしを繋ぐ専用バスが通り過ぎていった。

入植地が近づいてくるにつれて、わずかに残っているパレスチナ人の建物にスプレーによる落書きが目立ち出した。「エイン・アラビーム（アラブ人、立入禁止）」とヘブライ文字が記されているときもあったし、単にダヴィデの星の記号だけのときもあった。歩いているわたしの傍には、いつしか三人の子供たちが纏わりついてきた。彼らはしきりとシェケルをくれと強請った。先ほどの皮膚病の青年といい、この子供たちといい、パレスチナでは初めての体験だった。彼らはいくら追い払っても、わたしから離れなかった。それでもこちらがきつく叱ると、道の脇に落ちている掌ほどの石を摑み取り、わたしに向かって投げるふりをして威嚇を始めた。実際に遠くから石を投げてきた子供もいた。これも他のパレスチナの町々では見かけないことだった。

第二の入植地は市の外れから少し離れた丘陵地帯にあり、三百メートルほど離れたところから観察してみると、五階建ての団地がいくつも無表情な面持ちで並んでいるばかりだった。だが、それ以上接近することはできなかった。彼らはつねに双眼鏡で侵入者の有無を偵察していて、平気で発砲しかねないと聞かされた。わたしはレア君のことを思い出した。彼はかつてこの入植地の警備を任されていて、同じユダヤ人であるのに入植者から暴力を受けたことを、心の傷としていた。ここの住民は特別バスによってエルサレムとの間を日夜往復しており、現地のパレスチナ人とはまったく交渉がない。前年のことであったが、彼らが金曜日の神聖なる夜に道を下って、市の中央にあるアブラハムの廟まで参詣に出かけたことがあった。そのさいパレスチナ人が暗がりから襲いかかり、十五人ほどの死傷者が出た。イスラエル側は目下、二つの入植地を結ぶユダヤ人専用の道路を計画中らしく、わたしが道端で見かけた家屋の破壊はそのために実行されたものだと判明した。

午後いっぱい街角を歩くだけで、アル・ハリールという市がいかに人心の荒廃したところであるかは実感できた。ユダヤ人の入植者は恐怖と孤立から、道徳的頽廃の極みに立っているように思えた。一方、パレスチナ人は休まる暇のないストレスと屈辱にすっかり疲れ切ってしまっていた。子供たちは悲惨そのものだった。彼らにとって暴力とは選択と決断の問題などではなく、むしろあらゆるものの前提であるという認識だけが、痛いようにわたしに襲いかかってくるのだった。

西岸の町々を訪れている間に、わたしはある不吉な噂を知らされた。イスラエル軍がパレスチナ人の間に密告者を養成しようとするとき、最初に目をつけるのは村の未婚の女性である。彼女を連行して、兵士たちの間で輪姦する。アラブの強い貞操意識から、ただちにみずからの生命を絶ってしまう娘もいる。だがそうでない者は、この不祥事を契機に恒常的に兵士たちから脅迫を受ける立場となり、秘密の代償として内通を要求される。内通が発覚したとき、娘の父親ないし兄は一家の恥を隠蔽するために、彼女を殺害してしまう傾向がある。家族が殺さないときには、村の共同体が彼女を代わりに私刑にかける。

一度耳にしたら忘れられない、惨《むご》たらしい話である。わたしは真偽を確かめたかったが、それは直接には不可能だった。その代わりに、東エルサレムにあるＰＡＳＳＩＡ

（パレスチナ国際問題研究学術協会）を訪問したとき、対敵協力をめぐって協会が刊行している資料とシンポジウム記録を知ることができた。以下にパレスチナにおける密告・内通について、簡単に言及しておきたい。

わたしがイスラエルに到着して数日後、ハマスの精神的指導者であったヤシン師が暗殺され、続いてその後継者として選ばれたランティシが殺された。ヤシン師の場合にはいつ殺されてもいいという覚悟から、警備にはいたって無頓着であったが、ランティシの場合には昼夜を問わず護衛が彼を取り囲み、水も漏らさぬ警備がなされていた。安全をめぐって用意周到な彼はつねに居場所を移し、家族と連れ立っての外出は、これをきわめて回避するといったふうであった。にもかかわらず彼が指導者の座に就いて数週間も経過しないうちに暗殺されてしまったことで、ハマスはひどく動揺した。その居所をめぐって内通者がいたことが話題となり、問題の人物を探し出すことが組織の重大任務のひとつとなった。結果として内通者は発見できず、疑心暗鬼に陥ることになったパレスチナの運動家たちを、これまでにない意気消沈が襲うことになった。

何が内通であるか、何をもって対敵協力と見なすかは、戦時下においてきわめて微妙な問題である。その気になれば、イスラエル側はいとも簡単に内通者を養成することができる。というのもつねに困難な状況に置かれているパレスチナ人は、労働や医療治療のための国外への移動、獄中の家族の支援、検問の通過といった生活の多くの側面において、敵側から便宜を図ってやると甘い誘惑の罠をかけられた場合、それを拒絶することがきわめて難しいためである。イスラエル側が便宜の代償として協力を要求し、パレスチナ人がその条件を受け入れたとき、ここに内通者が誕生する。だがどこからが内通者であり、どこからがそうでないかの線を引くことは、当事者以外の者にとっては難しい場合が少なくない。イスラエル・アラブの著名な文学者であり、アラブ・ナショナリズムに生涯を捧げたエミール・ハビビが、その最晩年に生涯を振り返って、自分がけっして内通者でなかったといい切れるかどうかはわからないと、溜息をついたという話が残されている。[*20]

二〇〇一年二月、この厄介な問題についてPASSIAはシンポジウムを開催し、スペイン内乱やナチスドイツの例などを参照しながら、今日のパレスチナにとって法的にも道徳的にも重要なこの事態をめぐって、一定の共通了解を設定しうるかという討議を行なった。[*21]というのも一九八七年に第一次インティファーダが発生して以来、内通が発覚して私刑に処せられたパレスチナ人の数は急上昇しており、二〇〇〇年の前後には一年に百五十人から二百人に達しているためである。私刑による死者の数は、実のところ、イスラエル軍によって殺害された者の数を凌駕しており、民衆が内通者に対して抱く怒りと憎悪の深さを物語っている。だがこうした死者の急増は、占領にたいする抵抗運動の弱体化を招くばかりか、共同体全体における道徳的頽廃の原因となる。戦時下において対敵協力が重罪であることは認めるにしても、その当事者が弁解の余地もなく処刑されるという事実を、人権の立場からしていかに考えるべきか。こうした問題意識に基づいて、法と道徳の交差点における討議がなされた。

この際とりわけ微妙な問題となるのが、内通者のなかにおける女性の割合と意味である。というのもイスラエル側はパレスチナの共同体から逸脱した弱者にもっぱら焦点を定めて、彼らに協力を求めるためで、そこでは薬物使用者や同性愛者と並んで、性的弱者としての女性が大きな比重を占めている。イスラム社会における家父長性の強さを充分に計算に入れた上で、意図的に道徳的逸脱が計画されたとき、その犠牲者となった女性は敵側からも味方側からも、さらにみずからの内面からも、さまざまな水準で脅迫を受けることになる。また実際にそうした内通の事実がありえなかったとしても、村や抵抗組織といった共同体から性的・道徳的に逸脱していると見なされた女性は、それだけで内通者と見なされ、私刑の対象とされることがある。インティファーダが勃発したとき、女は頭部を覆い隠すものだという共同体の伝統的期待に応じなかった女性たちは、ただそれだけの理由から肉体的な脅威に襲われた。劇薬を身に浴びせかけられたり、石を投げられたばかりか、強姦された例までが報告されている。第一次インティファーダから一九九三年までの七年の間に、記録によると百七人の女性が私刑で殺害されている。そのうち八十一人までがガザで生じていることは、イスラム各派の力関係が処刑に際して大きな要素であることを物語っている。[*22]

こうした資料と報告に眼を通した後では、占領下に生きるパレスチナ女性がイスラエル兵によっていかに通報者に仕立てられてゆくかをめぐってわたしが耳にした噂には、あながち根拠がないわけではないことが判明する。いや、事態はいっそう複雑で無惨であるというべきか。

西岸を旅するとは、死者の数と年齢だけを告げる新聞記事からは窺い知ることのできない、悲惨の細部という細部に付き合わされるということである。この悲惨はいつまで続くのかと、わたしは溜息をついた。だがパレスチナ人は辛抱強く、彼らの上に休みなく降り注ぐ屈辱に耐え、声低く語るのだった。ラッマラー、ビル・ゼイト、ヘブロンと回ってきたわたしは、最後に心を決してジェニンに行くことにした。それは第二次インティファーダが勃発して以来、最大の虐殺と破壊がなされた難民キャンプのある都市であった。

ジェニンへの道

第二次インティファーダが起きて以後、イスラエル領内で頻繁になされることになったのは、自爆攻撃だった。二〇〇二年には女性までがそれに関与するようになり、闘争はいっそう熾烈さを増した。シャロンは、二十年前のレバノン侵攻のさいにアラファトを殺しておけばよかったと新聞に談話を発表し、同じ年の三月には彼が執務をとるラッマラーの官邸に大規模なミサイル攻撃を行った。続いてイスラエル軍はカルキリヤとべツレヘムに侵攻し、「テロリスト」の根絶とその温床である地区の破壊を試みた。こうした一連の作戦のなかにあって、西岸の最北に位置する都市ジェニンの難民キャンプは、もっとも組織的な破壊が行われたところとなった。

四月三日午前二時、イスラエル軍の戦車がキャンプの東側から激しい砲撃を開始すると、時を同じくして特殊部隊がキャンプに侵入し、モスクを含めた多くの建築の屋根を占拠した。二日後には「コブラ」と「アパッチ」(ともにヘリコプターの名称)が空中から戦車を援護射撃し、キャンプは全方位から封鎖されることになった。七日から総攻撃が開始され、戦闘員と非戦闘員の区別を問わず、多くの住民の殺害が開始される。負傷者が医療施設に向かうことは禁じられた。イスラエル軍に十三人の死者が出たとき、家屋の組織的な破壊が始まった。九日以降、ブルドーザーは内部に住人のいる家屋を、予告もなく押しつぶしていった。数千人の住人は、命からがら近隣の村やジェニンの市街へ逃れることになった。十二日になってイスラエルのメディアは彼らから事態の深刻さを知らされたが、軍はどこまでも残虐行為の隠蔽を続けた。軍が救援組織の行動をあまりに妨害したので、赤十字は十五日にはとうとう復旧救援活動を断念しなければならなかった。

十三日間にわたって行われた破壊と虐殺は、この時点でひとまず終わりを告げた。だがUNRWA（国連救済事業機関）は、キャンプの住民が食料も水もないままに放置されていることに警告を発し、アムネスティ・インターナショナルがそれに続いた。日本人としては十七日の時点で、フォトジャーナリストの広河隆一がキャンプにはいっている。広河は「壮大な百メートル四方に及ぶ瓦礫の墓場」に「足首や内臓が散乱」しているさまを目撃している。*23 だがイスラエル政府は現時点において国際的な関与は望ましくないという姿勢を崩さず、国連の事実調査団のジェニン入場をどこまでも阻止した。イスラエル軍の行動は戦争犯罪に当たるという報告が人権監視団体から出されたが、これもたちどころに無視された。以上がジェニンの難民キャンプにおいて生じた一切の要約である。

ジェニンについてわたしは、すでに生存者の証言を集めた『ジェニンを索《もと》めて』なる書物を読んでいた。[*24] またこの事件をめぐって、パレスチナとイスラエルの両側から何本かのドキュメンタリー映画が製作されていた。映画研究家であるわたしは、まず自分が観る機会のあった三本のフィルムに言及することを通して、この問題に接近しておこうと思う。最初のものは、イスラエルのアラブ系俳優であるムハンマド・バクリによるものである。彼は事件の勃発を聞きつけると、とりあえずカメラマンと録音技師の二人だけをナザレから引き連れ、厳戒な警備の眼を潜って山越えを決行。事件の九日目に当地に駆けつけた。わずか三日間ではあったが、最初に生存者たちにカメラを向け、彼らの生々しい証言を記録することに成功した。こうして完成した『ジェニン、ジェニン』は、低予算の制作費でなされた荒削りの作品であるが、観る者に迫ってくる強い力をもっている。

すっかり瓦礫と化してしまった難民キャンプのなかで、一人の青年が虐殺の現場を再現してみせる。息子を目の前で殺された医師が、泣きながら自分の無力を訴え、少女が憎悪の眼差しをもってイスラエルへの復讐を誓う。ビニール製の、いかにも間に合わせといったテントのなかに、若い父親が苦労して乳母車を入れようとしている。「心の底からこみ上げてくるこの憎しみを、わたしはどのように軽蔑すればよいのか」と、彼はカメラにむかって語る。こんな撮影などやめてくれ、アラブ人がなすすべもない状況にあることを撮って、いったい何になるのだと、ドキュメンタリーに懐疑の姿勢を示す老人がいて、それを遮るかのように青年が続ける。「全世界がわれわれを見ている。なのにわれわれは見捨てられている。そのことがわれわれをいっそう傷つける」

『ジェニン、ジェニン』では、誰もが直截的に自分の意志を語る。くどくどしい事実経過や状況を説明することなく、撮影主体であるカメラの背後にむかって、アラビア語で真正面から激しい言葉を投げかける。これは欧米のドキュメンタリストが通訳を介しながらパレスチナを被写体としたフィルムでは、ありえないことである。最後に市場が映し出される。群集が取り囲むなか、雑貨屋の親父が商品であるゴム草履を片方の耳に当てながら、アメリカのブッシュ大統領にむかって国際電話をするという即興劇を演じている。アラファトを諷刺する科白が口から出るたびに、群集がどっと湧く。

バクリはかつてフェイ・ダナウェイの相手役を務めたり、コスタ゠ガヴラスの作品に出たこともある国際的な俳優で、イスラエル映画界ではパレスチナ・ゲリラの隊長役を演じさせたら右に出る者がいないと評価されていた。長身で彫りの深い顔立ちをした偉丈夫である。それがこのドキュメンタリーを監督した直後に総スカンを食らい、映画界でまったく孤立してしまった[*25]。完成した作品はイスラエルのTV局から放映を拒否され、製作者は殺害された。いくつかの大学は監督を招いて上映会を組織し、ティーチインを開催したが、そこで彼はユダヤ人の観客側から激しい罵倒と非難を受けることになった。

わたしが日常的にあっていたテルアヴィヴの映画関係者の間でも、彼は俳優としてはいいが、あのフィルムは政治的すぎて失敗だという感想を、何人もから聞かされた。七〇年代にバクリとともに演劇活動を行っていたハイファ大学の演劇学の教授は、稚拙な失敗作だと一蹴し、その妻は、アラブ人にあんな言葉がいえるわけがない、あれはバクリが金をやっていわせているのだという自説を譲らなかった。わたしは未見であるが、ユダヤ人側ではこの作品を打ち消すかのように、ジェニンでの戦闘で死亡した二十人ほどのイスラエル軍予備役兵の人生を辿るＴＶドキュメンタリーが、『ジェニン日記』という題名で制作されている。彼らの一人ひとりがいかに善良な市民であったか、その足跡を辿り、その平凡な市民生活が予備役として参加した今回の戦闘にあって、突然に凶暴なる「テロリスト」の手によって遮断されてしまったことを訴えるといった内容である。いうまでもなくこれはイスラエルのＴＶで放映され、一般市民の感傷を喚起させたと聞いた。

バクリを非難することは、どうやらある種の知的流行であるようだった。その証拠に、あるときわたしが偶然から対話をすることになったさる日本人留学生までもが、『ジェニン、ジェニン』のような暴力を礼賛する映画を平気で撮ってしまうアラブ人が恐ろしいと語った。もっともユダヤ法を専攻しているという彼女は、そのフィルムを観てもいなかったし、監督の名前も知らなかった。わたしはこの作品を観た直後にバクリ本人に会いたいと申し出た。ローマでの上映シンポジウムから帰ってきたばかりだといいながら、彼はテルアヴィヴのカフェで時間を割いてくれた。自分の孤立は、ユダヤ人が見ることを恐れていた言葉と映像をスクリーンに提示したからだと彼はいい、このフィルムに対する観客の反応をめぐって新しいドキュメンタリーを準備していると付け加えた。

わたしが実際にジェニンの地を踏んだのは、六月中ごろの、ある暑い日中だった。

いつもながらに東エルサレムのダマスカス門で早尾君と待ち合わせる。カランディアまでまずバスで行き、この最初の検問所の手前でジェニン行きのセルヴィスを探すという段取りである。運よく四人の子供を連れた中年夫婦が乗っている車を見つけることができた。わたしたちを乗せると、運転手はただちに出発した。運のいい出だしですよと、早尾君がいった。検問で足止めされるかどうかは、同乗している人間によるのだという。もし屈強な若者が二人となりの席に乗っていたら、イスラエル兵は警戒して長時間にわたって自動車の中を点検するかもしれない。子供連れの夫婦だったらまず疑われることはないだろうという見立てだ。

早尾君は、外国人は絶対に入ることができないというナブルスの町を、何回も訪れたことがあるという。一度などは検問所で相手にされず追い返された隙を縫って、炎天下に山中の獣道を、驢馬の助けを借りながら渡ったという豪の者である。泊るところなんて、なんとかなりますよ。パレスチナ人は困っている人間には絶対に手を貸しますからと、平然とした顔をしている。アラビア語のできないわたしにはとうてい出来ない相談である。彼は破壊の一年ほど後にジェニンを訪れたことがあるらしく、その時点では難民キャンプは破壊の跡をまったく消し去って、完全な更地と化していたという。

カランディアを出たセルヴィスは、建設途上の分離壁を後に狭く悪い道路をしばらく走り、やがて国道九〇号線に入る。実はこれはイスラエルの最南である紅海沿岸から、最北のゴラン高原までをつなぐ、ほとんどユダヤ人専用ともいうべき幹線道路である。ちなみにイスラエルでは目的地に応じて道路の等級や質が大きく異なっている。入植地を含めてユダヤ人の町どうしを結ぶ道路は整然と整備され、快適な運転が保障されている。それに比べてアラブ人の村や西岸の都市どうしをつないでいる道路はぐねぐねと曲がりくねり、舗装状態もお粗末である。

幹線道路の右側にはヨルダン川が流れ、バナナやパイナップルのプランテーションが整然と作られている。西岸の道路から見える荒涼とした台地と、熱に打ちひしがれたかのように背を曲げて生えているオリーヴの灌木の群れとは大違いである。イスラエル側が水利のいい場所を狙って入植し、美しい畑を築いている背後には、水の便の悪い場所しか残されなかったパレスチナ側の困難がただちに見て取れる。運転手がやがてカセットでアラブ音楽をかけ出した。子供たちの母親の席から、ものもいわずに果物が回ってくる。

いつまでもこんな快適な道路を使っているわけにはいかないだろうと思っていると、案の定セルヴィスはあるところで西へ曲がり、ふたたび傷んだアラブ人専用道路へと戻った。運転手としては、幹線道路をスッ飛ばして検問で足止めを食らうか、脇道を苦労して蛇行してゆくかの選択を、どこかで行ったことがわかる。だがこの知恵も虚しく、あるところまで進んだ車は検問所にぶつかってしまった。

道路の前のほうには十数台の車が停車している。どうやら一台一台を点検しているらしい。堪りかねた一人の老人が車の外に出ようとした瞬間に、兵士が威嚇射撃をする音が聞こえた。三十分ほど待たされた後、パスポートとIDカードの検査を終えた一行は、ふたたび出発することになった。車は埃っぽいオリーヴ林を抜け、急な坂を上ってゆく。カランディアを発って短くない時間が経過した。地図で見るとジェニンはすぐ眼と鼻の先なのだが、どうやらさらに検問がどこかにあるらしく、運転手はそれを回避するために市の周囲をぐるぐると廻りながら、入り込む隙間の道を探している。どうしても道が見つからない場合には、悪いとは知りながらも他人の畑のなかを突っ切ったり、乗客が途中で降りて山を越え、別の道路まで降りきったところでふたたび元の車に拾ってもらうという奥の手もあるらしい。

ジェニンの中心地に到着をしたのは、カランディアを出て二時間以上後のことで、すでに正午を越していた。直線距離にして五十キロほどの行程にそれだけの時間がかかったのは、相当の回り道をしなければならなかったためである。ジェニンは旧約聖書にエインガニンという名前で登場する古い邑で、古代から豊かな水と庭園で知られていた。現在はイスラエル領になってしまったナザレにも近く、ガリラヤ湖周辺の村々で説教をしていたイエスは、エルサレムに用事があって向かうさいには、かならずこの邑に立ち寄ったという。十字軍にとってもジェニンは要所であり、堅固な要塞が築かれた。第二次大戦中は同盟国トルコを支援するために、ドイツがここに空港を建設したこともあった。だがわたしにとって重要なのは、そのような悠久の歴史ではない。イスラエル建国時に近隣の村や町からグリーンラインを越えて避難してきた一万三千人のパレスチナ人が、一九五三年に市郊外に一平方キロの難民キャンプを築き、眼と鼻の先にある故郷を思いながら三世代にわたって生きてきたことが、目下の関心事である。

二〇〇二年の虐殺の前、キャンプの人口の四二％は十五歳以下の子供だった。住民の生活は概して貧しく、UNRWA（国連パレスチナ難民救済事業機関）の記録によれば、三百七家族が「とりわけ生活の困難なケース」であると認定されている。人口はつねに過密状態であり、あふれ出した住民は周辺の村に移り住むという状況であった。そんなキャンプのありさまを、イスラエル兵たちは「蜂の巣」と呼んで嘲笑していた。第二次インティファーダが勃発すると、ジェニンはその前哨基地のひとつとなった。イスラエル政府はこのキャンプこそが自爆攻撃者の巣窟であると判断し、その壊滅の機会を狙っていたのだった。これが虐殺までの粗筋である。

市の中心地から二キロほど歩いたところに、難民キャンプはあった。途中の道路の脇には、イスラエル軍に殺害された小学生の少女を追悼したり、自爆攻撃で「殉教」した青年たちを記念するポスターを、いたるところに見かけた。ある商店の扉には銃弾の跡が何十と残っており、それを一つひとつ丁寧に補修しようとした形跡が窺えた。わたしたちが道に迷っていると、道を行く誰もが親切に方向を教えてくれた。だが彼らのほとんどは、難民キャンプを描いた地図を見るのが生まれてはじめてであったようで、それを理解する習慣をもっていないようだった。キャンプに到達できたのは、何回もの試行錯誤の後のことだった。

坂の斜面にある難民キャンプは、目下建設ラッシュの最中だった。広々とした道路がいく筋も走り、それを基点として鉄筋コンクリート三階建ての住宅が次々と建てられようとしていた。わたしはその一つに招き入れられた。日本風にいえば一階は十六畳ほどの居間、八畳の台所、十畳と八畳ほどの寝室三つ、バストイレ、それに中庭といった構成をもっている。二階、三階もほぼそれに準じた間取りである。この建物が同じサイズの建物と連結し、その間隙に中庭が設けられている。いくつかの建物を覗いてみたが、どれもほぼこれに準じた構成だった。スペイン風のタイルにベルギー風の瀟洒《しょうしゃ》な窓、それに日本の冷房装置が取り付けられていた。台所はアラブの家とは思えないくらいに明るく、子供部屋が独自に設けられていた。すでに百世帯が完成しており、七十世帯が入居していた。人が住みだした建物の窓には、ただちに大量の洗濯物が掲げられ、子供たちが笑い声をあげているのが聞こえてくる。高台に立って周囲を見渡してみると、そんな三階建ての住宅が、何十何百と並んでいることがわかった。

新しい住居の費用を負担したのは、イラクのサダム・フセイン大統領とＵＮＲＷＡの両方だった。フセインはジェニンでの惨禍を聞いて、ただちに全住民に一人あたり二千五百ドル相当の金額を送った。建築中の通りを歩いてみると、ところどころにＵＮＲＷＡ

の看板が見受けられた。正直にいって劣悪な東京の住宅事情のなかで生活してきたわたしには、いったいこれが難民キャンプなのだろうかという驚きが最初にあった。もちろんそれはわたしの認識不足に由来するものであって、難民キャンプといえばテント小屋だという、貧しいステレオタイプの方に誤りがあった。ジェニンの難民たちは一九四八年の「ナクバ」以来、もう半世紀以上にわたってここで生活を送ってきたのである。彼らがどうして仮小屋に住み続けているはずがあるだろう。キャンプが破壊された後に彼らが住むべき家が、日本の基準からすればひどく巨大な三階建てであって、どうしていけないことがあるだろう。もとより大家族主義のうえ、高い出産率をもつパレスチナ人のことである。人口の四二%が十五歳未満であるという人口構成を考慮するならば、次の世代が出産を開始するようになったとき、この程度の規模の住居にしても、たちまちのうちに手狭となってしまうことは充分に予想される。まして記憶も思い出もない単なる空間だけを宛てがわれた難民にとって、自分の生活がナクバ以来、いくたびにもわたって根こそぎに破壊されたことの心理的喪失感を補償するものとして、このバウハウス風ともいえるコンクリート建築がどれほどの意味をもちうるものか。それをわたしは判断することができない。

しばらく歩いていて気が付いたのは、アラブの都市にしては道路の幅が広くとってあることだった。それが夜毎にイスラエル軍の戦車が巡回するさいに不便を感じないための広さであることを、後にわたしは「ハ・アレッツ」紙を読んで知った。

強い日差しを避けながら、建設中のこの地域を陰伝いに歩いていると、あちらこちらから声をかけられた。あきらかにこちらが日本人と知ってのことである。

通りがかりの青年は、バクリの映画はジェニンでも上映された、あれはすべて真実だと語った。それから英語で、No one can forget と口にした。別の老人は、よく来てくれた、モスクを越したところに自分の家があるから、寄ってくれないかと誘ってくれた。家の窓からは子供たちの笑う声が聞こえていた。わたしがジェニンの犠牲者の証言集に掲載されている人々の写真を示すと、たちまち小さな人だかりができ、誰が出ているとか、この人は誰だといった説明が開始された。一人の老女がわたしに向かって、自分の家を背後に写真を撮ってくれといった。一般的にイスラム教徒の女性は写真撮影を嫌悪することを知っていたわたしは、彼女が新しく建てられた家をいかに誇らしく思っているかを知った。他にもわたしたちは、会う人ごとに、家に寄っていかないかという申し出を受けた。

難民キャンプを出て、ジェニン病院の前の通りを少し歩いたところに小さな広場があって、その中央に一匹の等身大の馬の彫刻があった。全身が廃材を集めて作られている。道行く人に尋ねてみると、大きく手をキャンプの方に広げてみせた。どうやら瓦礫のなかから集められた金属片を固めて作り上げたもののようである。別のところにある壁には、イスラエル軍の侵攻を描いた壁画が描かれていた。惨禍の後ひとたびすべてを更地にされ、今は無表情なコンクリート建築の並び立つ空間へと変貌しようとしているこの場所で、なんとか土地が受けた受難を記憶しておこうという意志が、こうした試みから明確に窺うことができた。

わたしと早尾君はアイスキャンデーを舐めながら炎天下のキャンプを後に、市の中心へと歩いていった。運よくカランディアに向かって出発しかけているセルヴィスが見つかった。われわれを乗せた車はただちに発車した。もっとも帰りの行程には、行きと比べて何倍もの困難が待ち構えていた。三十分ほど走ったところで車は検問に引っかかり、引き返すことを余儀なくされた。われわれは、生後一週間の乳飲み子を抱えた若夫婦とともに検問所の前に放り出され、徒歩で道路を横切らなければならなかった。検問を越えたところにはすでに大勢のパレスチナ人が道路の脇に呆然として立っている。彼らは運よく検問を通過してきた車を捕らえ、ヒッチハイクに持ち込もうと算段を立てていた。われわれは寄る辺ない気持ちのまま、それに従わざるをえなかった。

午後三時を回り、茹だるような暑さのなかで、ようやく無事に通過してきた車に若夫婦が乗り込むことに成功した。並んでいた若者たちの間からいっせいに拍手が生じた。こうした危機の場合には子供を連れた母親をまず優先するというのが、暗黙のうちに定められた約束ごとであるようである。ほどなくしてわれわれも運よくセルヴィスを捕まえることができた。この車の運転手は恐ろしく才知に満ちた人物で、新たなる検問に出くわしても猫を被り通し、ジェニンから来たなどとは噯《おくび》にも出さなかった。彼は自分がアフラから日本人の客を乗せて帰る途中であると言葉巧みにヘブライ語で説明し、長々と待たされている何十台もの車を尻目に、みごとに通り抜けていった。ちなみにアフラとはジェニンよりわずかに北にあって、西岸の外側にあるイスラエル側の町のことである。われわれはカランディアでセルヴィスを乗り換え、夕暮れで暗くなりかけた頃、ようやく東エルサレムに到着、いつものようにヨルダン・ビールを呑んだ。

ジェニンを訪問してからしばらくして、わたしにはさらに二本のフィルムを観る機会があった。ひとつはニザール・ハッサンというパレスチナ人が撮った『侵入《エグテヤー》』（二〇〇二）という作品である。これは『ジェニン、ジェニン』とは対照的に、複雑なレベル操作からなるフィルムであった。まず破壊後しばらくして撮影された難民キャンプの映像が、試写会室で上映されている。それを眺めているのはイスラエル軍の若い兵士であり、彼にむかってインタヴュアーが細かな質問を投げかけることで、作品は進行してゆく。兵士は自分がブルドーザーで家屋を破壊していったことを、悪びれることなく告白する。こんなものを見せられたって、別に何も感じないよといいながら、彼は眼前の映像を見て記憶を確認し、従軍当時の感想を語る。自分がやらなかったとしても誰かが同じ役を引き受けただけであって、別段アラブ人に憎悪を感じて行ったことではない。いつ敵側から射撃されるかと思うと、狭い視界しかもたない装甲車を操縦することの恐怖は大きかった。緊張から凍てついたような表情をしていた元兵士は、しだいにインタヴュアーに胸襟《きょうきん》を開きだし、少しずつだがいろいろな話をするようになる。「それよりいまだに記憶から離れないのは、血と大便の臭い、死体が腐ってゆくときの臭いだ」この発言を裏書するように、彼の女友だちの証言が引用される。あの人って、ある種の臭いがだめになってしまったのよ。

ハッサンはこのフィルム以前にも、パレスチナ領内で生じた女性の殺人をめぐって、複数の語り手が参考画面を眺めながら注釈するという構成の作品を撮っていた。『侵入』は虐殺の事実を単に当事者に証言させる目的でなされた試みではない。それは、ハンナ・アレントがアイヒマン裁判を傍聴した後に書き記した言葉を用いるならば、今日のイスラエルにおいていかに「悪の凡庸さ」が形成され機能してゆくのかを分析する試みであり、しばしば抽象的な数字の羅列に要約されてしまう戦闘と破壊行為が、いかに物質的にグロテスクであるかという問題を、当事者の口から語らせるのに成功した作品であるといえる。

わたしが最後に観ることになったドキュメンタリー『アルナの子供たち』（二〇〇四）は、もっとも悲痛にして感動的なものであった。ジュリアーノ・メルという職業俳優が十三年の歳月を費やして完成したこの作品では、メルの実の母親で、絶望的な癌を患っているアルナの闘病と死の記録、アルナがジェニンの戦災孤児を対象に設立した演劇学校の記録、さらにそれから十年後にジェニンを再訪したメルの見聞という、三つの物語の層が互いに重なりあい、響きあいながらテクストを構成していた。

『アルナの子供たち』は、カランディアの検問所に近い幹線道路の路上に立ちはだかった老女のアルナが、イスラエル兵たちを怒鳴りつけ、西岸から到来する車という車にむかって、抵抗のためにクラクションを鳴らし続けよと呼びかける場面から始まる。すでに彼女の頭髪は抗癌剤によって奪われている。パレスチナの象徴であるカフィールを首に巻くだけで、なりふりかまわぬ格好のアルナはそのままジェニンを訪れ、よろめく足取りで小学校の講堂と思しき舞台に立ち、「インティファーダは自由の戦いだ。自由なくして平和はない」と大声で叫ぶ。満場のパレスチナ人たちから湧き上がる歓声。こうしたアルナの晩年の姿に重なりあうように、今から十年ほど前、瓦礫の山と化した難民キャンプのなかで孤児となっていた幼い子供たちを捉えた映像が挿入される。アルナは彼らにむかって、まず自分を表現することが大切だと教え、私設の演劇学校を設立する。子供たちは最初、イスラエル兵の真似を演じ、次に権威的な英語教師の物まねを滑稽に演じてみせる。やがて彼らはカナファーニーの戯曲『太陽を宮殿に持ち帰るには』を堂々と舞台で演じるまでに成長する。

数年後、アルナは、エルサレムの病院で死亡する。演劇学校は指導者を喪って閉鎖され、歳月が流れる。二〇〇三年、難民キャンプをふたたび訪れたメルは、劇場が前年の侵攻で無残に破壊されたことを知る。彼は十人ほどの子供たちのうち、ほとんどがもう生きていないことを知らされ愕然とする。ある者はイスラエル兵に殺害され、別のある者は、抵抗運動のすえ獄中にある。またある者はみごとに自爆攻撃を果たす。彼はイスラエル兵たちが小学校の教室に突入して銃を乱射した直後、死にかけている少女を病院へ運ぶ途中に自爆攻撃を決意した。画面はここで、この青年が仲間とともに大事に及ぶ前夜、遺言代わりに遺した映像を引用する。そこでは戦闘服に身を固めた彼らが、緊張した顔つきで宣言を暗誦するさまが描かれている。十年ほど前、瓦礫のなかではじめてカメラに収められたときの、ものに怯える子犬のような彼らの顔が、フラッシュバックで登場する。街角の壁に貼られた、「殉教者」としての彼らのポスター。次々と貼り重ねられてゆくポスター。生き残った青年のひとりがメルに語る。「悪くとらないでほしいが、はじめてあんたを見たときてっきりイスラエルのスパイじゃないかと思った。しばらくつきあってみて、ああこの人は自分たちの味方だと理解できたわけだが、なにしろ武器ももたず軍服も着ていないユダヤ人を見るのが初めてだったから、許してほしい」メルは殺された青年の家族を尋ね、死の模様を教えられる。彼は自分の目の前で、かろうじて生き残っている者たちの間で、怯懦と裏切りの記憶からいい争いが生じるのを、なす術もなく眺める。ふたたび瓦礫のなかの幼げな子供たちを描いた映像が現れ、フィルムは幕を閉じる。

ジュリアーノ・メルはアラブ人の父親とキブツ生まれのユダヤ人の母親のもとに生まれた。両親はともにイスラエル共産党の党員で、この党はのちに分裂してしまったが、五〇年代には共産主義のイデオロギーに基づいて民族間の対立を越えるための結婚が奨励されていた。メルは少年時代から映画俳優として活躍をしていた。キブツに働く年少の少女の悩みに優しく答える先輩だとか、孤児になった妹が高校を卒業するまで屈辱に塗れながらキャバレーの調理場で皿洗いを続ける兄といった、日本でいうならばさしずめ七〇年代の郷ひろみに似た役どころを演じることが多かった。もっとも本人はアナーキズムに近い政治理念を抱いていたらしく、ある時期に青春映画への出演をやめ、舞台に徹するようになった。『アルナの子供たち』はそんな彼がユダヤ系の監督の協力を経て完成した、最初の映画作品である。

わたしはこのフィルムをシネマテックの試写会室で観た。上映の直後に監督のメル本人が登場し、二十人ほどの観客にむかって質問を求めた。しばらく誰も何もいえず、会場には沈黙が流れた。じゃあわたしの方から口を切りましょうとメルがいった。「イスラエルがパレスチナにおいて目論んでいるのは文化の切断であり、住人を病理学的な状況に追い込むことです。第二次インティファーダの後で、子供たちは心理的に大きな損傷を受け、癒される機会を与えられずにいます。それこそがイスラエルの狙いなのです。現在でもジェニンでは夜になると、三台の戦車が難民キャンプの周囲を音を立てて巡回している。子供たちがどのような心理的障害を刻印されることになるか、考えてみてほしい。キャンプに存在しているのは死の文化だけ、パレスチナ全体がいまや死の劇場なのです」

あなたはユダヤ人とアラブ人の混血だそうですが、どのような立場でジェニンに入ったのですかと、客席から誰かが尋ねた。

「わたしはなるほど混血です。しかしユダヤ人として難民キャンプを訪れたわけではありません。わたしのアイデンティティは長い間、分裂したままです。わたしは苦しむアラブ人を支援しに行ったユダヤ人などではなく、闘争を共にする者として彼らのもとに参加しに行ったのです」

このフィルムに出てくる母親も息子も、暴力を平然と肯定している。こうした一方的なフィルムには耐えられないという手があがった。メルは忽然と反論して答えた。

「いいですか、暴力がどこにあるというのです。ガザ地区のラファを御覧なさい。あそこでこそ暴力は露呈しています。いや、暴力は軍隊の占有物とはかぎらない。それは映画を観ているあなたがたが育み、あなたがた自身に向けられてもいるのですよ」

メルはもはや郷ひろみではなく、坊主頭の精悍《せいかん》な活動家だった。かつての母親が登場している映像が日本のＮＨＫにあると聞いたが、あまりに使用料が高くて借り出せなかったともいった。お芝居をやっていた子供たちのうち男の子の末路はわかりましたが、二人いた女の子はどうなったのですかと尋ねると、一人はハイファで勉強していて撮影を固辞し、もう一人はあれが契機になって、今はパリで演劇の勉強を続けているという答えを得た。

ジェニンの惨禍は終わったわけではなかった。われわれが難民キャンプを訪れて二日後の六月十六日朝には、五人の若者がイスラム・ジハード団の密議を企てているという理由から逮捕され、一人が逃げ出そうとして射殺された。まだ十歳代の少女二人が、自爆攻撃を準備していた容疑で逮捕された。夜ともなればイスラエル軍の戦車がキャンプを巡回していた。

ジェニンを訪れ、三本のフィルムを観たわたしが考えていたのは、一九八〇年五月に韓国の光州《クワンジュ》で生じた、軍による市民の虐殺事件のことだった。一年間のソウル滞在を終えて東京に戻っていたわたしは、その直後になされたこの蛮行に抗議する会合に誘われ、そこでは西欧人のカトリックの聖職者が隠し撮りをしたという映像が上映された。わたしがその前の年の夏休みをすごした光州の街角がスクリーンには描き出されている。市民たちが次々と兵士たちに暴行を受け、窓から放り出されたり、血まみれの死体となって放置されているさまがそれに続いた。この映像を目の当たりにしたことの衝撃は、いつまでもトラウマとなってわたしを離れなかった。

二十年の歳月が経過して、ふたたびソウルの大学で教鞭をとることになったわたしは、あるとき思い立って光州を再訪した。当時の事件にはすでに市民による民主化闘争であるという公式的評価がなされており、国家の手によって犠牲者のために巨大な慰霊碑と墓地が建設されていた。わたしはここに付属する記念館のなかで、ふたたびあの聖職者が隠し撮りをしたという同じ映像に出会った。それは押しボタンによって自由に選択できる記録映像のワンアイテムになっていた。わたしの周りには、おそらく社会科の見学実習なのだろう、たくさんの小学生が群れていた。もはやわたしは、いかなる意味でもそこに衝撃を発見できなかった。ああ、この映像はすでに役割を終えてしまったのだという感想を、わたしは抱いた。

ジェニンの難民キャンプで二週間の間に何人のパレスチナ人が殺害されたかについては、現在でも正確な数字が出ていない。イスラエル政府が公式的に発表した数は六十三人であり、パレスチナ側は五百人以上と主張している。おそらく現時点ではこれを見定めるのは不可能だろう。二〇〇二年四月の時点で、この地区にはキャンプの住民以外にもラッマラーやナブルスといった他の都市から密かに流れ込んできた活動家が少なからず潜伏していた。また行方不明となった者をそのまま死者と見なすわけにはいかない。現在も生存して拘束中の者が多数いるためである。死者については、報道陣を遮断している期間にイスラエル軍がそのいくたりかをヨルダン川に運んで、秘密裡に処理したという噂も流れている。これは光州の場合と同様である。光州では現在、国家の名の下に整然とした墓地が築かれているが、いまだに多くの場所が空白とされたままになっている。

ジェニンをめぐって制作された三本のドキュメンタリーがその役割を終えるのは、いつのことだろうか。ここで犠牲となった死者たちが、光州のように国家の栄光のもとに公式的な歴史に組み込まれる時が、いずれ到来するのだろうか。新しく建設された難民キャンプの家屋が家族の記憶を回復し、空間が固有の場所として再生できるのは、いったいいつのことだろうか。

エステルの当惑

テルアヴィヴを発つことになったのは六月終わりのことだった。すでにこの月のはじめに学期は終わっており、試験を終えた大学は夏休みに突入していた。わたしはまだ訪れていなかった南部の砂漠に近い町を廻り、モロッコ系やチュニジア系の移民たちが聖者と仰ぐラビたちの廟を訪れたり、シネマテックのヴィデオルームで一九六〇年代のドキュメンタリー映画をまとめて観たりして時を過ごした。気温はとうに三十五度を越していて、海岸は水遊びの人々でいっぱいだった。イスラエルは本格的な夏を迎えようとしていた。知り合いになった考古学者がいった。七月はまだみんな、暑さに挑もうとする気があるからいいよ。でもその暑さが十月終わりまで続くんだ。最後の方は誰もが疲れ果ててしまい、何もする気力がなくなってしまう。わたしは三月にここに来て以来、ごく一、二回のぱらつきを除いて、雨というものをまったく体験していないことを思い出した。

この四ヶ月の間に、シャロンはガザ地区からの入植者撤退をめぐって、ようやく議会の承認を得た。だがわたしの周囲では、誰もそれについて楽観的観測を口にする者はいなかった。なるほどユダヤ人のなかには、ともかくあの泥沼のような狭い場所を切り離してしまって、これ以後は忘れてしまいたいという強い気持ちが横たわっていた。だがすべてが計画通りに実行されるという保障はどこにもなかった。オスロ合議が第二次インティファーダによって簡単に覆ってしまったことに深い幻滅を感じている人々は、軽々しく希望を口にすることをとうに止めてしまっていた。

わたしはといえば、すっかり骨抜きにされてしまった今回の撤退案は、ガザと西岸の全域からイスラエル軍が撤退すべきであるという本来の道理の実現を、かえって遠ざけてしまうのではないかという危惧を抱いていた。水や電力をはじめ、何もかもをイスラエルに依存しきっているガザをこのまま巨大な監獄として閉鎖し、切断してしまったところで、はたしてパレスチナ人にとってそれが真の自立とどう関係しているというのか。だがともかくも撤退の身振りを示したことで、イスラエルはパレスチナに対し寛大さを見せたという傲慢な自尊心を満足させるはずである。もしこの過程において何かの障害が生じ、怒ったパレスチナ側が条件を拒否したとすればどうだろう。それこそイスラエルとしては撤退というせっかくの好意を無視したとして、より強い態度に出るに違いない。それが証拠に、一方で撤退を口にしながらも、シャロン政権はパレスチナとの間に分離壁を建設する工事を着々と続けている。高さ八メートルに及ぶ壁は、国際的に激しい非難を受けているにもかかわらず、いっこうに撤去される見通しがなく、ますます巨大化していくのだった。それは打ち寄せる波が岸壁の土を削りとるかのように、西岸の内側に食い込んで、その領土の損傷をやめなかった。

わたしがテルアヴィヴに滞在していた四ヶ月近い間、ガザ地区のラファではイスラエル軍による激しい破壊と殺戮《さつりく》が続けられ、ジェニンやナブルスでは、パレスチナ人の未成年者や女性による自爆攻撃が未遂のまま発覚していた。二〇〇四年に入ってから七十二件の攻撃がイスラエルに対して企てられたが、そのうち曲がりなりにも成功したのは十件にすぎなかった。テルアヴィヴでは幸運なことに、爆弾事件は一度も生じていなかった。続けて二人の指導者を喪ったハマスにはもう反撃の力などあるはずもないというのが、一般のユダヤ系市民たちの見方だった。到着当初は戦々恐々とした気持ちでいたわたしも、しばらく暮らしているうちに、一般市民と同じように平気でバスに乗るようになっていた。大学や馴染みのレストランのガードマンは、珍しい日本人であるわたしにはすっかり安心しきっていて、あるときからわざわざバッグの中身を空けて点検することすら省略するようになっていた。

わたしは知り合いになった人々に暇乞いにでかけていった。

軍隊時代に大演説をやらかしたレアは、自分がもっていても意味がないからといって、餞別にビニール製の襟章《えりしょう》をくれた。わたしが西岸でいつも検問で待たされたという話をしていたのを憶えていたからだろう。襟章は彼が兵士として検問所に勤務していた時分に、肌身離さず身に着けていたものだった。「でも空港で出国のさいに発見されたら、問題になるかもね」と、彼は悪戯っぽく笑った。

ラズ教授はヤクザについての二冊目の書物を書き上げたばかりで、ミャンマーに瞑想の旅に行くことを計画していた。彼は日本のさるヤクザが前非《ぜんぴ》を悔いてキリスト教に改宗し、教会の牧師となったという実話に関心をもっていて、東京を今度訪れたときにはぜひその牧師にインタヴューしたいという抱負を語った。

アモス・ギタイはつい最近九十四歳で逝去した母親についてフランス語で詩集を出したといって、見せてくれた。今編集しているフィルムは、その名も『約束の土地』という題名なんだ。といってもシオニストの入植の話じゃない。舞台は現在で、モルドヴァとルーマニアの娼婦たちがイスラエルに行ったら金になるといわれ、マフィアに仲介されてこの国を目指すという物語さ。きっと公開されたら、またここの人々が嫌がるだろうなとわたしがいうと、彼はニヤリと笑った。

帰国の直前であったが、わたしはヘルツリアにある日本大使館の大使公邸に招待され、懐石料理の接待を受けた。旧知の一等書記官は、三月にラッマラーで日本のアニメーションを上映したときの反応の強さに感動していた。野坂昭如の戦争体験を原作とする『火垂るの墓』というその作品は、家屋を破壊され家族を喪った観客たちに圧倒的な共感をもって迎えられたという。爆弾騒ぎももう起きないようだから、そろそろ邦人渡航自粛勧告も撤回していいんじゃないですかとわたしが尋ねると、彼は残念そうに答えた。

「ただ役所というのは、いったん出した勧告を引っ込めるというのがなかなか難しいのですよ」

この会食では他にはいったい何が話題になったのか、まだそれほど時間が経っていないというのに、わたしにはほとんど記憶がない。ただ新しく赴任してきたばかりだという日本大使が口にした不満だけは、不思議と耳に残っている。彼はいかにもざっくばらんな口調で、居並ぶ書記官とわたしを前にいった。テルアヴィヴから大使公邸までこう交通渋滞が激しくてはかなわない。勤務時間は午後六時までだが、これからは少し早めて五時半に大使館を出ることにしましたよ。

出国するにあたって、わたしはこの国に滞在していたことを記念するようなお土産を、何か自分のために買って帰りたいと思っていた。エルサレムの旧市街ユダヤ人地区にはユダヤ教徒がシャバトの夜に用いる燭台から、来るべき神殿の組立てセット、ダヴィデの星をあしらった貯金箱、さらにイスラエル国旗までが、さまざまなサイズのもとに陳列されていた。だがユダヤ教の信仰をもたないわたしには、それは縁のないものだった。ガリラヤ湖畔の観光地ではマリアやキリストを象ったポスターや置物が売られ、ラッマラーでは『コーラン』の聖句を美しい書体で描いた中国製の額がキオスクに並べられていたが、いずれもがわたしの必要とするものではなかった。アラブ音楽のＣＤやイスラエル映画のＶＣＤを別にすると、この国から持ち帰りたいと思うものが何ひとつないことに、わたしは思い当たった。これは蒐集という行為に子供時代から心を躍らせてきた自分の性格を振り返ってみると、不思議な気持ちだった。以前に滞在した韓国やイタリア、モロッコといった国を発つとき、わたしは人形から仮面、版画、食材といったものを、およそ鞄に詰め込めるかぎり買い込んで、持ち帰った思い出があったからである。

少女たちの憧れの的である女性兵士の人形。

いや、ただひとつ例外があった。西エルサレムのベン・イェフダ通りに洒落た人形専門店があり、わたしは傍を通るたびにショウウィンドウに並べられている人形を眺めることが好きだった。そこにはイスラエル版のバービー人形のようなシリーズものから軍服を着た女性兵士の人形まで、数多くの人形が陳列されていた。なかんずくわたしの興味をそそったのは店の正面に並べられている旧約聖書に材を得た一連の人形たちで、彼女たちはそれぞれに所縁《ゆかり》のある古代ユダヤの衣装を身に纏っていた。わたしはその中でもエステルの人形に魅惑された。彼女は周囲の人形たちの間にあってひときわ大きく、女王然とした威厳を備えていた。何かをひとつ選ぶとすれば、これこそが東京の自分の書斎に持ち帰るにふさわしい記念品のように感じられたのである。

だがひとたび店に入り、差し出された人形を間近に眺めながら女主人と値段の交渉を始めだしたときに、わたしの心に迷いが生じた。自分ははたしてこの人形を自分の部屋に飾り、毎日その顔を眺めてすごすことに耐えられるだろうかという疑問が湧き上がってきたのだった。イスラエル軍兵士が占領地で密告者を獲得するために、現地の女性にいかなる行為をしてきたかが、ふいに思い出された。それを想起することなく、エステルの顔の気高さだけを毎日愛でることが自分にできるだろうか。

旧約聖書エステル記とは、古代ペルシャで同胞を虐殺の危機から救うために、ユダヤ人であった王妃エステルが王に助命を嘆願する物語である。彼女の企ては成功し、陰謀を企んだ奸臣《かんしん》たちは滅亡する。イスラエルで一般に知られている物語はそこまでだが、聖書を厳密に読むとその直後に、救出されたユダヤ人たちが復讐のために七万五千人の敵を殺害したという記述が誇らしげに記されている。ある意味でこの物語は、強制収容所から帰還してきた者たちが、フロイトのいう無意識的な反復脅迫の現われとして、パレスチナでの組織的な強奪と虐殺に関わるという現代イスラエル史のあり方を、先取りしているといってよい。であるとすれば、わたしはその物語の主人公の人形を自分の書斎に飾りながら、平穏な気持ちでいることができるだろうか。

しばらく逡巡した後に、わたしは人形を購入することを断念した。女主人は不審そうな顔をしていたが、その理由を彼女に説明することはわたしにはできなかった。

　今この小さな出来ごとを記している自分にむかって、わたしがイスラエルで出会ったユダヤ人たちがどう思うだろうと想像してみる。結局あなたはイスラエルという国を理解できず、嫌いになって帰っただけねと、感想を述べる人は当然いるだろう。いや、わたしをユダヤ人に対して積極的な偏見をもった反ユダヤ主義者と非難する人もいるかもしれない。イスラエルに住む多くのユダヤ人にとって、それが文化的であれ、軍事的であれ、イスラエル社会を中傷する者はただちに反ユダヤ主義者と見なされる。彼らは自分たちの帰属する国家が、世界中のすべてのユダヤ人とその歴史を代表し集約しているということを、公式的には信じて疑わない。そしていまだにディアスポラの状況にあえて留まろうとしている残余のユダヤ人のあり方を、無知と蒙昧による不幸な現象だと見なしている。この論理からすれば、わたしに反ユダヤ主義者の称号が貼られたとしても、当然のことだろう。イスラエルはパレスチナに共感を示す世界中の多くの知識人や中東史研究家に対して、これまで同じレッテルを与えてきたのではなかったのか。だが、もしイスラエル国家がユダヤ人の全体を表象するものでないとすれば、いやそもそもいかなる国家も民族の全構成員を表象できず、あまつさえユダヤ民族という観念そのものが本来的に定義不可能性のうちにあるのだとすれば、こうしたレッテル貼りに一体いかなる意味があるのだろう。

　七月のはじめ、パリのドゴール空港に到着したわたしを迎えていたのは大いなる解放感だった。夏至を越したばかりのパリは緯度が高いこともあって、夜の十時近いというのにまだ太陽が沈んではいなかった。友人の家へと向かうタクシーの窓からゆっくりと暮れてゆく夕暮れを眺めながら、わたしは「ああ、これで終わったのだ」という感想を抱いた。

パリの街角には銃をもった兵士もいなかったし、カフェやレストランの前で身体と荷物を検査するガードマンもいなかった。鉄条網もなければ、コンクリートでできた高さ八メートルの壁もなかった。それどころか逆に、アラブ的なるものがすでに都市の魅力のひとつとして構造化されて存在しているのだった。

おりしもアラブ文化研究所では、二年に一度開催されるアラブ映画祭が行われていた。わたしは早速プレスパスを取り付け、毎日のようにセーヌ川に面した八階建てのビルの地下にある上映ホールに通った。イラク映画の特集が組まれていて、そのときには上映を待ち望んで行列をしている観客の大部分が、あきらかにイラクからの亡命者であることがわかった。パレスチナからも何本かのフィルムが出品されていた。研究所の一階は書店になっていて、わたしはそこで、まずイスラエルでは入手できないアラブ文化についての書物やヴィデオ、CDを求めることができた。またイスラエルではけっして見つけられないイスラエル関係の資料やCDを発見することができた。一九七一年にあの国で生じたブラック・パンサー運動についてのドキュメンタリー・ヴィデオから、フランスのユダヤ系現代思想家たちのユダヤ人論考の書物まで、およそテルアヴィヴでは見つけることのできそうもない資料がそこには並んでいた。日本でも『ガリラヤの婚礼』で知られているパレスチナ人の映画監督ミシェル・クレイフィが撮った新作が、レジのところにヴィデオで積み上げられていた。一九四八年のイスラエル国境を南から北へと辿り、そこで出会った人々と対話をするという途轍もない構想をもった、四時間半の作品だった。

わたしは久しぶりのパリを満喫した。書物を買い込み、昔の友人たちと再会した。カルチエラタンではゴダールの新作『われらの音楽』（邦題「アワーミュージック」）が公開されていた。イスラエルの女性ジャーナリストがゴダールに出会い、彼やファン・ゴイチソロとともにサラエヴォに出かける。彼女はそこでパレスチナの詩人マフムード・ダルウィーシュに出会い、憎悪と和解をめぐる彼の言葉のなかに深い叡智を見出す。フィルムではその後彼女はいたるところ鉄条網だらけで爆発の痕跡のある自分の居場所に深い懐疑を抱くようになる。心臓病を抱えてラッマラーを離れることができないダルウィーシュがどうしてボスニアにいるのか、考えてみれば不思議な作品であったが、わたしはつねに時代のなかでアクチュアルな思考と映像を求めてやまないゴダールに、またもや同時代人としての強烈な魅力を感じた。彼が『われらの音楽』のなかで取り上げていた旧ユーゴスラビアとパレスチナという二つの地域は、そのままわたしが一年の間に訪れようと計画していた場所でもあったからである。

パリにはアラブ的なるものが露呈していた。アラブ文化研究所からしばらく歩くと巨大なモスクがあり、礼拝客を当てこんでいくつも露店が並んでいた。ベルヴィユやバルベスでは街角にエジプトの流行歌が流れ、クスクス屋が軒を連ねていた。あらゆるアラブ的なものが抑圧の対象とされている社会から来たこともあって、わたしは大きな解放感を感じていた。わたしはつい先週まで滞在してきたテルアヴィヴの街が、急速に遠のいてゆくような感想をもった。この四ヶ月の間、微妙に強弱を変えながらもわたしに付きまとってしかたがなかった不思議な浮遊感から、ようやく解放されたような気がしたと同時に、巨大な非現実感がわたしにむかって押し寄せてきた。

この感じは今までどこかスクリーンを眺めていて体験したことがあるなと、わたしはぼんやりと考えていた。それがタルコフスキーのフィルム『惑星ソラリス』のラストシーンであったことが不意に思い出されてきたのは、一週間ほどのパリ滞在が終わって、セルビアに向かう準備のため、日本へ戻る飛行機に乗り込んだときだった。このフィルムのなかでは、無人の惑星で調査を続ける疲れきった主人公の前に、喪われた故郷という観念だけが結晶化して生じた、緑鮮やかな大地が最後に顔を見せる。だがカメラがゆっくりと俯瞰《ふかん》で遠ざかってゆくと、その大地が実は囲繞された島にすぎず、不吉な青を湛えた無限の海が周囲を取り囲んでいることが、残酷にも判明する。アメリカから毎年二十億ドルの軍事援助を受け、恐るべき軍事大国と化したイスラエルという国家は、このソラリスの大地に似ていた。それはシオニズムという近代的観念によって純粋に夢想され、もし惑星そのものが気紛れに大津波を起こすなら、たちどころに呑みこまれてしまいかねない幻想の領土だった。そこに居住しているかぎり、人は観念の幻想のうちに留まり続けることができるかもしれない。だがひとたび外に飛び出してしまえば、たちまちすべては蜃気楼のように、現実とも非現実ともつかない曖昧な存在と化してしまう。そして現にこのソラリスには無数の穴が穿《うが》たれていて、海水がいたるところで噴出し、湿地帯を形成している。わたしは自分の旅が終わったと、単純に信じた。

わたしが東京に戻った直後の七月十一日朝、テルアヴィヴでは時限爆弾が炸裂した。日本の新聞でそれを知ったわたしは、ただちにレアに問い合わせをした。事件が起きた場所は中央バス・ターミナルのすぐ近くのハ・ツィヨン通りで、二十六番のバスが到着したところでバス停付近の茂みに仕掛けられていた装置が爆発し、十九歳の女性兵士が即死、三十人ほどが負傷した。ただちにアルアクサー殉教者軍団なる組織が電話で犯行声明を行った。二十五番と二十七番を常用していたわたしにとって、このバス停付近はいつも通り過ぎていたところだった。現場付近の街角の風景が思い出された。この国では十人以上が即死しないかぎり、ニュースとしては扱われないからねと、レアはいつもながらに皮肉な調子でコメントを寄せていた。

間一髪のところだったんだと、わたしは思った。四ヶ月の間、爆発がなかったのは偶然のことであって、やはり爆弾の危険は去っていなかった。もし自分があの通りを歩いていたら惨事に見舞われた可能性は充分にあったはずだ。わたしは自分の幸運を悦んだ。

だが同時に自分が見知ってきたテルアヴィヴの人たちが、ふたたび深い不安と恐怖のなかに引きずりこまれてしまったことに、同情を禁じるわけにはいかなかった。パリを出発した直後にわたしを襲った蜃気楼のような非現実感は霧消し、わたしは今一度、あのテルアヴィヴの雑踏の現実にいきなり引き戻されたような気持ちを感じた。イスラエルへの旅はまだ終わっていなかったのだ。複雑な気持ちを抱きながら、わたしはこの蜃気楼に似た四ヶ月の滞在に、書くことを通してもう一度向き直ろうと決意したのだった。

見ることの蜜は可能か

二〇二四年版のための追補

1

二〇二三年十月七日、ハマスはイスラエル領土内への大規模なミサイル攻撃と侵入を企て、拉致誘拐を行なった。その直後からイスラエル軍が大規模な復讐戦を展開した。こうした武力行使はこれが最初ではない。大規模なものでは、二〇〇八年からすでに三度にわたって繰り返されている。だが今回はその規模において前代未聞のものであった。イスラエル軍がかつてない激しさをもつ空爆と地上侵攻によって大量虐殺を開始してから百日が経過した時点で、わたしはこの文章を書いている。カタールのアルジャジーラ衛星放送を信じるならば、二〇二四年一月十四日の時点でガザでは二万三九六八人が殺害され、六万五八二人が負傷した。子供の死者は一万人を超えている。ハマスは二四十人ほどの人質のうち約半数を解放したが、イスラエル軍の攻撃によって死亡した人質もいて、正確な実態はわからない。

ガザ出身の映画監督、ラシード・マシャラーウィは、連日のように Facebook に書きつけている。

2024年1月7日
わたしはわたしたち自身にお悔やみ申し上げます。神があなたに忍耐を与えますように。ワエル・アル・ダフドゥー、ワエルが妻、息子、孫娘を去った後、イスラエルの侵略のさなかに殉教された、あなたの息子にしてジャーナリスト、ハムザのことを、ムスタファ・ソラヤをはじめ、百人を超すジャーナリストとともに祈ります。神はわたしたちのものです。

1月9日
わたしたちは夢見、願い、侵略と流血が止まることを望み、翌日には認識いたします。痛み、苦しみ、災害の大きさを知り、傷を埋めるためには、もうひとつ余分な命が必要であるということを。

1月11日
わたしたちは生きていて、生き残り、夢も残ります。

1月13日

映画と塩

1月15日

百日間の殺人、破壊、避難、飢え、そして恐怖。

そして、人生以上の人生があるなんて、夢にも思わなかった。

イスラエル軍はガザにある病院と学校を爆撃し、数多くの入院患者と児童の生命を危機に陥らせた。ガザ市の一般住人には南方への避難を勧告し、彼らがそれに従うとそこに空爆を行なった。ガザでは水も食糧も絶望的に払底《ふってい》している。医療品の搬入がひどく禁止されたため、破壊された病院のなかで負傷者や病人は充分な治療を受けることができない。だがそれはヒューマニズムによる人道的解決ですむ問題ではない。現下の事態は何よりも政治的に、歴史的認識のもとに解決されなければならない。

イスラエルのネタニヤフ首相はハマスの完全なる根絶のためには手段を選ばないといい、絶対の勝利に到達するまで戦いを続けると宣言している。閣僚のなかにはテロリスト撲滅のためにはガザに核兵器を使用するべきだと発言する者まで出現した。ローマ教皇はこの事態はもはや戦争ではなく大量虐殺だと非難し、南アフリカはイスラエルのジェノサイドを国際的に裁くよう、国際司法裁判所に提訴した。国連事務総長は、「前例のない大規模な破壊と民間人の殺害」という声明を発表した。にもかかわらず欧米諸国は、どこまでも防御の戦だと主張するイスラエルを支持している。ハマスの先制攻撃を恐るべきテロリズムだと見なして、一貫した非難を続けている。

イスラエルは、戦闘にあたって相手側がいかに残虐な行為を辞さなかったかを、映像を通して宣伝している。イスラエルは黒焦げになった赤ん坊の映像をこれ見よがしに全世界に発信し、侵攻していった先の病院でいかに大量の武器が発見されたかをプロパガンダ画像に流している。ガザの住人たちとジャーナリストは、瓦礫と化した都市と苦痛に呻く犠牲者を撮影し続けている。数多くの映像が真実であり、同時に数多くの映像が人為的に作り上げられた虚偽である。われわれはこれまでになく映像の高度な読み取り能力を要求されている。少なからぬジャーナリストと医療関係者、国連職員が、イスラエル軍によって殺害された。

ガザとの分離を強要されたもうひとつのパレスチナ自治区、ヨルダン河西岸とイスラエルの間でも緊張が高まっている。イスラエルが北側で国境を接しているレバノンでは、ハマスよりもさらに強力な軍事力を備えたヒズボラが控え、すでに挑発的な小競り合いが双方で生じている。ヒズボラの背後には軍事大国イランが控えている。

これはもはや惨事ではない。決壊と呼ぶべき事態である。土手やダムが崩壊し、水が噴出して修復の目処《めど》が立たない状況である。長年にわたってガザを封印してきたイスラエルの結界が、内部に蓄えられたあまりに高い圧力によって破れ、解放への衝動がいっせいに噴出したのだ。そしてそれに対し、イスラエル側が前代未聞の憎悪のもとに応酬し、大量の殺人と破壊を続けている。すべてが開始されて百日目に、わたしはこの文章を書いている。だが次の百日で事態がどう変化するのか、皆目見当がつかない。

ガザ全体の地下に張りめぐらされた長大な地下道と地下の軍事組織を破壊することは困難きわまる作業であり、イスラエル軍は恐ろしい時間と犠牲を強いられるだろう。だがそれをもってしても、すでに国際的に分散して存在しているハマスを根絶させたことにはならない。たとえハマスの最後の一人が殺害されたとしても、イスラエルがかくも長期にわたってガザに行なった封鎖と暴力の数々がパレスチナ人に残した憎悪と怨恨は、本質的には解消されない。むしろますます強くなり、これからも予想のつかない形態をとってイスラエルに脅威と恐怖を与えることになるだろう。しかるべき仲裁が第三国によってなされる可能性があるのか。半世紀前のヴェトナム戦争のように、すべてが泥沼化して解決不可能な事態がさらに続くのか。わたしにはわからない。日本のメディアでは、それをものしり顔に壮語する者が目立っているが、彼らとてわかっているとはとても思えない。

TVや新聞雑誌では申し合わせたように「ハマスの実効支配」という、ひどく曖昧な言葉を用いて今回の戦闘を説明している。実効支配？　わたしはこれまでこの言葉を聞いたことがなかった。ハマスはオスロ合議の批判者として、パレスチナ自治区における議会選挙において合法的に選ばれたのである。多くの解説者が今回の事態を、十月七日に始まる「テロと報復の連鎖」であり、「宗教対立の帰結」だと、いとも簡単に説明している。一九四八年における国家イスラエルの突然の成立や、二〇〇八年以降のイスラエルの度重なるガザ爆撃と地上侵攻にまで遡行して、分析的に発言する者はほとんどいない。しかし十月七日はいかなる意味でも始まりではないのだ。虐殺と空爆ははるかに以前から開始されていた。パレスチナ人による抵抗も、第二次インティファーダから数えると、もう二十三年に達している。二〇二三年はオスロ合議の三十年目ということでしかない。

早尾貴紀をはじめとする少数の研究家は、イスラエルの本質は植民地主義であり、十月に始まる事態は二〇世紀におけるシオニズムの文脈においてこそ認識しなければならないと説いている。わたしは久しく会ってはいない早尾氏のことを懐かしく思い出した。わたしが二〇〇四年に初めて東エルサレムから西岸のラッマラーやジェニンを訪れたとき導いてくれたのも、『見ることの塩』の全原稿を校閲してくれたのも、若年でまだ教授職に就いていなかった彼であった。十月以降、彼は求められるに応じてメディアの認識の浅薄さを批判し、繰り返し同じことを説き続けている。「ガザは常に最悪を更新する」と語るその態度は禁欲的にして真摯そのものであるが、わたしは彼の内面に蓄積する疲弊感と砂を嚙むような虚しさに同情を感じている。

ガザ空爆が開始されてしばらくして、わたしは東京で即時停戦を訴える人たちの集会に出かけたことがあった。彼らのなかの何人かが中心となって緊急に編集し刊行した小冊子に、わたしも依頼されて短い文章を寄稿したからである。集会は退屈で、わたしは失望感だけを抱いて中座した。ガザの事態はもはや西洋中心主義的な世界観や歴史観では理解することができないと説く発表者がいて、それに反対してマルクス経済学の今日的有効性をいまだに主張する人物がいた。アウシュヴィッツを絶対基準とするドイツのイスラエル支持の前に、あらゆる反イスラエル言説は反ユダヤ主義として了解されると説く専門家がいた。次々と著名な現代思想家の名前を引きながら戦争絶対反対を繰り返す、勉強家の市民がいた。

ガザのことは置き去りにされていた。誰もガザのことを話していなかった。マイクを握った人たちのなかで、実際にパレスチナの地に足を運んだことのある人はどれだけいたのだろう。ガザと西岸に知人友人のいる人は何人いるのだろう。若いイスラエル兵に銃を突き付けられ、炎天下に路上で二時間も待機させられたときの苦痛と恐怖を体験した人は何人いるのだろう。車道にはみ出して果物を並べていたという理由で、別のイスラエル兵から顔面を蹴りつけられ、トマトやキュウリを踏み潰された老女を前に、歯がゆい気持ちを抱きながら抵抗を禁じられていたパレスチナの若者たちを目撃した人はいたのだろうか。

わたしは集会で次々と現代思想家の名前を列挙し、あたかもガザの事態を了解可能のものとして語ろうとする人たちを醜いと思った。このような緊急の集会にあって権威付けのために言及されるサイードやアーレント、ついでにいえばマルクスを気の毒に思った。それから唐突に開高健のことを思い出した。

ヴェトナム戦争が拡大し、ジョンソン大統領が北爆を開始したとき、「ベトナムに平和を！」という標語のもとに「ベ平連」が結成された。反日共系の新左翼集団とは異なり、「ベ平連」と名乗れば誰でも参加することができるという〈開かれた〉集団連合だった。そのため一般人・大学生を中心に、高校生にいたるまで、全国津々浦々にわたって数多くのベ平連が誕生した。十七歳のわたしもまた（面白がって）その運動に参加した。開高健はベ平連の初期にあってもっとも精力的に活動し、斬新な提案を続けた人物だった。彼は「ニューヨーク・タイムズ」の一頁全面を用いて意見広告を出すことを主張し、米軍から脱走兵が出て来た場合の救援対策を提言した。だがベ平連の組織が巨大化して大衆的な平和運動へと移行していったある時期、彼はそうした活動のいっさいに懐疑を感じ、ベ平連から遠ざかって行った。

開高は組織のなかにあって、実際にヴェトナムの現場に足を踏み入れてきたばかりではない。かなり危険な場所に身を置いてきた人物であった。殺すか・殺さないかという容赦のない選択に生きるヴェトナム人を前にして緊急の判断を強いられるという体験を重ねてきた。この開高にとって、日本という安全地帯で誰もが気軽に口にできる「殺すな」というメッセージは、いかにも微温的で抽象的なものに見えたのだろうと、今のわたしは推測している。当時のベ平連の中核であった知識人のなかで、実際にヴェトナムに足を踏み入れた者はおらず、ヴェトナム語を理解できる者は皆無だった。自分がこの眼で見ておらず、また足を向けたこともない場所での出来ごとについては、どんな立場もとってはならない。こうした倫理観の持主であった開高は、ヴェトナム問題を反米運動の一般性のなかに解消していこうとする平和哲学者たちの間で、深い違和感と孤立感を感じていたはずである。

集会で退屈な発言を聞いているうちに、わたしは十数年前に立ち会った、何とも愚かしい光景を思い出していた。

当時勤務していた大学で、京都から著名な「アラブ・フェミニスト」を招き、講演を依頼したことがあった。演壇に立った彼女は、第二次世界大戦直後になされたイスラエル建国がいかに不自然で道義を欠いたものであり、パレスチナ人に対する非人道的な行為であったかという一般的説明を行ない、その後で、イスラエルを支持する日本では教育基本法の改正が行なわれ、大学の学問的自由が損なわれようとしているといった話を長々と始めた。パレスチナを置き去りにして日本の状況を延々と語り、人間の固有の苦しみを一般化して平板化していく語りだった。ああ、この人にとってパレスチナ問題とは、現在の日本の政治を批判する際の、都合のいい話の枕にすぎないのだという印象を、わたしは直感的に抱いた。話の途中で彼女はチョークを手に取り、黒板に向かってすばやい動作でパレスチナ／イスラエルの地図を描いた。それは先が尖っただけの、歪んだ長方形で、いかにも乱雑な手つきによるものだった。

聴衆の中から一人のパレスチナ人女性が立ちあがり、演壇に向かって進み出ると、何もいわずに黒板にもう一度地図を描き出した。ゆっくりとした手つきで、あたかも慈しむように時間をかけ、細部の線の曲がりぐあいを再現しながら、本来あるべきであったパレスチナの領域を復元してみせた。それからやはり黙って席に戻った。拍手が生じた。講演者は唖然とした顔つきで演壇で立ち尽くしていた。

ラワン・ナチェは西岸のヘブロンから来た活動家だった。この粗雑な講演の後、わたしたちは少し言葉を交わしたのだが、彼女は自分がとった行為については何も説明しなかった。説明する必要があるわけもなかった。自分の国の形態が蔑《ないがし》ろにされたことへの静かな怒りと悲しみが、そこには感じられた。講演者の著名な女性研究者は二度と人前でパレスチナについて語る資格を失ったと、わたしは思った。もっとも彼女がそれを自覚していたかどうかはわからなかったが。

ラワン・ナチェはパレスチナに戻ると、インターネット通信でメッセージを送って来た。自分が今回の選挙でハマスに票を投じたのは、イスラエル否認という彼らの姿勢に共感したからではない。あまりにも腐敗し無力化しているファタハに愛想を尽かしたからであり、ファタハの再生を願ったからだ。自分はこのことで父親と大議論になったが、投票に後悔を感じたことはない。彼女はそう書いていた。

ラワン・ナチェはどうしているのか。彼女はまだヘブロンにいるのか、それともロンドンかロッテルダムか、どこかヨーロッパの活動組織に滞在しているのか。わたしはFacebookで彼女の存在を確かめた。パレスチナの女性の尊厳について、彼女はもっとも新しいメッセージを発していた。

わたしにとってパレスチナとは抽象的な存在ではない。それは政治哲学的主題でもなければ、日本の自民党政権を批判するために都合のよい視座でもない。パレスチナとは黒板の上で丁寧に描き直された図形であり、それを描いている手のゆっくりとした運動、描くために費やされた時間のことである。毎日のように Facebook を開くと飛び出してくる、ガザ出身の映画監督の短いメッセージのことである。

2

わたしが今、漠然と考えているのは、見ることの塩ではなく、見ることの蜜は可能なのかという問いかけだ。

「見ることの塩」とは、眼に塩を擦り付けられたときのように、それを見続けることが苦痛であるという状況を指している。パレスチナ／イスラエルと旧ユーゴスラビアから日本に戻って来たわたしは、わずか三ヶ月ほどの短い期間でこの書物を書き上げた。そして刊行されたばかりの書物の見本を手にとったときに考えたのは、この「塩」をいかに甘美な砂糖菓子に創り変えるかということだった。「見ることの蜜」という書物を書くにはどうすればよいのか。自分が立ちあってきた苦痛に満ちた光景を、甘美で幸福な光景に切り替えるには、どのような手立てが必要だろうか。

これは『四運動の理論』を書いたシャルル・フーリエ的な着想である。わたしは自分が十七歳のときケーキ職人になろうと決意し、中学卒業の履歴書をもって銀座裏のお菓子製造工場に向かったときのことを思い出した。世界に遍在する不条理な苦痛を甘美な悦びに変容させるためには、何をすればよいのか。宗教学と比較文学を学び、映画学の勉強を続けてきた自分にできることは、政治思想の論文を執筆することでもなければ、二〇世紀の中東の歴史について啓蒙的講演をすることでもない。とりあえず自分に可能なのは、それが微力であることは承知しながらもパレスチナで制作されている映画や演劇について語り、パレスチナ人が書いている文学をまず日本に紹介することだ。『見ることの塩』を書き終えたわたしは、まずパレスチナ／イスラエル滞在中に出逢った演劇人に連絡をとり、西岸に住む詩人に著作の翻訳許可を求める手紙を書くことにした。だがその顚末《てんまつ》を記す前に、わたしはそもそもどうしてパレスチナ／イスラエルを訪れ、客員教授としてテルアヴィヴ大学に滞在することになったかを書いておかなければならない。

3

世界の果てに辿り着いたとき、われらはどこへ行けばよいのか。
最後の空が終わったとき、鳥はどこで飛べばよいのか。

はじめてマフムード・ダルウィーシュの詩を読んだのは、エドワード・W・サイード教授の『最後の空の下で』に引用されていた、この二行であった。一九八七年のことである。

当時、コロンビア大学東アジア学科に客員研究員として籍を置いていたわたしは、ときおり日本映画について学生たちに話をしたりする一方で、比較文学科に属するサイード教授の講義を聴講していた。一九七〇年代の終わり頃、比較文学研究者の卵であったわたしに、二篇のスウィフト論を通して決定的な影響を与えた文学理論家の謦咳《けいがい》に、ぜひとも接しておきたかったからである。

サイード教授の講義では、テクストはアウエルバッハの『ミメーシス』だった。講義はひどく早口で、途切れることもなく話し続け、チョークを手に黒板の端から端まで引用を書き記すといった風で、まさに情熱が迸《ほとばし》っているといった印象を受けた。ヴィーコの系譜学について、真理とは権力の機能《ファンクション》にすぎないといった、ニーチェの洞察について、彼は二時間にわたり、休みなく熱弁を振るった。遅れて来た学生が教室に入ってくると、きみはどこの所属だといい、怒鳴りつけて追い返した。

わたしはすでにサイード教授の（この時点での）主著『オリエンタリズム』を読んでいた。講義でもその主題に言及があるものと期待して行った。おそらく教室に集った少なからぬ学生たちにも、その期待は共有されていたはずである。だが教授はいかにも篤実にアウエルバッハの一九世紀フランス小説をめぐる読みの深さを辿り、昨今の国際情勢ばかりか、近現代の文学作品についてすら、いささかも言及することがなかった。休み時間になると、学生たちはほっとしたように噂話をした。レポートを届けにいった学生がチラッと見たっていうのだけど、先生の個人研究室には書物が一冊もなく、ただ壁に真赤なパレスチナの地図だけが貼られているのだって。いつも危険を恐れていて、自宅と大学の間は、防弾ガラスのついた車で送迎されているのだって。講義のなかで教授がみずから「オリエンタリズム」という言葉を口にすることは、絶えてなかった。学生たちは彼がある自伝的なエッセイのなかで、自分の存在のあり方自体がオリエンタリズムの産物なのですと語っていることをすでに知っていた。この言葉は禁忌というわけではないが、討議のなかではきわめて厳粛に扱われ、安易に触れてはならないものだという共通の了解が横たわっていた。

その年の十二月、ガザの子供たちの間で最初のインティファーダが起こり、ハマスが結成された。「ハマス」とはイスラム抵抗運動の略号であるとともに、熱情という意味でもある。この結社はガザと西岸で地道な住民活動に携わり、失業対策と社会福祉、教育活動に力を入れる一方で、イスラエルとの和平に断固反対し、ユダヤ国家の廃絶を主張した。

こうしてパレスチナの状況が変転していくなかで、サイード教授はひっきりなしにＴＶに出演するようになり、殺人的なスケジュールを強いられることになった。何しろ朝の十時に研究室に入ると休みなく電話がかかってくる。今日なんかは十七本だよと、同じ比較文学科の若い同僚であるダムロシュ助教授がいった。『最後の空の下で』が刊行されたのは、まさにこの時期である。わたしはコロンビア大学の側、ブロードウェイに並んでいる、学生相手の書店の一軒で、店頭に平積みにされている書物を求めた。写真家による、パレスチナのたくさんの写真が入っている、大判の書物だった。

『最後の空の下で』には、わたしの、そして多くの読者の知らなかった、教授の個人的来歴が、いくつもの痛ましい挿話とともに語られていた。十二歳のとき、これからはエルサレムの家を離れ、どこか別の国に住まなければいけないと、父親が突然にいったこと。町の人々のほとんどはイスラム教スンニ派とギリシャ正教だったので、英国風のプロテスタントであった一家は、いつも肩身の狭い思いをしてきたこと。カイロに向かう途上でイギリス人の役人が母親のパスポートを取り上げ、お前は夫のパスポートを併用すれば事が足りるはずだ、その分はヨーロッパからユダヤ人を一人呼び寄せるのに必要なのだといい放ったこと。それ以来、父親は死ぬまで故郷の話をせず、サイード少年はいつしかパレスチナをプルースト的な追憶の土地と見なすようになったこと……。

『オリエンタリズム』を読み、講義に出席しているだけではとうてい知る機会もなかった悲痛な物語が、そこには淡々と語られていた。少年はカイロ大学を優秀な成績で卒業すると渡米してハーヴァードに学び、コンラッドの研究で学位を得た。パレスチナ人は第二のユダヤ人だ。それなのにわれわれにはアインシュタインも、フロイトも、ルビンシュタインも存在していない。これからどうして生きていけばいいのだろうと、彼は書いていた。

『最後の空の下で』はわたしを深く感動させた。それればかりではなかった。わたしは、この書物の表題となっている詩行を書いた詩人、マフムード・ダルウィーシュに魅惑されたのである。いったいパレスチナではどのような詩が書かれているのか。イスラエル軍が占領している町で、子供たちが戦車に向かって石を投げつけては路地に身を隠す。こうした日常のなかで執筆されている詩とはどのようなものか。わたしは下町の聖マルクス書店でダルウィーシュの英訳アンソロジー『運が悪いことに、それは天国だったのです』を見つけると、さっそく読み始めた。

先に引用された詩の全文は次のようである。

地がわれらを圧迫して、とうとう最後の路地にまで追い詰めてゆく。
われらは何とか通り抜けようと、自分の手や足まで捥《も》ぎ取ったというのに
地はわれらを締め付ける。小麦だったら死んでもまた生まれることができるだろうが
地が母親だったら、慈しみでわれらを癒してくれるだろうに
われらが岩に描かれた絵であったなら　鏡のように夢が運び去ってくれるだろうに。
魂の最期の戦いのとき、われらの中で最後に生き残った者が

殺そうとしている者の顔を一瞥する。

われらは殺戮者の子供たちのお祝いパーティを想像し悲しむ。

われらは見た、この最後の場所に開く窓から、われらの子供たちを放り投げた者の顔を。

星がひとつ、われらの鏡を磨いてくれるだろう。

世界の果てに辿り着いたとき、われらはどこへ行けばよいのか。

最後の空が終わったとき、鳥はどこで飛べばよいのか。

最後の息を吐き終えたとき、草花はどこで眠りに就けばよいのか。

われらは深紅の霧でもって自分の名前を記すのだ！

みずからの肉体をもって聖歌を終わらせるのだ。

ここで死ぬのだ。この最後の路地で死ぬのだ。

やがてここかしこで、われらの血からオリーヴの樹が生えることだろう。


この詩は一九八〇年代に書かれている。本稿の後の方により詳しく書くことにするが、まだPLOに参加していたダルウィーシュが、イスラエル軍によってベイルートを包囲され、虐殺の恐怖に晒されていた状況にあって執筆された詩である。

だが何ということだろう。この詩はわたしがこの原稿を書いている二〇二四年のパレスチナ、とりわけガザの閉塞的な状況を、まさにみごとに予言し活写しているではないか。ここには、もはやこれ以上は一歩も動けないまでに追い詰められた場所に立たされた人間の、絶望の叫びが描かれている。自分たちの子供を窓から放り投げた侵略者が、ひとたび自宅に戻り、自分の子供たちといっしょにお祝いのパーティをするといった、およそ想像できるかぎりグロテスクで残虐な光景が描かれている。わたしは四十年前に詩に書かれた状況が現在もいささかも変わっていないことに絶望的な気持ちを抱いた。それと同時に、悲惨を力強い律《りつ》のもとに再現してみせた詩人の矜持を、改めて認識しないわけにはいかなかった。

4

コロンビア大学での研究員として研究を終え東京に戻ったわたしは、ただちにサイードの新著を日本語に直し刊行したいという強い気持ちに駆られた。そこである大新聞社の書籍出版部門に問い合わせたところ、女性編集者から「わが社は名前を聞いたこともないアラビア人の本など出せません」と、ニべもない返事を受けた。卑小な挿話であるが、一九九〇年代初頭の日本でのサイード認識を如実に示している出来ごととして、あえてここに掲げておきたい。その後、本書は『パレスチナとは何か』の邦題で、島弘之による邦訳が岩波書店から刊行された。

この時期、サイードは一部の英文学者には、フランス語を知らなくても接近できる重宝な現代思想家として知られ、その文学理論家としての側面だけが少しずつ紹介されようとしていた。パレスチナ問題をめぐる論客としての彼の側面に焦点が当てられるには、まださらに十年ほどの歳月が必要だった。

わたしは一九九〇年代を通してサイードから離れ、イタリア語とイタリア映画の勉強に集中していた。ボローニャ大学芸術学科に留学し、映画監督にして詩人であったピエル・パオロ・パゾリーニについて、本格的な研究を始めていた。

イタリアの大学では、少なくともわたしの周囲では、サイードが話題になることはまずなかった。『オリエンタリズム』のイタリア語訳をたまたまフェルトゥリネッリ書店で見つけたので、親しくなったモロッコの留学生にプレゼントしたところ、イギリスとフランスの学者がひどいことをしたという話ばかりで、難しすぎてよくわからないという感想を告げられた。映画学を専攻している他の学生たちからも、鈍い反応しか戻って来なかった。欧米諸国のなかでは、イタリアが植民地獲得競争においてひどく遅れて出発したことが、彼らのポスト植民地の認識を遠いものにしていた。

一九九〇年代にイタリアの学生町に留学していて身近に感じられたのは中近東ではなかった。彼らにとって深刻な話題とは、アドリア海を隔てた対岸での内戦だった。ティトーの死後まもなく分離独立を唱えだした旧ユーゴスラビアでは、恐るべき虐殺と破壊が進行中だったのである。難民がイタリアに大挙して押し寄せて来たときどうすればよいのかと、彼らは議論していた。歓待すべきなのか、排除すべきなのか。わたしは「民族浄化」という言葉をはじめて知った。それはセルビアがボスニアのイスラム教徒に対し現下に行なっている残虐行為として、まずわたしの耳に入った。

ひとたび離れていたサイードとパレスチナへの関心がふたたび呼び覚まされたのには、偶然が働いていた。一九九九年の半ばに作品社の高木有氏から、サイードのパレスチナ紀行を翻訳してみないかと持ちかけられたのである。

サイード教授は一九九一年、五十六歳のとき、医師から白血病を宣告されていた。思い迷ったあげく、彼は以後、直接的な政治活動から身を退く決心をした。日に日に官僚化の度合いを深めていくPLOとのつきあいによって、肉体も精神も疲弊の極に達していたのである。翌九二年、彼は四十五年ぶりに幼少時を過ごしたエルサレムの地を訪れることを決意した。レバノン出身のマリアム夫人と息子のワジ、娘のワジュラを連れての家族旅行である。もっともそれが安全であるという保証はどこにもなかった。これまで反イスラエル的な言論活動に深く関わっていたサイードには入国を拒否される可能性もあり、またいつ何時、イスラエル官憲によって逮捕連行される危険もないわけではなかった。現に彼はその数年前に入国を許可されなかった前歴があった。しかしまだエルサレムを見たこともない子供たちに、一度だけでもいいから自分の生まれ育った故郷を見せておきたいという気持ちの方が強かった。またナクバからほぼ半世紀を経たパレスチナが、シオニストの統治下にあってどのように変貌したのかを、この眼で確かめておきたいという気持ちも頑強に存在していた。

結果からいうと、サイード一家はつつがなく入国を許可され、けっして長い期間ではなかったが、エルサレムから西岸のラッマラーへ、またエルサレムからナザレやハイファへ、さらにガザへと旅を続けることができた。彼は行く先々で多くの人々に会い、あるときは歓迎され、あるときは失望だけを手にしてその場を後にした。十二歳までを過ごしたエルサレムの屋敷はその後、マルティン・ブーバーの居住するところとなり、さまざまな代替わりのために原型を留めていなかった。サイードは場所を特定するのに短くない時間を費やさなければならなかった。

「オブザーヴァー」誌に連載されたこの紀行文はすでにサイードのパレスチナ論文集に収録されており、その部分だけが独立して、フランス語とイタリア語に翻訳されていた。フランス語版には、まだ作者の知名度が充分ではないと出版元が判断したのだろう、ツヴェタン・トドロフが序文を寄せている。わたしはサイードから直接、雑誌掲載のコピーをファックスしてもらって翻訳を開始した。一冊の単行本としては分量が充分ではなかったので、他に発表されてまもないパレスチナ関連のエッセイを三篇加えた。そのひとつはイタリアの「イル・マニフェスト」に掲載されたものである。サイードに尋ねると、あまりに多忙過ぎてどうしても英語の原文がすぐ手元に見つからない。仕方がないのでイタリア語で発表された新聞の切り抜きをそのまま翻訳した。滅茶苦茶な話である。

二〇二四年の現在ではコロンビア大学内に「サイード・アーカイヴ」なるものが設立

され、この稀代の比較文学者・思想家の書いたものは、それこそ墨跡の一滴までが保管されているという。サイードで学位を得、大学での終身教授職を目指す者にとっては、便利この上ない場所だろう。アメリカのメディアでしばしば「テロリスト」と罵倒されてきた思想家の著作が、古典的なアカデミズムの枠内に回収されたことは、慶賀すべきことだと一応はいっておこう。ひょっとすればこのアーカイヴを活用して、サイードが最初に結婚したエストニア女性や、パリで精神分析を学んだレバノン人の愛人についても、博士論文を執筆する人がでてくるかもしれない。これからは日本でも、専攻はエリオットではなくサイードですなどと、大手を振って公言できる優秀な英文学者が輩出することだろう。

前世紀の終わりには、コンビニのようにそうした便利な研究組織は考えられようもなかった。儒教の影響の強い日本や韓国では、さしずめわたしの翻訳は「学恩に報いる」と褒《ほ》められることかもしれないが、当時はそんなことを考える暇もなかった。わたしは英語とフランス語とイタリア語で彼の書いたものをかき集め、緊急出版という名目上、それを一週間で翻訳して出版社に手渡したのである。こんな荒唐無稽な行為は、サイードがアカデミズムのなかで一大権威となった現在では考えられないことだろう。

サイード著『パレスチナへ帰る』は、こうして一九九九年の九月に作品社から刊行された。訳している途中で、ひとつだけどうしてもわからない言葉が出て来た。エルサレムの旧市街にあるお菓子屋の老舗サラティーモで売られている、「ムタボカ」というお菓子である。この当時は周囲に誰も、教えてくれそうな人がいなかった。パレスチナ領事館に直接電話をしてみればとも考えたが、相手にしてくれないのではないかと思い、せずじまいだった。もっともこの翻訳書は、それまで英語圏で最先端の文学理論家というイメージでしか日本では知られていなかったサイードに、パレスチナ人としての別の側面が存在していることを初めて印象付けたという点で、それなりに意義をもっていたとわたしは自負している。

ひさしぶりに読み直してみると、パレスチナの地理と歴史に体系的な知識をもっていなかったため、固有名詞に単純な間違いがあったりする。付け焼き刃で執筆した「解説」を読み通すには、冷や汗が流れる思いがする。それでも自分にとって未知であったパレスチナについての書物と格闘したことは、個人的には大きな勉強になった。端的に三つのことを書いておきたい。

ひとつは、この書物を真先に書評で取り上げたのが在日韓国人の研究家、姜尚中《カン・サンジュン》であったことである。彼はサイードがベン・グリオン空港での入国を前に不安に駆られ、動揺している部分を取り上げ、自分もまた韓国の空港で入国に際し同様の気持ちに襲われたという体験から書き始め、まだ一度も訪問したことのない故郷の地に向かう知識人の心境を語るとともに、サイードへの共感を示した。在日韓国人の文学と映画のあり方に関心をもっていたわたしは、姜の書評を読んで少し報いられた気持ちになった。後にわたしは、韓国でサイードが一九九〇年代に初めて紹介されたとき、当時韓国で大流行していたマルクス主義に彼が批判的だという理由から冷遇され、現在に到るまでそのパレスチナへの関与に関心が払われていないという事実を知った。韓国の知識人は、サイードへの共感を惜しげもなく語る姜尚中とは対照的な態度を示した。それは逆に、韓国と在日韓国人社会における知識人の位相のズレを如実に表していた。

この訳書がもたらした第二の悦びは、それが最初の契機となって、ドキュメンタリー映画作家の佐藤真が『エドワード・サイード OUT OF PLACE』（二〇〇五）という作品を監督したことである。

佐藤は直接にサイードの思想や政治的態度を解説しようとはしなかった。彼が遺したインタヴューや講演の映像を援用することすら拒み、サイードがいたことの痕跡が微かに窺われはするものの、ただサイードだけが不在である現在を描こうとした。彼が赴いたのは『パレスチナに帰る』で著者が懐かしく回想しているエルサレムの実家であり、夏の別荘であった。ラッマラーからアキロ、ベイルート、そしてニューヨークまで、佐藤は少年サイード、青年サイードの足跡を辿り、山荘の屋根裏で偶然に発見したホームムーヴィに到達した。このドキュメンタリーはその地理的な射程の拡がりからも、空間の越境性からも、おそらくパレスチナ人にも、イスラエル人にも、ましてやアメリカ人にも監督できない性格のものであった。中立的立場にあり、現代思想家としてのサイードに何も負っていない佐藤にして可能な自在な着想が、そこには花開いていた。サイード夫人マリアムも、サイードと親しかった大江健三郎も、このフィルムに深い共感を寄せた。もっとも残念なことに、それを完成した監督は重い鬱病に罹り、二年後に自殺してしまった。

『パレスチナに帰る』を翻訳刊行した後に起きたことで三番目のことは私事に及ぶことなので、いくぶん控えめに語っておきたいのだが、わたしがパレスチナ／イスラエルという場所に積極的な興味を抱くようになったことだった。わたしは大学で中東史や政治思想を専攻したわけでもなく、この地域の現代史と文化について体系的な知識どころか、基本的な知識さえもっていなかった。長い間、韓国に関わってきたからだといっても、わたしは自分の知的怠惰を弁解したことにはならないだろう。とはいうものの、翻訳という作業を通して案前に少なからぬ関連書を積み上げることになり、にわか仕込みではあるが、一九一七年のイギリスにおけるバルフォワ宣言の採択からイスラエル建国、PLOの結成とパレスチナの抵抗運動の始まり、インティファーダとオスロ合議にいたる経緯の概観を知ることができたのだった。

サイードは二〇〇三年九月に六十七歳で生涯を閉じた。アメリカとイスラエルの政治的暴挙を批判しつつオスロ合議の欺瞞に鋭く言及し、今日はカイロ、明日はベイルートと、生命が摩滅していくのにも気を留めず、パレスチナ解放に殉じた死であった。体力が落ち、もはや論文が執筆できなくなると今度はインタヴューに切り替え、それも難しくなると書物の裏表紙に短い推薦文を寄せるという形で発言を続けた。『始まり』という評論集でデビューした彼は、死が接近するにつれて芸術家や思想家の最晩年に関心をもつようになり、『晩年のスタイル』という書物を執筆した。最晩年には亡くなった母親に向けて長い手紙を書いていたと聞いたが、わたしはよく知らない（いずれ誰かがアーカイヴで調査して学位論文を書くことだろう）。

わたしは乞われて追悼文を執筆したが、自分ごときでは彼の心中にあった無念さにはとうてい到達できないだろうという気持ちを痛感していた。大江健三郎氏からは、講義風景の思い出を含め、一冊のサイード論を書いてみたらどうかと勧められたが、結局その期待に沿うことができなかった。サイードについて、その書物の隅々までを細かく調べ上げ、思想と批評理論の変転を論じる書物を書くことに、どうしても気が向かなかったのである。わたしは小林秀雄の専門家がいて、吉本隆明の専門家がいるように、サイードの専門家なるものが存在し、それを上手に演じて学位を獲得するといった気にはとうていなれなかったし、文芸理論の分析をめぐってそれだけの労苦を重ねるという情熱をも携えていなかった。むしろわたしの心を動かしたのは、まったく未知の土地であるパレスチナ／イスラエルに足を向けてみたいという衝動だった。

オーデンの詩を引用するならば、「見る前に跳べ」である。わたしは十代のときから、自分のそうした性癖に気が付いていた。軍事独裁政権下の韓国に、ハングルの何たるかも知らずに就職先を見つけ長期滞在をしたときがそうであった。わたしは勤務先の大学を一年間休み、文化庁で河合隼雄長官が新たに設けた「文化交流使」という制度に応募した。一年にわたって世界のどこかに滞在し、日本文化について教授を行なうという制度である。事前に調べてみると、アメリカ、フランスといった国を行先として希望する古典芸術家や音楽家、漫画家は大勢いたが、イスラエル、旧ユーゴスラビア、ヨルダン、アイスランドといった国々を志願する者はゼロであると判明した。このうち最初の二国は、外務省が邦人渡航自粛を長期にわたって勧告してきたところである。わたしは迷わず、この最初の二つの国を志願すると申請書類に書いた。それはまったく問題もなく受理された。河合長官（わたしは大学時代に彼の特別集中講義を受講したことがあった）は、そうか、行ってくれるかといって、両手でわたしの手を握ってくれた。

かくしてわたしは生涯に二度目の、「見る前に跳べ」を実践することになった。二〇〇四年のことである。長い記述となったが、ここまでが『見ることの塩』で描かれることになる、世界の二つの紛争地への旅のプロローグである。

次に、このけっして容易ではなかった二つの旅を終えた後のことを記しておきたいと思う。

5

見ることの蜜はいかにして可能か。パレスチナ／イスラエルから帰国したわたしは、彼の地における芸術文化のあり方を探究することで、いささかなりともこの問題に接近できるのではないかと考えることにした。

わたしはパレスチナについてジャーナリスティックな情報発信は控え、現代思想との照合について分析的に執筆することも断念した。『パレスチナ』（岩波新書、一九八七）の著者である広河隆一氏をはじめ、この二つについては、すでに長きにわたって専門的な探究を続けてきた学者やジャーナリストたちがいる。もっとも映画や演劇、現代詩については、ほとんど何も研究や紹介がなされていない。映画学を専攻し、曲がりなりにも日本の現代詩に関わって来た自分としては、まず「自分の畑地」（ヴォルテール『キャンディード』）を耕すことから始めるべきではないか。

わたしが深い関係をもった三人の芸術家について、簡単に書いておきたい。ムハンマド・バクリ、ラシード・マシャラーウィ、そしてマフムード・ダルウィーシュである。

ムマンマド・バクリは俳優にして演出家、ドキュメンタリー映画監督である。彼は一九五三年、ハイファとガリラヤ湖の間、ナザレ近郊のアル・ビナ村に生まれた。村はイスラム教徒スンニ派とキリスト教徒が半々くらいで、幸いにもナクバの際にイスラエル兵によって破壊されることを免れた。彼は七歳の時から、自分は漠然と共産主義者であると考えていた。イスラエル共産党の国会議員であったエミール・ハビビが村を訪れ、ベン・グリオン政権を批判する大演説をしたことが、強く印象に残っていたのである。後年、バクリはハビビを師と仰ぎ、彼の代表的小説『悲観楽観屋サイードの失踪にまつわる奇妙な出来事（ムタシャーイル）』（邦訳は作品社、二〇〇六）を独り芝居に脚色し、世界中で主演して廻ることになる。

バクリはテルアヴィヴ大学映画演劇学科を、最初のアラブ系イスラエル人として卒業。ただちにイスラエル映画界で活躍することになった。一九八三年にはコスタ・ガヴラスの『アンナ・K』に出演し、テロリズムには反対しながらもテロリストの汚名を着せられ追放されるPLO代表部の人物を演じた。この時点ですでに彼は国際的に注目されていた。『壁の彼方に』（ウリ・バルバシュ、一九八四）では、獄中にあって野卑なモロッコ系ユダヤ人と奇妙な信頼関係を結ぶ、パレスチナ抵抗運動の指導者を演じ、『エルサレムの三日間』（アモス・コックス、一九九二）では、インティファーダを取材に来たアメリカ人ジャーナリスト（フェイ・ダナウェイ）を誘惑するパレスチナ人活動家を演じた。その後もタヴィアーニ兄弟の『ひばり農園』（二〇〇七）をはじめ、イタリア映画を中心に少なからぬ外国映画に出演している。

マシャラーウィがパレスチナで最初の映画制作を開始し、短編『シェルター』（一九八九）を監督したとき、バクリはイスラエル領内の建築現場で働くパレスチナ人不法滞在者を演じ、マシャラーウィに協力を惜しまなかった。やがてこのコンビは七年後の一九九六年、黒澤明の『どですかでん』に想を得て、『ハイファ』を撮ることになる。これは観るたびに感動を新たにするような、記念碑的名作である。

バクリ演じる『ハイファ』の主人公はガザの町外れで、廃車となったバスに住んでいる中年男である。彼は幼少時にハイファで体験したナクバが原因で知的障害者となり、いまだに援軍が町に到着し、イスラエル兵たちを駆逐してくれるものと信じている。木製の銃の玩具を抱え、号令を口にしながら街角を行進する彼を、ガザの人々は「ハイファ」と綽名《あだな》して憐れみ、また慈しんでいる。この神聖なる道化にはどうやら幼馴染の婚約者がいたらしいのだが、生き別れとなった。彼女は難民となってカナダにいる。しかしハイファはそれが理解できず、いつか彼女と再会して結婚できると信じている。一九九三年、オスロ合議が成立し、歓喜した人々がいっせいにパレスチナの国旗を手に、街角に出て行進している。だがハイファには何のことか理解できない。ただ独り取り残された彼のクロースアップで、フィルムは幕を閉じる。

二〇〇二年、西岸のジェニンでイスラエル軍による大虐殺が起きたとき、バクリは秘密裡に境界を抜けて現地を訪れ、三日間にわたり撮影を行なうと、『ジェニン、ジェニン』というドキュメンタリー映画に纏めた。だがこのフィルムをイスラエル国内で上映することは不可能に近く、彼は虚偽この上もない作品を撮ったテロリストであると名指され、徹底した孤立状態へと追い込まれた。テルアヴィヴ大学に滞在していたわたしが彼と逢ったのはこの時期である。わたしはただちに彼を日本に招聘することを考えた。勤務校の研究予算を動かせば、あるいは可能になるかもしれない。そこで代表的演劇作品である『悲観楽観悲運のサイード』を日本で上演する企画を立て、それは明治学院大学の研究所の支援によって、二〇〇六年に実現した。

バクリは舞台で用いるという二メートルほどの箒《ほうき》を手に、飛行機から降りて来た。マネージャーが一人同行していた。知的な雰囲気をもった静かな男だったが、話しているうちに彼がマッツペンに参加し、懲役刑に服したことのある人物だとわかった。マッツペンは一九六〇年代初頭に過激派のユダヤ人によって結成された組織で、マルクス主義をもとにイスラエルのシオニズム体制を転覆させるという計画を抱いていた。彼が送られた監獄には、たまたまリッダ空港事件（日本では「テルアビブ空港事件」と呼ばれる）で生き残った岡本公三が収監されていた。岡本が廊下を歩いているとき、他の囚人たちはいっせいに沈黙し、畏怖に似た感情を抱いたという。

『悲観楽観悲運のサイード』は、エドワード・サイードが「パレスチナ文学の最高峰」だと呼んだハビビの小説に基づいている。ナクバの際に行き場を失ったサイードなる人物が、天井まで何十何百ものイスラエル国旗に埋め尽くされた精神病院の一室で独白するという設定の物語である。少年は虐殺のただ一人の生残者である少女と結婚し、二人の間には息子が生まれる。息子は長じて海岸の洞窟に隠された武器をもって立て籠もり、イスラエル兵と対峙する。占領下に生き延びることで精いっぱいであった父親は、息子と妻が壮絶な銃撃戦のはてに海の藻屑となったと知り、狂気に陥ってしまう。文字通り荒唐無稽なドタバタ劇であるが、パレスチナの歴史を知る者には悲痛きわまりない物語である。

バクリはこの物語を、一本の箒を手にしながら、アッティーラ、コフル・ラーム、ジヤバア、イクザム……と、夥しい地名を叫び続けることから演じ始めた。ハイファとアッカの中間にあって、一九四八年にイスラエル軍が破壊し、今では痕跡すら残されていない、パレスチナの村々の名前だった。

独り芝居は東京と京都で上演され、いずれの舞台も成功だった。立場上、パレスチナ領事館とイスラエル大使館の双方に招待状を出した。制作者としてのわたしは客席の手配やレセプションでのスピーチの順番などに気を使ったが、幸いにもどちらの方からも誰も観劇に来なかったので安堵した。わたしはバクリを足立正生や大久保鷹といった、かつての「アングラ」映画演劇の人たちに紹介した。そこへ全国を廻って『ジェニン、ジェニン』の無許可上映運動を続けてきた高坂和彦が到来し、上映料だといってバクリにカンパをわたした。彼はセリーヌが戦前に著した反ユダヤ文書の翻訳者であった。

京都公演の翌日、わたしはバクリをいわゆる京都観光に連れて行った。三十三間堂まで来たとき、彼はお寺廻りにすっかり飽きてしまったらしく、もっと普通の町並みを歩きたいといった。話しているうちにわれわれはいつしか河を渡り、ひどく荒廃した場所に出てしまった。更地となった空間に、急ごしらえでプレハブ住居が疎《まば》らに建てられている。空間は金属製の棚によって細かく分割されており、棚の上には鉄条網が張りめぐらされていた。人は誰も歩いていなかった。再開発を待っている崇仁地区に迷い込んでしまったのだ。

ここはどのようなところなのかと、バクリが尋ねた。歴史的に差別されてきた人たちが、以前は固まって住んでいた集落の跡だと、わたしはいった。

　ここの風景はパレスチナの難民キャンプそっくりだ。家屋を破壊して造られた更地があり、鉄条網があり、粗末なプレハブ住居がある。彼らは別の民族なのか、とバクリ。もちろん同じ民族、日本人だと、わたしが答えると、彼は理解ができないといった。

　バクリは日本訪問の翌年、二〇〇七年にはハビビを追悼するフィルムを撮りあげ、山形国際ドキュメンタリー映画祭に参加した。わたしたちは再会を喜びあった。彼はイスラエル国内にあってつねに苦境にあったが、ロンドンに居住していた息子が戻って来たことがうれしいといった。息子のアダム・バクリはその後、映画俳優として頭角を顕《あら》わし、イスラエル美男俳優のベストワンに選ばれた。

　バクリが舞台において提出した、消滅した地名、隠蔽されたままの固有名詞という主題は、その後、観念の種子となってわたしの内面に根付くことになった。痕跡とは何か。隠すという行為は、痕跡、ただし目に見えない痕跡を残すということに他ならないと、ベンヤミンがあるエッセイのなかで書いていたことが導きの糸となった。

　後にわたしは「痕跡」という題の詩を書いた。イスラエルのキブツから荒野に向かって歩いていくと、白い瓦礫のなかにサボテンが列をなして生えている。かつてパレスチナ人の集落がそこに存在していたことの痕跡であるといった導入部をもつ詩である。「痕跡」は、二〇二三年十月にシアターXで、テルアヴィヴから来た演出家ルティ・カネルの演出によって、多和田葉子をはじめとする何人かの詩とともに舞台に上げられた。

わたしの詩を朗読したのはルーマニア人の血を引く若い女優だった。ルティはハマスとの交戦下のイスラエルから来日し、わたしが提出した何篇かの詩のなかから、あえてこの詩を選んだ。

6

ラシード・マシャラーウィについては、すでに本稿の冒頭でその Facebook でのメッセージを紹介し言及しておいた。バクリ主演で『ハイファ』を撮った監督であり、パレスチナ映画史にあって最初の映画監督である。もとより彼の作品に注目していたわたしは、彼が東京国際映画祭のために来日したとき、ロングインタヴューをする機会を与えられた。ジャガイモのようにゴツい容貌だが、しかも繊細な心をもった人という印象がある。

マシャラーウィは一九六二年、ガザの難民キャンプに生まれた。父親はヤーファの出で、ナクバの際に土地を奪われ、ガザに逃げ込んでからは貧しい暮らしを強いられていた。この点でマシャラーウィは、パレスチナ出身でも国際的に著名な他の監督たち、ミシェル・クレイフィやエリア・スレイマンのように富裕な家に生まれ、欧米に留学して映画術を取得した監督たちとは出自が大きく異なっている。彼は『ハイファ』のなかで、慎まし気に、しかし仲睦まじく生きる難民の一家を描いているが、そこには多分に自伝的なものが投影されている。

マシャラーウィは中学を卒業すると、難民キャンプで育った多くの少年がそうであるように、エレツの検問所からイスラエル領内に肉体労働に出かけ、夕方に疲れきってキャンプに戻るという生活を始めた。ユダヤ人に命じられながら、食堂の皿洗いから土木工事までありとあらゆる仕事を体験したという。あるときパレスチナ人の画家と知り合いとなり、もとより美術が好きだったので、余暇に油絵を描くことを始めた。

一九七〇年代、ガザの難民キャンプでは、行商人がイスラエルでセコハンとなった日用品を抱えて売りに来ていた。TVからTシャツまで、市場に並ぶものに新品はなく、あらゆるものが使い古されたものであった。油絵の道具もその一つだった。

ある日の夕暮れ、父親の知り合いである行商人が家にやって来て、どうしても売れないものがあるから引き取ってくれないかと父親に相談した。大きな箱のなかにはヴィデオの撮影道具が一式入っている。高価なものだから買ってくれなくともいい。重すぎて家に持ち帰れないので、ひとつ預ってもらいたい。どうせセコハンなのだから、引き取りに来るまで自由に使ってくれてかまわない。行商人はそういって帰って行った。

一家の者は誰もその機械を知らなかった。ただ以前に映画撮影の手伝いをしたことのあるマシャラーウィだけが、それがヴィデオ撮影機であることを見抜いた。彼は解説書を読み解き、カメラにカセットを挿入して、さっそく撮影を始めた。父親は最初、半信半疑であったが、接続したTVモニターに自分の家族や風景が映し出されているのを見て狂喜した。彼は夜に友人たちを招き、得意げな顔で息子に上映を命じた。それはガザで最初の映画撮影となった。

わたしに向かってマシャラーウィはいった。今では父も母も亡くなり、ガザの家は跡形もなく消滅してしまった。自分自身、簡単にガザに戻ることができない。ひとたび戻ると、今度はいつ外に出ることができるのか、見当がつかないからだ。すべてが自分には失われた。だからあのとき、父親や家族のことをヴィデオに撮っておいてよかったと思うよ。

マシャラーウィの映画のなかでは、父親はつねに失意に満ち零落した存在である。『外出禁止令』（一九九三）では、家のなかでは威厳に満ち、知恵のある言葉を口にするが、家の外でうるさく騒いでいる若いイスラエル兵たちに注意ひとつできない家長であり、『ハイファ』では、以前は近所でも尊敬される警察官であったが、現在は子供相手の綿菓子屋である。『ライラの誕生日』（二〇〇八）では、以前はレバノンらしき隣国で判事の職に就きながらも、今では西岸のラッマラーで義弟の車を借りて営業する、しがないタクシー運転手である。

この主人公は幼い娘の誕生日にさまざまな体験をする。巨大なアラファト議長の肖像写真のある役所に出かけ再就職の請願をするが、相手にされない。乗客もさまざまだ。検問所までという客には、イスラエル兵の嫌がらせで車が傷むのが心配だといって断る。客が置き忘れて行った携帯電話を警察に届け出たところ、さんざんに待たされ、あげくのはてに不審尋問される。この事件が解決したと思いきや、目の前で爆弾が炸裂してしまった。被害者を急いで病院まで搬送しようとして車を持ち逃げされ、ようやくそれを取り戻してみると、携帯電話の持主から怒りの電話が入って来る。主人公はついにキレてしまい、拡声器を摑むと、上空を飛ぶイスラエル空軍機に向かって罵声を浴びせかける。それでもかろうじて娘の誕生日のためにケーキを手に入れ帰宅する。ところがその直後、いつもながらに停電となってしまう。

『ライラの誕生日』には、もはや希望も期待も見定め難くなり、ただひたすら停滞する日常を苛立ちながら生きるしかないパレスチナ人の状況が、細かな挿話を積み重ねることで描かれている。主人公は不正義と無法に憤慨するが、それを解決する手立てはどこにもない。もっとも客の中にはただ一人だけ例外の人物がいる。十一年の懲役をすませ、イスラエルの監獄から出所したばかりの青年だ。彼はラッマラーの街角の変貌に当惑しつつ、タクシー運転手の怒りに遠くから共感の合図を送る。もっとも主人公はそのことに気付いてはいない。

二〇二三年十月、ハマスの奇襲攻撃とそれに続くイスラエル軍の熾烈な空爆が開始されたとき、わたしはマシャラーウィがFacebookで懸命にメッセージを発していることを知った。彼は一日に二通も三通も、ガザの子供たちの受難の映像に短い言葉を添えて送っていた。わたしはただちに彼に連絡をとった。おそらく彼は今、パリにいるのだろう。故郷ガザに戻ることが困難であるばかりか、西岸のラッマラーに滞在するにもイスラエルとパレスチナ自治政府の許可を必要とする身の上なのである。そうした状況にあって、彼はこれからどのように映画を撮り続けるのだろうか。

マシャラーウィとの対話のなかで印象に残ったことを書いておきたい。彼の助監督を務めていたハニ・アブ・アサドが『パラダイス・ナウ』(二〇〇五)を監督したとき、彼は強烈な批判を語った。

『パラダイス・ナウ』は西岸で自爆攻撃を決意する二人の若者の物語である。一人はかつて父親がイスラエル兵に暴行され殺害されたことが原因で、深い憎悪を抱いている。もう一人はイスラエルへの内通者であった父親を恥じ、一家の名誉を回復するためには爆弾を携えてイスラエル領内に潜入するしかないと考えている。彼らは生においてパレスチナがイスラエルと対等になれないのであれば、せめて死において対等であるべきだという論理に到達し、自爆テロ組織のリクルートに志願する。彼らは西岸を出てテルアヴィヴに向かうが、最初の一人は最後になってすべてを中止する。もう一人がバスに乗り、いよいよ決行するという直前で、フィルムは幕を閉じる。

ハニ・アブ・アサドはオランダに留学し、映画の演出を学んだ。『パラダイス・ナウ』はパレスチナとオランダの合資で制作されている。来日したとき彼はわたしに向かって、オランダに留学中、オランダ語になっている日本の神風特攻隊の隊員たちの手記や研究書を集中的に読み、それは主人公たちのキャラクターを作り上げる際に大いに参考になったと語った。そして監督のかつての師匠であったマシャラーウィは、強い言葉でもってこのフィルムを否定した。これは映画が絶対に描いてはならないことを描いてしまった。『パラダイス・ナウ』は危険な映画であると、わたしの眼を見ながら断言した。

7

最後にわたしは、詩人であるマフムード・ダルウィーシュのことをここに記しておきたいと思う。先にサイードが『最後の空の下で』を執筆するにあたって彼に霊感を与えた詩人であり、そもそもわたしのパレスチナ認識の契機を与えた人物である。二〇〇四年に帰国したわたしは、彼の詩作品の翻訳に深く関わることになった。わたしがサイードの著作を通してダルウィーシュという詩人の存在を知ったことは、本稿の前の方で書いたばかりである。

マフムード・ダルウィーシュは一九四一年、当時はイギリス統治下であったパレスチナ北部の小さな村に生まれた。六歳のときイスラエル国家が突然に成立し、村は軍隊によって占拠され、徹底的に破壊された。一家はただちにレバノンに避難した。彼らは翌年、こっそりと国境を越えて戻って来たが、イスラエル国内のアラブ人として住民登録される機会を逸してしまった。このためダルウィーシュは二十四歳になるまで、隣りの村に行くにも軍の許可を必要とするという屈辱的な立場に置かれることになった。彼の詩のなかにしばしば登場する不在という主題は、こうした法的未決定の体験に基因している。

高校を卒業するとハイファに向かい、ただちにイスラエル共産党に入党。当時共産党は、ユダヤ人とパレスチナ人の二民族平和共存を説く唯一の政党であり、『悲観楽観屋サイードの失踪にまつわる奇妙な出来事』の著者ハビビもその党員だった。

ダルウィーシュは一九六四年に処女詩集『オリーヴの樹』を刊行して以来、精力的に詩を発表し、アドニスとともにアラブ現代詩の一翼を担う存在として脚光を浴びることになった。一九六九年には韓国の金芝河《キムジハ》に先だって、ロータス賞を受けている。

この時期の作品でとりわけ広く知られているのは、「パレスチナから来た恋人」である。

きみの眼は僕の心の棘
痛いけれど　僕にはそれが懐かしい
（……）
僕は洞《ほこら》の入口で、洞窟できみを見た、
孤児だったきみは　洗面所で襤褸《ぼろ》を洗っていた。
ストーブのそばでも、路上でもきみを見かけた。
納屋でも太陽の血のなかでも
人でなしの孤児の歌のなかにも　きみを見た。

海の塩にも砂にも　きみはいた。
きみの美は大地の美、子供たちの、アラビアン・ジャスミンの美。

ちなみにこの詩は一九七〇年代に、部分的にではあるがきわめて簡略なスタイルに翻訳され、高橋悠治作曲で、水牛楽団によって演奏されている。

若きダルウィーシュは矢継ぎ早に詩集を刊行し、一九六〇年代の終わりには総部数が百万部に達するという、アラブ世界では売れっ子の詩人となった。とはいえ知識人としてのその道は平坦ではなかった。相次ぐ家宅捜査と入獄、官憲の嫌がらせは、彼に亡命を決意させた。モスクワ留学を契機にイスラエルを出国すると、それ以来、カイロ、ベイルート、チュニスと転々とし、最終的にパリに落ち着いた。彼はPLO執行委員会の重鎮として活躍する一方で、季刊文芸誌『アル・カルメル』の編集刊行に情熱を注いだ。

この時期、彼は「また野蛮人がやってくる」という詩のなかで、「われらの時代の後にもホメロスは生まれてくるのだろうか」と問いかけている。西洋文学はホメロス以来、勝者の側から語られてきた。ダルウィーシュはそれを批判し、トロイヤ戦争で敗北を喫した側からの詩が、今こそ執筆されなければならないと主張した。一九八二年、イスラエル軍がベイルートを占領したときの日常を描いた『忘却のための記憶』は、広島に原子爆弾が落とされた八月六日から書き起こされている。書くという行為（記憶）と歴史の忘却の間に横たわる根源的な関係を問うたルポルタージュである。

一九九三年、オスロ合議が締結されたとき、アラファト議長はダルウィーシュに入閣を求めた。彼は亡命生活に終止符は打ったものの、この申し出を拒み、西岸のラッマラーへ移って詩とエッセイの執筆に情熱を注いだ。詩集『どうして馬を置き去りにしたのか』、エッセイ集『隠喩としてのパレスチナ』といった著作が次々と発表される。二〇〇二年、第二次インティファーダの直後、西岸に苛酷な外出禁止令が発動されたとき、彼は『包囲状態』を発表した。

二〇〇四年、国際書店市に招かれてサラエヴォを訪れたダルウィーシュは、そこでゴダールのフィルム『われらの音楽』に出演することになった。彼はイスラエルの左派新聞から来た女性ジャーナリストに向かって語る。

「なぜわれわれは有名なのか。きみたちが敵だからだ。たぶん、いや、おそらくだが、ユダヤが問題だからだ。人が関心を抱くのはきみのことであって、わたしのことではない。われわれに不運だったのは、敵となったのが他ならぬイスラエルだったということだ。運がよかったといっても、まあ似たようなものだがね。ユダヤ人は世界の中心だからだ。われわれの敗北も名誉もきみたち次第だ。誰もがわたしにではなく、きみに関心がある。わたしには幻想などない。」

二〇〇八年、ダルウィーシュは心臓手術の失敗で六十七歳の生涯を終えた。彼は一九七四年にAA作家会議の招きで来日し、広島を訪れている。もっともその詩作品が日本語に翻訳されることはほとんどなかった。アラブ研究家たちは時事問題の解説に忙しく、現在にいたるまでアラブの現代詩を日本語に直すことに関心も時間ももっていないようである。日本には彼を追悼する詩人がいたかどうか、寡聞《かぶん》にしてわたしは知らない。数少ない一人の例外が、かつてべ平連の中心人物の一人であった小中陽太郎氏であった。小中さんは一九七〇年代にモスクワで開催された国際会議の際にダルウィーシュと親し気な交友関係を結んでいた。会議で知り合ったロシア人女性を同時に口説いていて、もう少しのところで負けちゃったんだよと彼は語ったが、はたして本当のことだったのか。

わたしは二〇〇六年、ほとんど自費出版の形でダルウィーシュ詩のアンソロジーを編纂し翻訳した。ラッマラーに住むダルウィーシュに直接ファックスを送り、著作の翻訳許可を得たのである。もっともこの訳詩集『壁に描く』は部数も少なく、やがて入手が困難となった。二〇二四年になって、それに新たに最晩年の八編を加え、増補改訂版をちくま文庫で刊行することになった。ガザ情勢をめぐる最新情報を知らされるたびに憂鬱な気持ちに囚われていたわたしにとって、それは心の慰めである。

8

二〇二三年六月、コロナ禍が鎮静化したので、わたしはようやくパリに行く決心がついた。四年ぶりのパリには荒廃した印象があった。カルチェ・ラタンでは小さな書店や安飯屋が姿を消し、学生時代から知っていたミニシアターが消えていた。地下鉄にはあちこちに放尿の痕跡があり、街角の小公園の繁みにはテントが張られ、ホームレスが住み着いて宴会を開いていた。とはいうものの、予想していなかった展覧会に心慰められたことも事実である。IMA（アラブ世界研究所）では「パレスチナが世界にもたらすもの」Ce que la Palestine apporte au monde という題名のもとに、大がかりな現代美術展が開催されていた。

展示内容は実に多様だった。あちらこちらを噛み千切られ、手足や頭だけになっても一方向を目指して走り続ける、大勢の犬たちを描いた絵画。スケートボードを持ち、少しつっぱって得意げな顔を見せている、真赤なジャージ姿の女性の写真。トランクを引き摺りながら歩いている、ジャコメッティそっくりの痩せた女性の彫像。一面ヒマワリが咲き誇る街角に集まっている人々。若い頃のマフムード・ダルウィーシュがネクタイに背広姿で朗読している動画もあった。

傑作なのは、ガザにもし地下鉄が走っていたらという想定のもとに制作された、冗談アートが展示されていたことだ。地下鉄マップと乗車券（パリのメトロそっくり！）、それにガザのあちこちに地下鉄駅の標識Mのある、虚構の風景写真の連作だった。おお、ガザにも赤瀬川原平がいたのだ！　ふいに、「運が悪いことに、それは天国だったのです」という言葉が想い出された。わたしが最初に手にとった、ダルウィーシュの詩集の題名である。

とりわけわたしを強く印象付けた作品について、書いておきたい。「雲のアトリエ」

という題名の、十四人のアーティストの共同制作による、巨大なタブローである。

大勢の人が歩いている。

ぶ厚いマフラーを被り、寒さよけに重装備をして、右手を前に向けている人がいる。こっちだよと、後ろの人に教えている人もいれば、セーターを着ているだけで、気楽に人の後に付いていく人もいる。片足を失い、松葉杖をついている人。車椅子の人。重そうなリュックサックを担いでいる人。誰もがみんな違っている。

道はほとんどが雲で覆われている。ひどく狭く凸凹があるようだが、よくわからない。一歩踏み外せば虚空を落下してしまう。だからといって、人々が特にそれに脅えているようには見えない。それぞれが思い思いのペースで、同じ方向へと、列をなして歩いている。

何十人もの人が歩いていく先にはやや広い階段があり、何段か階段を上りきると、幅三十メートル、奥行き二十メートルほどの平面となる。平面もまた虚空に浮かんでいて、周囲は一面の雲だ。さきほどの道と同様、少しでも油断をして足を踏み外せば、無限に落下していくばかりだ。

平面の上にも、ところどころに人がいる。カメラで自撮りをしている人もいれば、カップルでお喋りをしている人もいる。犬を散歩させている人もいれば、平面の縁に立ち尽くしている人もいる。

実は平面は単一ではない。その上にも同じような平面があり、同じような平面がいくつもいくつも重なり合って層をなしている。どの平面にもわずかに人がいるようだが、よくわからない。すべては巨大な雲に呑み込まれているからだ。

陽光が差し込んでいるせいか、雲は奇妙に明るい。だがその彼方を見通すことはできない。というより、雲はさまざまな形態を見せながら、自分を無限の存在のように見せかけている。

「雲のアトリエ」と題されたタブローである。全体は十六の断片の組み合わせからなり、幅十メートル、高さ四メートルくらいだ。制作したのはガザに住む十四人である。ヴィデオ作家、イラストレーター、路上アーティストが協力し合った。誰もが一九九〇年代生まれ、つまりオスロ「合議」から第二次インティファーダあたりの時期に生まれ、ガザの外へ一歩も出ることができなくなった世代である。

パリでこの大展覧会を見て帰国した後、三ヶ月後の十月にイスラエル軍のガザ空爆が開始され、山手線の内側ほどしかないこの地区は一面の瓦礫の山と化してしまった。IMAのパレスチナ現代美術展に出展された数々の作品はどうなったのだろうか。あのトランクを引き摺るジャコメッティは、冗談の地下鉄地図とチケットは、そして雲のなかを歩いていく人々を描いた大タブローは、すべて灰燼《かいじん》に帰してしまったのだろうか。この展覧会はカタログが制作されていなかった。もし作品が破壊されていたならば、それはわたしの記憶とデジカメのなかにしか痕跡を残さないことになる。

その後、展覧会が好評で、十二月まで期間が延長されたことが判明した。わたしは少し安堵した。展示作品はガザに戻されず、そのままパリに留め置かれることになったのだ。だがその作者たちはどうしているのか。マシャラーウィやナチェのように、例えばFacebookのような媒体を用い、自分の生存と現下の状況をめぐるメッセージを発信しているのだろうか。わたしは彼らとどのような形でコンタクトを持つことができるのだろうか。

わたしはこの文章を、二〇二四年一月に執筆している。今後、ガザを起点としてパレスチナ／イスラエルの状況はどのように変化するのか。わたしには言葉がない。巨大な蟻塚のような地下道に潜んだハマスの兵士たちは、どのような持久戦を展開するのか。それはいつまで続くのだろうか。イスラエルの思惑通り、あらゆるパレスチナ人の住人がガザから追放され、この地は荒涼とした無人の地と化してしまうのか。かつての満洲国のように、イスラエルによって擁立されたパレスチナ人が、形式的な統治をすることになるのか。

かつて聖書に「乳と蜜の流れる地」と讃えられたパレスチナの未来について、わたしは何も語る言葉をもたない。目に擦り付けられた塩の苦痛を甘美な蜜に切り替える手立てを、いまだに思いつくことができない。わたしにできるのは、ただこの無力さのうちに、忍耐強く留まり続けることでしかない。

註

＊1　以下の記述は Ilan Pappe, *A History of Modern Palestine*, Cambridge University Press, 2004, Tom Segev, *One Palestine, Complete: Jews and Arabs under the British Mandate*, Metropolitan Books, New York, 2000 を参考とした。

＊2　Theodor Herzl, *Old New Land*, tr. by Lotta Lovensohn, Block Publishing, Princeton, 1941.

＊3　ミズラヒームのこうした映像については、四方田犬彦「メラーの裔」（『パレスチナ・ナウ』作品社、二〇〇六）を参照。

＊4　四方田犬彦『大好きな韓国』ポプラ社、二〇〇三、イ・ソンチャン『オマエラ、軍隊シッテルカ!?』上下二巻、ポプラ社、二〇〇三を参照。

＊5　Benjamin Z. Kedar, *The Changing Land Between the Jordan and the Sea: Aerial Photographs from 1917 to the Present*, yad ben-Zvi Press, Israel, 1999, pp. 88–89.

＊6　ガッサン・カナファーニー『ハイファに戻って／太陽の男たち』奴田原睦明訳、河出文庫、二〇一七。

＊7　カルメル市場はテルアヴィヴ最大の市場で、いつも買物客でにぎわっている場所である。わたしが帰国して数ヶ月後の十一月一日朝、十八歳のパレスチナ人青年がここで自爆し、警官三人が死亡、三十人ほどが負傷した。

＊8　Yael Moria and Sigal Barnir, *In the Public Domain: A Tribute to Tel Aviv's Municipal Gardener Avraham Karavan*, Tel Aviv Museum, 2004.

＊9　'Ha'Aretz', April 22, 2004.

＊10　以上のモリス、セゲヴ、パペの発言は、'Ha'Aretz', April 20, May 3, 2004 のインタヴューによる。

＊11　イスラエル・アラブの教科書については、Omer Barak, 'The Palestinian literature vanished on the way to the classroom', 'Ha'Aretz', Arab Snapshots, May 25, 2004 に教えられたところが大きい。

＊12　Yair Sheleg, 'The demographics point to a binational state', 'Ha'Aretz', op. cit.

＊13　Khulood Badawi, 'Talking 'bout my generation', 'Ha'Aretz', op. cit.

＊14　Yulie Khromchenko, 'Survey: Most Jewish Israelis support transfer of Arabs', 'Ha'Aretz', June 22, 2004.

＊15　帰国後しばらくして、ファドから小説の完成原稿が送られてきた。そこにはハイファを舞台に、サエブというイスラエル・アラブの青年が内戦を戦うという物語が語られていた。彼はロシア系移民と、アメリカの南北戦争について語りあい、ニーチェに憧れ、最後に町中で自分以外のすべての人間が石化してしまったことを知る。小説としては荒削りの出来ではあるが、わたしはファドのもつ寓意的想像力はなかなかのものだと感心した。

＊16　イェフダ・アミハイ「エルサレム　一九六七年」村田靖子訳『エルサレムの詩』思潮社、二〇〇三、四一頁。

＊17 Daniel Bertrand Monk, *An Aesthetic Occupation*, Duke University, 2002.

＊18 マフソムにおけるイスラエル兵士の言語使用については、現実に検問監視のヴォランティアに関わった日本人による興味深いレポートが存在しており、教えられるところがあった。三宅良美「イスラエル／パレスチナ境界線チェック・ポイントでの会話から」『秋田大学教育文化学部紀要』二〇〇五。

＊19 'Ha'Aretz,' May 10, 2004.

＊20 Daniel Rubinstein, 'Finding the collaborators,' 'Ha'Aretz,' May 20, 2004.

＊21 以下の記述は *The Phenomenon of Collaborators in Palestine*, PASSIA, Jerusalem, 2001 における Andrew Rigby の序論による。

＊22 Andrew Rigby, *The Legacy of the Past: the Problem of Collaborators and the Palestinian Case*, PASSIA, Jerusalem, 1997, pp. 56–57.

＊23 広河隆一『パレスチナ』新版、岩波書店、二〇〇三、一九五頁。

＊24 Ramzy Baroud ed., *Searching Jenin: Eyewitness Accounts of the Israel Invasion*, Cune Press, Seatle, 2003.

＊25 四方田犬彦「ムハメッド・バクリの孤立」（前掲『パレスチナ・ナウ』）。

本書は『見ることの塩――パレスチナ・セルビア紀行』（二〇〇五年、作品社）を二分冊し、新たに書き下ろし「見ることの蜜は可能か 二〇二四年版のための追補」を加え文庫化したものです。

見《み》ることの塩《しお》 上

イスラエル／パレスチナ紀行《きこう》

二〇二四年 三 月二〇日 初版印刷
二〇二四年 三 月三〇日 初版発行

著　者 四方田《よもた》犬彦《いぬひこ》
発行者 小野寺優
発行所 株式会社河出書房新社
〒一五一-〇〇五一
東京都渋谷区千駄ヶ谷二-三二-二
電話〇三-三四〇四-八六一一（編集）
〇三-三四〇四-一二〇一（営業）
https://www.kawade.co.jp/

ロゴ・表紙デザイン 粟津潔
本文フォーマット 佐々木暁
本文組版 株式会社ステラ
印刷・製本 中央精版印刷株式会社

Printed in Japan ISBN978-4-309-42090-5

マスードの戦い

長倉洋海　41853-7

もし彼が生きていたなら「アフガニスタンの今」はまったく違ったものになっていただろう――タリバン抵抗運動の伝説の指導者として民衆に愛された一人の戦士を通して描く、アフガンの真実の姿。

砂漠の教室

藤本和子　41960-2

当時37歳の著者が、ヘブライ語を学ぶためイスラエルへ。「他者を語る」ことにあえて挑んだ、限りなく真摯な旅の記録。聞き書きの名手として知られる著者の、原点の復刊！（単行本1978年刊）

テヘランでロリータを読む

アーザル・ナフィーシー　市川恵里〔訳〕　46743-6

全米150万部、日本でも大絶賛のベストセラー、遂に文庫化！テヘランでヴェールの着用を拒否し、大学を追われた著者が行った秘密の読書会。壮絶な彼女たちの人生とそれを支える文学を描く、奇跡の体験。

私はガス室の「特殊任務」をしていた

シュロモ・ヴェネツィア　鳥取絹子〔訳〕　46470-1

アウシュヴィッツ収容所で殺されたユダヤ人同胞たちをガス室から搬出し、焼却棟でその遺体を焼く仕事を強制された特殊任務部隊があった。生き残った著者がその惨劇を克明に語る衝撃の書。

モーリタニアン　黒塗りの記録

モハメドゥ・ウルド・スラヒ　ラリー・シームズ〔編〕　中島由華〔訳〕　46738-2

9.11から20年――。グアンタナモ収容所の地獄から世界へと発した闘いの書。世界的ベストセラーの手記が文庫化。2021年10月29日（金）よりTOHOシネマズ日比谷他で全国ロードショー。

死に山

ドニー・アイカー　安原和見〔訳〕　46792-4

1959年冷戦下のソ連・ウラル山脈で起きた遭難事故。登山チーム９名はテントから離れた場所で凄惨な死に様で発見された。米国人ドキュメンタリー作家の執拗な取材から明らかになった驚くべき結末とは…

トルコ怪獣記

高野秀行 41986-2

トルコ東部ワン湖に棲む巨大生物ジャナワール、それは本物かフェイクか？　目撃情報が多発する村に辿り着くと、イスラム復興主義やクルド問題に絡む陰謀が浮上し……。興奮と笑いが渦巻くノンフィクション。

アメリカに潰された政治家たち

孫崎享 41815-5

日本の戦後対米史は、追従の外交・政治史である。なぜ、ここに描かれた政治家はアメリカによって消されたのか。沖縄と中国問題から、官僚、検察、マスコミも含めて考える。岸信介、田中角栄、小沢一郎…。

ほんとうの中国の話をしよう

余華　飯塚容〔訳〕 46450-3

最も過激な中国作家が十のキーワードで読み解く体験的中国論。毛沢東、文化大革命、天安門事件から、魯迅、格差、コピー品まで。国内発禁！　三十年の激動が冷静に綴られたエッセイ集。

韓国ナショナリズムの起源

朴裕河　安宇植〔訳〕 46716-0

韓国の歴史認識がいかにナショナリズムに傾いたかを1990年代以降の状況を追いながら、嫌韓でもなく反日でもなく一方的な親日でもない立場で冷静に論理的に分析する名著。

幻の韓国被差別民

上原善広 41662-5

朝鮮半島に古来存在した、牛を解体し、箕作りに携わった被差別民「白丁」。彼らは現在どうしているのか。現地に滞在し、その跡を追い、差別の根源を考える。著者の処女作の待望の文庫化。

情報隠蔽国家

青木理 41849-0

警察・公安官僚の重用、学術会議任命時の異分子排除、デジタル庁による監視強化、入管法による排外志向、五輪強行に見る人命軽視……安倍・菅政権に通底する闇を暴く。最新の情報を大幅増補した決定版。

官報複合体

牧野洋　41848-3

日本の新聞はなぜ政府の“広報紙”にすぎないのか？　権力との癒着を示すさまざまな事件をひもとき、「権力の応援団」となっている日本メディアの大罪を暴いていく。

宮武外骨伝

吉野孝雄　41135-4

あらためて、いま外骨！　明治から昭和を通じて活躍した過激な反権力のジャーナリスト、外骨。百二十以上の雑誌書籍を発行、罰金発禁二十九回に及ぶ怪物ぶり。最も信頼できる評伝を待望の新装新版で。

伝説の編集者　坂本一亀とその時代

田邊園子　41600-7

戦後の新たな才能を次々と世に送り出した編集者・坂本一亀は戦後日本に何を問うたのか？　妥協なき精神で作家と文学に対峙し、〈戦後〉という時代を作った編集者の軌跡に迫る評伝の決定版。

複眼で見よ

本田靖春　41712-7

戦後を代表するジャーナリストが遺した、ジャーナリズム論とルポルタージュ傑作選。権力と慣例と差別に抗った眼識が、現代にも響き渡る。今こそ読むべき、豊穣な感知でえぐりとった記録。

樺美智子、安保闘争に斃れた東大生

江刺昭子　41755-4

60年安保闘争に斃れた東大生・ヒロインの死の真相は何だったのか。国会議事堂に突入し22歳で死去し、悲劇のヒロインとして伝説化していった彼女の実像に迫った渾身のノンフィクション。

連合赤軍　浅間山荘事件の真実

久能靖　41824-7

日本中を震撼させた浅間山荘事件から50年。中継現場から実況放送した著者による、突入までの息詰まる日々と事件の全貌をメディアの視点で描く。犯人の証言などを追加した増補版。

日航123便墜落　疑惑のはじまり

青山透子　41827-8

関係者への徹底した取材から墜落の事件性が浮上する！ベストセラー『日航123便墜落の新事実』の原点にして渾身のヒューマンドラマ、待望の文庫化。

日航123便　墜落の新事実

青山透子　41750-9

墜落現場の特定と救助はなぜ遅れたのか。目撃された戦闘機の追尾と赤い物体。仲間を失った元客室乗務員が執念で解き明かす渾身のノンフィクション。ベストセラー、待望の文庫化。事故ではなく事件なのか？

日航123便墜落　遺物は真相を語る

青山透子　41981-7

あの事故の背景には、何が隠されているのか？　御巣鷹山の尾根に残された遺物の科学的な分析結果から「テストミサイル誤射説」を徹底検証。事件の真相に迫る告発のノンフィクション。

私戦

本田靖春　41173-6

一九六八年、暴力団員を射殺し、寸又峡温泉の旅館に人質をとり篭城した劇場型犯罪・金嬉老事件。差別に晒され続けた犯人と直に向き合い、事件の背景にある悲哀に寄り添った、戦後ノンフィクションの傑作。

カルト脱出記

佐藤典雅　41504-8

東京ガールズコレクションの仕掛け人としても知られる著者は、ロス、NY、ハワイ、東京と九歳から三十五歳までエホバの証人として教団活動していた。信者の日常、自らと家族の脱会を描く。待望の文庫化。

逆さに吊るされた男

田口ランディ　41797-4

地下鉄サリン実行犯の死刑囚Yと交流する作家の「私」。こんな「いい人」がなぜ？　オウム真理教の真実を追ううち、自身が制御できなくなり…人のグロテスクな自我を抉る衝撃のノンフィクション・ノベル。

チッソは私であった

緒方正人　41784-4

水俣病患者認定運動の最前線で闘った緒方は、なぜ、認定申請を取り下げ、加害者を赦したのか？　水俣病を「文明の罪」として背負い直した先に浮かび上がる真の救済を描いた伝説的名著、待望の文庫化。

ヨコハマメリー

中村高寛　41765-3

1995年冬、伊勢佐木町から忽然と姿を消した白塗りの老娼ヨコハマメリーは何者だったのか？　徹底した取材から明かされる彼女の生涯と、戦後横浜の真実をスリリングに描くノンフィクション。

娘に語るお父さんの戦記

水木しげる　41906-0

21歳で南方へ出征した著者は、片腕を失い、マラリアに苦しみながらも、自然と共に暮らすラバウルの先住民たちと出会い、過酷な戦場を生き延びる。子どもたちに向けたありのままの戦争の記録。

愛のかたち

小林紀晴　41719-6

なぜ、写真家は、自殺した妻の最期をカメラに収めたのか？――撮っていいのか。発表していいのか……各紙誌で絶賛！　人間の本質に迫る極上のノンフィクションが待望の文庫化！

ミツコと七人の子供たち

シュミット村木眞寿美　40952-8

黒い瞳の伯爵夫人、パン・ヨーロッパの母と称されるクーデンホーフ光子。東京の町娘がいかにして伯爵家に嫁いだか、両大戦の激動の歴史に翻弄されながらどのように七人の子を育てたか、波乱の生涯を追う。

軋む社会　教育・仕事・若者の現在

本田由紀　41090-6

希望を持てないこの社会の重荷を、未来を支える若者が背負う必要などあるのか。この危機と失意を前にし、社会を進展させていく具体策とは何か。増補として「シューカツ」を問う論考を追加。